博雅史学论丛·海外中国史研究

同床异梦

中华懋业银行的历史（1919—1937）

〔美〕蒲嘉锡（Noel H. Pugach）著
赵真华 陈佳琪 译

著作权合同登记号　图字:01-2014-1368

图书在版编目(CIP)数据

同床异梦:中华懋业银行的历史:1919—1937/(美)蒲嘉锡(Pugach,N.H.)著;赵真华,陈佳琪译.—北京:北京大学出版社,2014.4

(海外中国史研究)

ISBN 978-7-301-23880-6

Ⅰ.①同…　Ⅱ.①蒲…②赵…③陈…　Ⅲ.①中华懋业银行-银行史-研究-中国-1919—1937　Ⅳ.①F832.9

中国版本图书馆 CIP 数据核字(2014)第 020510 号

Same Bed, Different Dreams: A History of the Chinese American Bank of Commerce, 1919-1937 by Noel H. Pugach

书　　　名: **同床异梦——中华懋业银行的历史**(1919—1937)

著作责任者:〔美〕蒲嘉锡(Pugach,N.H.)　著　赵真华　陈佳琪　译

责 任 编 辑:张　晗

标 准 书 号:ISBN 978-7-301-23880-6/K · 1023

出 版 发 行:北京大学出版社

地　　　址:北京市海淀区成府路 205 号　100871

网　　　址:http://www.pup.cn　新浪官方微博:@北京大学出版社

电 子 信 箱:pkuwsz@126.com

电　　　话:邮购部 62752015　发行部 62750672　出版部 62754962
编辑部 62767315

印　刷　者:三河市博文印刷厂

经　销　者:新华书店

965 毫米×1300 毫米　16 开本　17.5 印张　252 千字

2014 年 4 月第 1 版　2014 年 4 月第 1 次印刷

定　　　价:45.00 元

以感激和爱献给希拉、迈克尔和劳拉

目　录

前　言

1978 年，中华人民共和国的领导人作了一个清醒的决定，向世界敞开国门。为了加速经济发展、获得现代科学技术，他们审慎地鼓励建立中美合资企业。到 1990 年为止，由于受到中国发展潜力的吸引和中国官员的推动，在中国，特别是在由北京政府建立的经济特区，建立了几千家中美合资公司。然而，其中许多马失前蹄，无法实现自己的目标。毕竟对于双方来说，这都是前所未有的经历，而且他们显而易见缺少有意义、有价值的路标来指引。事实上，简略回顾 1949 年以前中外合资企业的历史会很有帮助。

历史无法提供确切的结论，也不能预言特定的结果，当环境不同时尤其如此。然而历史却确确实实为我们提供见识和眼光。人、机构和民族如何行事是有基本规律的，在定义和寻求自己的利益时也存在某种相似之处。

中华懋业银行是早期少数几个有大量文件保存下来的中外合资企业之一。在下面的研究中，我力求竭尽现存文件材料之可能来演绎它的历史，并且对中方和美方的目的和遭遇的难以计数的问题进行分析。无论在何处，只要相关，我就会把中美合资公司置于 20 世纪第一个十年到 30 年代中美关系这个更大的语境之中。中华懋业银行对于理解这一时期中美经济关系这个更大的议题至关重要。它也会为近年来的中美合资公司的尝试提供一个实实在在的广泛的视野。

这本书的标题“Same Bed, Different Dreams”来自中国的成语“同床异梦”。从某些方面来说，这个标题恰如其分地描述了中华懋业银行乱事频仍的历史，也描述了 20 世纪 70 年代末雨后春笋般在中国出现的许许多多合资公司的经历。的确，我曾在孟捷慕(Jim Mann)对北京吉普汽车公司历史的杰出重建中见过这种表述,而这家公司是由美国汽车公司——现在称克莱斯勒汽车公司——参与的合资公司的"典范",它的合资伙伴是北京汽车制造厂。

然而,我的兴趣——就总体而言,是中美合资企业;就个体而言,是中华懋业银行——早于近年来的这些现象。在20世纪70年代初,我一直在研究20世纪初几次建立这种合作模式的尝试。我在研究芮恩施(Paul Samuel Reinsch)公使生平的过程中,才对中华懋业银行的建立有所了解。直到沉浸于詹姆斯·A.唐默思(James Augustus Thomas)——银行的第一任美方协理——的大量文件材料中,我才觉得有可能撰写出银行的全部历史。甚至那时,我也怀疑我是否能完成这个项目,因为还存在着诸多空白。多年以后,我从其他不同的渠道积累了许多额外的资料,有些资料是偶然得到的,直到此时,我才觉得可以就该合资企业的一些基本问题发表意见。这个银行是怎样,又是为什么建立起来的?它是一家怎样的金融机构,它又是怎样融入中外银行系统后运营起来的?它是怎样经营的?中国和美国合伙人把他们大相径庭的商业观念和文化观念带入了公司,他们又是如何共事的?双方各自的政府发挥了怎样的作用?银行遇到了怎样的问题,而银行的领导者又是如何应对的?而且当然,银行最后的命运如何,又怎样去解释它呢?

这一研究的某些部分较早的版本曾出现在《商业史评论》(*Business History Review*)、《太平洋历史评论》,还有布里西亚·罗伯茨(Priscilla Roberts)编写的《1900年以来的中美关系》(*Sino-American Historical Relations Since 1900*,香港大学亚洲研究中心,1991)的论文和杂文中。在此感谢出版商允许我使用这些资料。

我有幸在香港大学亚洲研究中心与一个精明强干而又高效的员工团队共事。我要特别地感谢黄绍伦(S. L. Wong)教授的主任助理古诺尔·克里帕兰尼—撒丹尼女士(Coonor Kripalani-Thadani)。

在我研究和写作的过程中,积累下无数人情债,这些人慷慨地奉献了他们的时间、精力和学识,向我提供了宝贵的帮助和建议。我感谢多年以来在这一过程中曾拜访过的图书馆和档案馆的员工,特别是在杜克大学赫伯特·胡佛总统图书馆，斯坦福大学胡佛战争、革命与和平研究所，国家档案馆，普林斯顿大学，哈佛大学贝克尔图书馆，威斯康星州历史学会工作的员工。新墨西哥大学吉默尔曼图书馆馆际部一直提供礼貌而高效的服务。新墨西哥大学科研拨款委员会为我提供了几笔旅行津贴，使我可以去上述机构从事研究工作。我对它的支持深表感谢。

我要特别感谢我的学生罗志田博士（他在新墨西哥大学获文学硕士学位，在普林斯顿大学获哲学博士学位），还有叶林先生（他正在新墨西哥大学完成博士学位），本研究的汉语资料由他们发掘并译出。罗志田博士阅读了全文书稿，向我表达了他对于20世纪20年代中国政治经济发展的个人见解。受新墨西哥大学资助的几位研究助理在查找和抄写资料方面给了我宝贵的帮助。

我非常感谢埃莉诺·唐默思·埃利奥特（Eleanor Thomas Elliot），詹姆斯·A.唐默思的女儿。埃利奥特女士向我提供了一些她父亲个人的回忆录，给我介绍了英美烟草公司的几位官员，还给我提供了许多其他人的名字，她觉得这些人可以在研究中为我提供帮助。她一直鼓励我的工作，多年以来，她和她丈夫约翰已经成了我的朋友。帕特里西亚·钱（顾菊珍）也同样提供了帮助和建议。我们的关系始于对她的父亲，顾维钧阁下的生平、活动、交往的共同的学术与智识兴趣，这种关系现在已发展为我们的个人友谊。我也同样感谢帕特里克·希伊（Patrick Sheehy）、大卫·B.斯通（David B. Stone）和弗雷德里克·E.哈格（Frederick E. Haage），他们不辞辛劳帮我搜寻研究所需的资料。

在完成这一研究的过程中，我的挚友和同事构成的大圈子给我建议、见解和鼓舞。我可以列出几位。这些人中有已故的霍华德·舍恩伯格（Howard Schonberger）和景复朗（Frank H. H. King）博士，他们与我分享关于东亚银行方面的渊博学识。还有我在新墨西哥大学的同事和朋友们，乔纳森·波特（Jonathan Porter）、霍华德·拉比诺维茨（Howard Rabinowitz）、玛格丽特·康奈尔—萨斯（Margaret Connell-Szasz）和弗兰克·萨斯（Frank Szasz）。弗兰克·萨斯阅读并编辑了全部书稿；他在我的最后一稿上进行了大刀阔斧的修改，使我免于犯下文体和语法的错误。我对他特别地感激。最后,我要感谢我的妻子希拉(Sheila),还有我的一双儿女迈克尔和劳拉,他们多年以来一直坚定不移地在精神上支持我,始终如一地鼓励我。谨以此书,献给他们。

第一章　构想之初

——酝酿中的中美合资银行

从许多方面来讲，这都是一件让中国人颇感意外而且非比寻常的大事。在此前的两周时间里，中美双方的投资者本着完全平等的原则，最后敲定了建立第一家真正的中美合资银行的全部细节问题。空气里弥漫着无限的期待和欢欣鼓舞，中国经济发展和中美合作关系的新时代即将破晓而至。1919 年 12 月 11 日下午，在中国前国务总理钱能训北京的家中，三位美国商界巨头和中方的投资者欢聚一堂，他们有些人西装革履，有些则一袭长袍马褂，参加这个新建立的金融机构的第一届股东大会，而中华懋业银行的问世已为时不远了。①

ꕥ ꕥ ꕥ

创办中美合资银行的构想一直可以追溯到 19 世纪 80 年代，而真正付诸行动则始于 1910 年。尽管中美双方的倡导者们付出了近十年的努力，其间遇到了难以计数的困难，但是他们始终没有放弃建立中美合资银行的想法。他们最终之所以能如愿以偿，在很大程度上应归因于一些更大力量的偶然聚合，以及中美两国经济在某些领域所取得的进展。这主要包括：中国经济发展中现代部门的出现，新式银行的日益普遍；外国在华企业以及中外合资企业中，中方投资者投资经验的不断积累；中方有些令人难以捉摸的愿与美方进行经济合作的欲望；以及美国商界对中国市

① "Minutes of a Meeting of the Shareholders of the Commercial & Industrial Bank of China," Dec. 11, 1919, Record Group 84 (Records of the Diplomatic and Consular Posts), file 851.6 (hereafter cited RG 84, with file number, year and volume), 1920, vol. 27, National Archives (NA), Washington, D. C.; Hollington K. Tong, "The New Chinese-American Industrial-Bank," *Millard's Review of the Far East*, Xl (Dec. 20, 1919), 105-10.

场的无限向往。①

历史学家们一直在争论西方国家、西方的帝国主义或西方扩张对19世纪末期20世纪初期的中国的影响，这种影响的性质如何，意义如何，程度又如何。其中，中国现代化的失败以及经济发展的停滞与落后，是应该归因于外部因素（基本上是西方）的控制和压制，还是应该归咎于内因和内生性的问题，就是众多富有争议的问题之一。对此做出定论是不太可能的。但是，不管怎样，这样的争论已经为深入探索中外关系问题提供了宝贵的见解。②

无法否认，在1949年中华人民共和国成立之前，中国已经存在一些现代生产部门，而西方资本主义对这些现代生产部门的发展进化至少起到了部分作用。西方为现代工业、商业和金融企业提供了资金、技术和企业范式。西方的特权和租界为中国商人和投资者们提供了一个避难所，使他们可以免受本国政府官员的掠夺和低效率的官僚机构的影响，同样，也可以逃避中国政局的不稳定和动乱；绝大多数中国人所拥有的工厂和

---

① Noel H. Pugach, "Keeping an Idea Alive: The Establishment of a Sino-American Bank, 1910-1920," *Business History Review*, 56 (Summer 1982), 266-93; Roy C. Bennett, "American Banks Taking Their Place in China," *China Weekly Review* (hereafter *CWR*), "Special Banking and Financial Issue," 25 (June 30, 1923), 10-12, 81.

② 费正清（Jonh Fairbank）、费维凯（Albert Feuerwerker）、墨菲（Rhoads Murphey）、吉尔伯特·罗兹曼（Gilbert Roznan）和史景迁（Johnson Spencer）在他们的主要著作中都倾向于弱化外国影响的作用，而集中精力探讨本土因素在塑造中国经济中的作用。郝延平断定西方对中国经济的发展既有正面的影响又有负面的影响。他没有贬低外国的影响，但更强调中国人自己的贡献，注意到中国商人意味深长的、对于在外国企业中获得股份的追求。与他有相近的中性立场的德怀特·帕金斯（Dwight Perkins）强调中国人具有适于发展现代经济的价值观念和性格特征。罗伯特·F. 德尔伯格（Robert F. Dernberger）和马克·埃尔文（Mark Elvin）认为外国的影响对中国的现代部门是一个大有裨益的因素。侯志明也倾向于上述观点，强调现代部门稳固不断的发展。柯博文（Parks M. Coble）和陈曾年把中国早期工业化的失败归咎于中国政府，中国政府既依赖于那些具有潜力、生机勃勃的私人资本，又要对其完全掌控，使其在官僚主义的挥霍无度、效率低下和资本匮乏中艰难运营。考伯尔追溯了20世纪的前三十个年头里，由于中央政府摇摇欲坠，民族私人资本特别是上海的资本家们放开了手脚，其企业的发展迅猛而又富有朝气。结果到最后，他们却被蒋介石的国民政府蚕食鲸吞，扼杀殆尽。托马斯·G. 罗斯基（Thomas G. Rawski）在他近期的修正主义研究中主张，在前共产主义时期，私人资本部分，而非政府部分，是中国经济飞速发展的引擎；中国传统经济在面对西方的入侵时并没有土崩瓦解，而是继续发挥重要的作用，而中国现代企业在外国公司的竞争中也能够一争高下。换句话说，其收获是硕果累累、共赢共生的中外关系。更全面的引述参阅第4页注释1。

新式银行都设在上海、天津等地的租界。著名银行家陈光甫证实，当时的外国租界对中国新式银行和私人企业的整体发展都是有大有裨益的。[①]最后还有，外国的侵入点燃了中国民众的爱国主义和反帝国主义热情。到20世纪20年代，这引发了一场试图在后者的优势领域击败西方——后来逐渐是日本——竞争者以便掌握中国经济更大的自主权的运动。

实际上，在过去的30多年里，史学界一致用“双重经济”（dual economy）一词来描述中国经济。传统经济居于主导地位，影响了绝大多数百姓的生活。虽然传统经济受到了昏庸无能的政府决策、日益衰败的清朝统治、周期性的战争和动乱，以及根深蒂固的地方绅商的心态和成规的阻碍，但是，不管怎样，它依旧具有一定的生命力，养活了中国的几亿人口，并且成功抵御了外国对中国的全面渗透以及对中国国民经济的控制。

与对外贸易和早期工业化相关的现代部门主要局限在通商口岸和几个内陆中心城市，并且几乎都是独立运作的。虽然，西方列强以及后来的日本对这些地区产生了重要的影响，获得了对中国对外贸易和关税收入的有效控制，但是，它们从来就没有完全居于主导地位，甚至也没有尝试要将中国人完全排斥在外。实际上，外国在华企业一直要依靠中国人，不仅要靠他们向内陆市场渗透，获取原材料，而且通商口岸的经济也依然离不开他们。在19世纪，外国企业离开买办，在中国根本就无法运作。从买办开始，中国人在外国企业中做代办、经纪人、合伙人或者投资者，为外国在华企业的发展做出了极大的贡献。19世纪末期官督商办企业的衰败及其部分私有化、科举制度的废除，尤其是相当数量的受过西方教育的留学人员归国，进一步促进了强有力的中产阶级内核的形成。20世纪头十年到20年代，在一些大城市和通商口岸，尤其是上海，中产阶级迅速兴起。这些商人、资本家和银行家借用了西方模式，坚持秉承资本主义的价值观，并依此行事。这些为数不多的中产阶级，加上一些知识分子以及少

---

① “The Reminiscences of Ch'en Kuang-pu (K. P. Chen),” as told to Julie Lien-ying Han (December 6, 1960-June 5, 1961), 68, Columbia University Oral History Project, Columbia University Library, New York, NY.

数进步官绅,和外国在华企业既具有一定的共同利益,同时又是它们的竞争对手。

有大量证据表明,与印度和东南亚不同,中国从来就不具有"殖民地经济"的性质。费正清和其他人的研究表明,现代部门刚刚兴起的时候,中外势力是旗鼓相当的,通商口岸也可以看作是中外合作的结晶。显而易见,最为成功的外国在华企业,比如,英商怡和公司(Jardine, Matheson & Co.)、英美烟草公司(BAT)、美国标准石油公司(Standard Oil),甚至更为财大气粗的汇丰银行(Hong Kong & Shanghai Banking Corporation)等,都适应了中国环境,并且和中国商界建立了密切联系。

因此,简单的依附理论,对前共产主义时代的中国并不适用。至少在经济领域,外国入侵所带来的负面影响是局限在一定的范围之内的。中国人相信他们有能力也有信心甄别西方的模式及其所带来的影响,他们并没有放弃本国经济的主导权。大量事实表明,他们在对外合作与竞争中,保持了自己的独立性。当然,这并不能保障他们不犯严重的错误,或者不会屈从于根深蒂固的中国惯例。实际上,中华懋业银行的经历就从多方面、多角度支持了以上对 20 世纪 20 年代的中国经济和中外关系所进行的描述。①

---

① 此处的综合基于如下著作:David G. Brown, *Partnership with China: Sino-Foreign Joint Ventures in Historical Perspective* (Boulder & London, 1986); Parks M. Coble, Jr., *The Shanghai Capitalists and the Nationalist Government, 1927-1937* (Cambridge, MA, 1980); Sherman Cochran, *Big Business in China: Sino-Foreign Rivalry in the Cigarette Industry 1890-1930* (Cambridge, MA, 1980); John K. Fairbank, ed., *The Cambridge History of China: Volume 12, Republican China 1912-1949, Part I* (Cambridge, 1983); Fairbank, *The Great Chinese Revolution: 1800-1985* (New York, 1986), especially 94-99; Fairbank, *Trade and Diplomacy on the China Coast: The Opening of the Treaty Ports 1842-1854*, vol. I (Cambridge, MA, 1953); Albert Feuerwerker, *China's Early Industrialization: Sheng Hsuan-Huai (1844-1916) and Mandarin Enterprise* (Cambridge, MA, 1958); Feuerwerker, *The Chinese Economy 1913-1949*, Michigan Papers on Chinese Studies, No. 1 (Ann Arbor, 1968); Yen-p'ing Hao, *The Commercial Revolution in Nineteenth Century China: The Rise of Sino-Western Mercantile Capitalism* (Berkeley & Los Angeles, 1986); Hao, *The Comprador in Nineteenth Century China: Bridge Between East and West* (Cambridge, MA, 1970); Chi-ming Hou, *Foreign Investment and Economic Development in China 1840-1937* (Cambridge, MA, 1965); Frank H. H. King, *The History of the Hongkong and Shanghai Banking Corporation*, II, *The Hongkong Bank in the Period of Imperialism and War 1895-1918* (Cambridge, England, 1988), especially 517-19;Edward LeFevour,

仿照美国和欧洲的商业银行模式，建立中国的新式银行，就是这种选择性和自觉性借鉴的最佳范例。19世纪中期，外国银行在中国沿海地区出现，并很快给传统钱庄票号的银行业务经营以致命打击。最初，外国银行只经营它们占据主导地位的外汇和外贸业务。很多外国银行也发行纸币，为通商口岸提供了可靠的货币，并成为中国货币流通体系的重要组成部分。20世纪，随着列强在中国划分了各自的势力范围，中国背上了巨额的对外赔款，规模较大的外国银行开始向中央政府和一些地方政府提供贷款业务，并为大型投资项目，尤其是铁路和采矿业，提供资金。简言之，外国银行深入地渗透了中国日常的经济生活。

英国的银行捷足先登，汇丰银行（1864年在香港建立，次年在上海建立）逐渐成为外资银行机构中的佼佼者。德意志德华银行（Deutsch-Asiatische）、华俄道胜银行（后称俄亚道胜银行，Russo-Asiatic）和法国东方汇理银行（Banque de l'Indo-Chine）在东亚银行界也占有一席之地，并且在重要的商业中心都建立了分支机构；日本控制的金融机构横滨正金银行（Yokohama Specie），以及由台湾银行（Bank of Taiwan）、朝鲜银行（Bank of Chosen）和日本兴业银行（Industrial Bank of Japan）代表的财团于1914年

Western Enterprise in Late Ch'ing China: A Selective Survey of Jardine, Matheson & Company's Operations, 1842-1895 (Cambridge, MA, 1968); D. K. Lieu (Liu Ta-chun), *China's Industries and Finance: Being a Series of Studies in Chinese Industrial and Financial Questions* (Peking & Shanghai, 1927); *Andrea Lee McElderry*, *Shanghai Old-Style Banks (Ch'ien Chuang) 1800-1935* (Ann Arbor, 1976); Rhoads Murphey, *The Treaty Ports and China's Modernization: What Went Wrong?*, Michigan Papers in Chinese Studies, No. 7 (Ann Arbor, 1970); Dwight H. Perkins, ed., *China's Modern Economy in Historical Perspective* (Stanford, 1975), especially the essays by Robert F. Dernberger and Mark Elvin; Thomas G. Rawski, *Economic Growth in Prewar China* (Berkeley, 1989); Gilbert Rozman, ed., *The Modernization of China* (New York, 1981); Jonathan Spence, *To Change China: Western Advisers in China 1620-1960* (Boston, 1969); Y. C. Wang, *Chinese Intellectuals and the West, 1872-1940* (Chapel Hill, 1966); For a critical Chinese survey, see also Ch'eh Tseng-nien (T. N. Chen), "Mei-kuo yin-hang erh-shih shih-chi ch'u tsai Shang-hai ti k'uo-chan ho Shang-hai chu-pu hsing-ch'eng kuo-chi hui-tui chung-hsin chi i" ("The Expansion of American Banks in Early 20th Century Shanghai and the Emergence of Shanghai as One of the International Exchange Centers"), "Paper Presented at the International Symposium on China's Economic Relationships with Foreign Countries and Its Social Developments from 1840-1949," Wuhan, (May 1988).

以后侵入。所有的这些外资在华银行都得到了本国政府的参与和赞助。美国银行姗姗来迟，而且与其他外国在华银行机构不同，它没有享受任何特殊的支持。1901年，万国宝通银行(International Banking Corporation)由康涅狄格州特许成立，1915年被国民城市银行(National City Bank)兼并，1902年，在上海设立第一个分支机构；在此后的15年里，又在其他一些城市设立了多个分支机构。但是它的业务始终集中在外汇上，对中国的工业，它毫无兴趣。①

中国自己曾发展出一套极为完善且复杂的金融机构，由山西票号和钱庄组成。1875年到1908年间，山西票号的发展达到顶峰，由于缺少中央银行，它们发挥了政府银行的职能。除去履行西方商业银行的许多职能(或许是它们最早引入汇兑和贴现业务的)，山西票号还专门从事省际间的大宗汇兑业务，并为规模较大的钱庄票号提供短期借款。因为它们和帝国政府有密切的联系，在1911年辛亥革命之后，只有三个得以幸存，其余都随之关闭。山西票号的突然倒闭，引起了中国银行系统的货币流通紊乱，但是，随后中国自己的新式银行和外国的银行填补了这个空白。

中国土生土长的银行就其渊源来说历史更为悠久。在20世纪早期，钱庄票号以两种形式出现。几乎每个集镇和商业中心都有兑换现金和票据的地方(钱铺)。它们的主要职能在于兑换各种成色的硬币和货币，包括铜钱、银锭、银币、银两、银元和金元，以及在国内流通的本国和外国的票据。它们也吸收存款，向地方商人贷款，并且在中华民国成立之前，它们就已经在各自的区域内发行银票。尽管实实在在的生意数量十分可观，但是多数钱庄票号的资本却相当微薄。

---

① "Banking Institutions in China," *CWR*, XXXV (Jan. 30, 1926), 248-49; Harold van B. Cleveland and Thomas F. Huertas, *Citibank, 1812-1970* (Cambridge, MA, 1985); Hao, *The Commercial Revolution in Nineteenth Century China*, 52-54; Frederic E. Lee, *Banking and Finance in China* (Washington, 1926); Lieu, *China's Industries and Finance*; Frank H. H. King, *The History of the Hongkong and Shanghai Banking Corporation*, 4 vols. (1987-1991), 此书是关于这一银行的专门著作，还提供了东亚经济和金融历史的丰富资料，有关要我们所讨论的时期，参见：vols. I, *The Hongkong Bank in Late Imperial China, 1864-1902: On An Even Keel* (1987) and II, *The Hongkong Bank in the Period of Imperialism and War, 1895-1918*。

更具活力也更为重要的就是在大中城市和通商口岸出现的银号。银号主要集中在华中和华南地区,在那里,这些银号称作钱庄,不过,在北方,比如北京和天津,也有货币交易所,在那里称作银行。它们履行了西方商业银行的诸多职能,吸收存款,向规模较大的商号和批发商(包括外国商人)发放短期贷款,发行并贴现商业票据,清算、检验、兑换各种货币。但是,钱庄并不具备发放长期贷款或者发挥投资银行职能的条件。它们多数是独自经营,或者是家族式管理,资金并不是很充足。它们和客户之间的联系主要建立在一种私人关系的基础之上。也正是这种个人关系,常常是其力量所在。

尽管它们的建立并没有政府的特许,也不受规制,但是却因为遵守诚信原则而拥有良好的信誉。[1] 1911 年以后,钱庄作为进出口贸易中介的地位被取代了。但是在国内贸易融资中,它们依然占有主导地位;即使是在通商口岸,由于外国银行难以渗透进内陆,而中国的新式银行又难以开展无抵押贷款业务,所以,它们依然举足轻重。它们不仅在辛亥革命的动荡后继续生存,1917 年以后新式银行大举扩张,也并没有将其排挤出局。相反,它们不断调整,逐渐适应了通商口岸的经济环境,一直都保持繁荣发展的态势,直到国民政府进行货币银行体系的改革,强行剥夺了它们的各种收入来源。一些钱庄还为工业部门融资,从而与中国的新式银行和外国银行建立了密切的联系。到 1933—1938 年,钱庄之间的结算业务总额仍是新式银行的 4 倍多。[2]

尽管传统的银行体系较好地满足了当时中国经济发展的需要,19 世

---

① 在少数大城市中,特别是上海,这些中国本地银行都有自己的公会,并建立了票据交换所为公会成员的业务往来服务。

② 中国银行业的讨论基于如下著作:G. C. Allen and Audrey Donnithorne, *Western Enterprise in Far Eastern Development: China and Japan* (London, 1954), 105-06; Feuerwerker, *China's Early Industrialization*, 226; T. S. Hsu, "The Native Banks of Shanghai," *Weekly Review of the Far East*, XXV (June 30, 1923), 31-32, 66-68; Baen Elmer Lee, "Modern Banking Reforms in China," (Ph. D. dissertation, Columbia University, 1941); Frederic Lee, *Currency, Banking and Finance in China*, especially 53-57, 69-72; Lieu, *China's Industries and Finance*, 35-83; McElderry, *Shanghai Old-Style Banks*, *passim*; Murphey, *Treaty Ports and China's Modernization*, 58-59; Rawski, *Economic Growth in Prewar China*, 130-32, 142-44; Wang, *Chinese Intellectuals and the West*, 482。

纪 90 年代,以盛宣怀为首的一批官吏和绅商,开始致力于通过建立西式金融机构来促进中国的经济发展。他们对强大的外国银行以现代会计技术为基础的高效率管理体制和运作机制艳羡不已,也希望建立起一套统一的、简单易行的银行体系,并建立一个能够履行中央银行职能的机构,仿照汇丰银行,为大型发展项目提供资金支持。

但是,通过建立中国通商银行(Imperial Bank of China,1897)、中国银行(Bank of China,1905)、交通银行(Bank of Communication,1907)来建立国家银行体系的努力并没有取得预想的效果。虽然清政府提供了部分资金,但是这些银行主要还是掌握在个人手里,通常只是为个人或者某个政治派系服务。同时,外国银行还继续掌握着中国铁路建设的绝大多数的贷款业务。曾经有一位观察者嘲讽道,"那些相信'银行多多益善'的中国人认为,另建个小银行就可以解决一个脆弱的国家银行的问题"。实际上,直到 20 世纪 30 年代才由南京国民政府建立了中央银行,此前的中国根本就不存在真正的中央银行。

不管怎样,这些机构的建立的确使新式银行得到推广普及。但是总体来讲,1917 年之前中国新式银行的发展并不尽如人意。资金不足,管理不善,缺少先进的技术,以及对商界缺乏了解是这些银行的通病。在实践中,传统的金融机构反倒要比这些所谓的"现代机构"表现得更为得心应手。从一开始,这些机构最为典型的特征就是政治化,这一点在中国银行、交通银行表现得最为明显。这些银行要么由中央政府、地方政府或者它们的代理者实际上所有和控制,要么就依附于后者以及政府高官和军队将领来寻求资金和扶持,甚至是维持生存;作为回报,它们就成为政府贷款的主要来源,以及重要政治人物的捐助者。[1]

中外合资企业是西方向中国渗透的另一个产物。大卫. G. 布朗(David G. Brown)对中外合资企业的研究已经证实,中外合资企业由来已久,

---

① Feuerwerker, *China's Early Industrialization*, 225-241; Ray Ovid Hall, *Chapters & Documents on Chinese National Banking* (Shanghai, 1920); Baen Lee, "Modern Banking Reforms in China," especially 14, 28-30, 62, 101-02; Frederic Lee, *Currency*, *Banking and Finance*, 72-79; D. K. Lieu, *China's Industries and Finance*; Rawksi, *Economic Growth in Prewar China*, 137-38; Wang, *Chinese Intellectuals and the West*, 478-96.

并且在整个19世纪,对中国的经济发展产生了重要的影响。援引郝延平的观点,布朗认为,买办们往往把他们的资金投到外国在华企业中,中国商人也经常与外国在华经营对外贸易的企业达成临时性的合作伙伴关系,而这些外资企业本身根本就没有运营资金。就连神通广大的汇丰银行也是在中国人的参与下建立的,并且外资银行还是要依靠中国富人的存款来维系。美国所有的旗昌轮船公司(Shanghai Steam Navigation Company)也有很多中国商人和与中国人合伙的公司参与其中。矿业企业则与此不同。由于采矿企业多位于内陆,且中国政府对外资企业所有权的法律限制,很多采矿企业表面上是中国企业,但是实际上,它们很大程度上是由西方提供资金和技术支持的。1918年成立的专门制造电话装置的中国电气公司(China Electric Company)非比寻常,总体来讲是很成功的中外合资企业:半数资金由中国交通部提供,四分之一由美国的西电公司(Western Electric)提供,四分之一由其盟友日本电气公司(Nippon Electric)提供。①

此外,在第一次世界大战之前,有两家官办中外合资银行。1895年,清政府批准成立了华俄道胜银行(最初叫做俄华银行,Russo-Chinese Bank,后称俄亚道胜银行),而后在1911年批准成立了中法实业银行(Banque Indusrielle de Chine)。虽然中国政府名义上拥有这两家银行的股份所有权,但实际上投入了很少或者根本就没有投入资本,对任何一个也不具有控制权。实事求是地讲,这两家银行都是外资银行,而且不受中国法律的管辖。然而,这两家银行拥有极大的特权,包括发行银行纸币,代行中国政府的职能,以及发行政府债券。因此,它们既可以看作是中国新式银行的代表(后来的中国新式银行就雇佣在这些银行中历练过的中国人担任要职),同时也可以看作是1917年以后建立的中外合资银行的

---

① Brown, *Partnership with China*, *passim*; Hao, *The Commercial Revolution in Nineteenth Century China*, 87, 212-13, 226, 229, 246-48, 258. 又参见极具洞察力的 Frank H. H. King, "Joint Venture in China: The Experience of the Pekin Syndicate, 1897-1961," *Business and Economic History*, Second Series, XIX (1990), 113-120, 及其巨著 *The History of the Hongkong and Shanghai Banking Corporation*; Mira Wilkins, *The Maturing of Multinational Enterprise: American Business Abroad from 1914 to 1970* (Cambridge, MA. 1974), 28。

原型。[1]

从根本上说,跨国合资企业是为了使"两个或者多个机构(或个人)共用其所拥有的资源以在国外获取共同的利益"。[2] 跨国合资企业的开办服务于各参与成员的利益,参与者对资产、管理和控权达成共识。近几十年来,跨国企业日益成为吸引外资和发展落后经济的重要手段。大卫·布朗承认,他脱离原有对合资企业的基本的、严格的定义,将范围扩大至在外资银行存款的储户、中国人所持有的外资企业的少数股权,以及西方对中国发起的项目所给予的技术支持。布朗的历史观依旧强调共治经济的存在(虽然他也试图扩大它的内涵)以及中外合资企业共同目标的实现。在20世纪早期的大部分时间里,中外合资企业致力于将西方的资金、技术、企业管理经验,治外法权保护和中国的资金、企业管理经验与经营理念,以及对地方政治和经济环境的熟悉结合在一起。即使他们的长期目标和想法存在分歧,中国人和西方人也还是会共同致力于实现短期的目标,例如现代经济基础设施建设、资源开发、贸易扩大以及最为重要的利润收益。中华懋业银行,就像本书即将展示的,就是这样一种模式的企业。[3]

在寻找外国的合作伙伴时,中国人竟无一例外地青睐于美国。这让人有些费解。因为美国的在华投资大幅落后于其他西方国家。而且,从1890年代到1910年代,美国财团和美国政府一再使中国人陷入尴尬境地,让中国人大失所望。华美合兴公司(American China Development Company)的惨败,放弃在东北地区修建铁路、发展经济以确保该地免受沙俄和日本侵占的计划,以及1913年美国从第一届多国借款团中突然撤出,都给人留下了中国人从此不能再指望美国人的印象。1910年代两次

---

① Allen and Donnithorne, *Western Enterprise in Far Eastern Development*, 109; Brown, *Partnership with China*, 36-38; Lieu, *Foreign Investments in China* (San Francisco, 1929), 50-51.

② 12. R. Duane Hall, *The International Joint Venture* (New York, 1984), v.

③ Brown, *Partnership with China*. 合资公司的定义和讨论,参阅 R. Duane Hall, *The International Joint Venture*, Edgar Herzfeld, *Joint Ventures* (Bristol, England, 1983); Jim Mann, *Beijing Jeep: The Short, Unhappy Romance of American Business in China* (New York, 1989), especially 69-70; Joseph M. Morris, *Joint Ventures: An Accounting, Tax and Administrative Guide* (New York, 1987), 1.

建立中美合资企业的努力都以失败告终，其原因很大程度上可以归咎于美国人的不负责任和办事无能。虽然人们认为美国人不像英国人和德国人那样咄咄逼人，但是他们的传教士和商人依旧把他们的种族歧视和文化优越感带到了中国。同时，美国的排华法案和对访美中国人的歧视伤害了中国人的情感，即便是身份尊贵的访美者都会遭遇移民局和海关人员的粗鄙对待。最后一点，尽管美国在向中国讨要特权方面只是一个跟班，而不是领头的，这个“搭便车”的帝国主义者依旧坚持其在华权利的完整性。[①]

尽管事实如此，官商两界的许多中国人还是一厢情愿地构筑关于美国的神话。首先，中国人需要一种列强之间的势力均衡来保卫中国的主权独立和领土完整，而美国看起来很适合。因为美国的理想主义（或者称天真）、在国际政治领域的经验尚不足，以及缺乏领土扩张的野心，使它看起来在那帮“蛮夷”中是危险性最小的；美国提出的“门户开放政策”也迎合了中国人试图使侵略者互相牵制的传统战略思路。在美国，一些受雇的和主动请缨替中国说话的人将中国描绘为再次觉醒和努力奋斗的国家，而美国则因此被打造成为中国的救星。其次，中国人认为，美国作为世界上最富有的工业化国家，最终会对中国这个巨大的、尚未开发的贸易和投资市场所提供的各种潜在机会做出反应。最后，美国在华传教士在医疗和教育方面的出色表现，一些美国专家对中国的无私帮助，以及一些中国学生在美国美好的留学经历，都鼓励人们对美国的良好期盼，相信所谓的美国人的友邦情谊。美国驻华公使芮恩施在他倡导建立中美合资银行的备忘录中总结道：“中国人一而再，再而三地表达了

---

① 参见 Michael Hunt, *Frontier Defense and the Open Door*: *Manchuria in Chinese-American Relations*, *1896-1911* (New Haven, 1973) and *The Making of a Special Relationship*: *The United States and China to 1914* (New York, 1983); Delber McKee, *Chinese Exclusion Versus the Open Door Policy 1900-1906*: *Clashes over China Policy in the Roosevelt Adminitration* (Detroit, 1977); Noel H. Pugach, “American Shipping Promoters and the Shipping Crisis of 1914-1916: The Pacific & Eastern Steamship Company,” *The American Neptune*, XXXV (July 1975), 166-82; Pugach, “Standard Oil and Petroleum Development in Early Republican China,” *Business History Review*, LXV (Winter 1971), 452-73; Charles Verier, *The United States and China 1906-1913*: *A Study of Finance and Diplomacy* (New Brunswick, 1955)等。

他们希望看到美国在他们的国家发展中采取切实行动的意愿……事实上，中国人非常明白美国是一个富有的大国，而且对中国不存在任何政治企图。这也就是中国人在他们国家的经济发展中欢迎美国资本积极参与的原因。”①

撇开公开的宣传和动人的辞藻，美国的领导人承认对中国政治和经济的兴趣非常有限。一般而言，美国避免承诺挽救内外交困的中国，并限制对复杂的东亚事务的政治和军事介入。尽管人们总是担心美国因为找不到剩余产品的出口国而出现国内危机，但实际上就这段时期而言，美国对国外市场的依赖程度并不高。美国大多数的生产厂商并不关注对外贸易，他们安然度过了经济低迷时期，把注意力主要集中在巨大的国内市场上。实际上，在寻找国外市场时，他们中的很多人都是漫不经心的，而且也没有任何组织。当然也有一些例外。标准石油公司、美国烟草公司（也就是后来的英美烟草公司），以及上海胜家缝纫机公司（Singer Sewing Machine）都在中国建立了分布广泛且有利可图的经营组织。一些纺织品生产商将其生产的大部分纺织品都出口到了中国，一些进出口公司也在与中国的贸易中获得了可观的利润。但是，总体来讲，美国的对华贸易规模很小，对两国来讲相应地微不足道。

美国投资的情形与贸易的状况相同。在 1919 年以前，总体来讲，美国的资金并不充足，因此其对外投资主要限制在西半球。第一次世界大战之后，这种格局有所改变，美国人开始购买外国债券，美国逐渐成为国际金融界的巨头，成为一个债权大国。然而，美国的投资家、银行家以及生产商在对外投资方面依旧十分谨慎，并且没有形成组织，他们总是愿意寻找能够短期赚取利润的投资项目，而不愿意投资于长期发展的项目；他们没有能够像欧洲和日本等竞争对手那样，建立起集金融、工业和商业利益于一体的相互依存的经营网络；在对外贸易从业人员的培训方面，他们的反应也很迟缓；他们对政府帮助和政府干涉依旧持有怀疑态度。由于中国的政局动荡不安，各国对中国的你争我夺和尔虞我诈愈演愈烈，臭名

---

① Memorandum: “It is Proposed to form a Sino-American Bank,” n. d. [1918?], box 6, Paul S. Reinsch Papers, Wisconsin State Historical Society, Madison, Wisconsin.

昭著的贪污腐败、外汇处理上的复杂问题,以及对广大的内陆地区进行渗透困难重重,他们对贸然闯进中国市场心存恐惧。美国人对中国还持有许多负面的想法,但是,最重要的是,美国人对中国当时的状况一无所知。

尽管面对以上诸多令人沮丧的因素,美国还是对中国心怀向往;还是有一大批美国人相信,中国人对美国抱有良好的期待,会把心怀善意的美国人和贪得无厌的西方侵略者区别对待。所以,作为回报,美国应该帮助中国保持独立,发展其落后的经济,让中国向其所有国民提供均等的机会,促使中国向以美国和基督教价值观为基础的现代民主国家演进。很多美国人相信,美国传统的门户开放政策,加上人道主义和技术援助,会为实现以上的宏大目标提供媒介。成千上万到中国的传教士,以及他们在国内的支持者们,也一样对建立亲密的中美关系充满个人的以及意识形态方面的期待。还有相对来讲数目少得多的一些个人,对中华文明充满仰慕和崇敬之情,一些人甚至和中国人建立起了友好互信的密切联系。①

最后,无论是在美国的政府部门,还是在美国的私人企业里,总是有一些中国市场的狂热追求者在摇旗呐喊。这些宣扬者相信,20 世纪世界经济的中心将要转移到太平洋地区,他们极力主张,不是现在,就是将来,美国必将在中国拓展对外贸易和投资。20 世纪的前十年里,这些人主要包括:美国驻华公使芮恩施、商务参赞安立德(Julean Arnold)、商贸专员保

---

① 保罗·S. 芮恩施是"中国要寻求美国的援手并以美国为榜样"这一思想的主要倡议者。同时,他又是一个热情的中国市场的倡导者。参见 Paul S. Remsch, *An American Diploomat in China* (Garden City, NY, 1922)。有关芮恩施的思想与生平,参见 Noel H. Pugach, *Paul S. Reinsch: Open Door Diplomat in Action* (Millwood, NY, 1979)。Jerry Israel, *Progressivism and the Open Door: America and China, 1905-1921* (Pittsburgh, 1971) 探讨了由于中国的发展与改革,使美国人深受吸引和美国进步主义对这一现象产生的影响。有关门户开放政策和眷顾中国市场的进一步讨论,可参看 Michael H. Hunt, *The Making of a Special Relationship*, Walter LaFeber, *The New Empire: An Interpretation of American Expansion, 1860-1898* (Ithaca, NY, 1963); Thomas J. McCormick, *China Market: America's Quest for Informal Empire, 1893-1901* (Chicago, 1967); Paul A. Varg, *The Making of a Myth: The United States and China, 1897-1912* (East Lansing, 1968); William A. Williams, *The Roots of the Modern American Empire: A Study of the Growth and Shaping of Social Consciousness in a Marketplace Society* (New York, 1969); Williams, *The Tragedy of American Diplomacy* (New York, 1962)。

罗·佩奇·威特海姆(Paul Page Whitham)、英美烟草公司大班詹姆斯·A. 唐默思,还有通用电器协理M. A. 奥丁(M. A. Oudin)。尽管在1910年到1913年间担任美国驻华公使的嘉乐恒(Willam J. Calhoun)对旧世界政治秩序的瓦解、国际竞争的日益激烈、中国的贷款信用不佳等问题感到忧虑,但是他依然急于开展中美贸易。在近东和东亚地区的几次工作游历,使海军上将马可·L. 布里斯托(Mark L. Bristol)成为鼓吹美国经济扩张的代表人物。在最后的一次出国游历时,他对商务部部长助理裘里斯·克莱恩(Julius Klein)说,"由于中国人口众多,未来必将成为美国所急需的出口市场,因为我们的制造业和产品会发展,而且必然会发展"。①

另一部分美国人对美国在中国发挥作用的能力深感怀疑。即使是这样,他们仍然被中国的潜力所吸引。他们坚信,中国最终会产生适合美国商业的稳定环境。1913年,司戴德(Williard Straight)在中国东北雄心勃勃地寻求美国利益的计划以失败告终,并在某种程度上缓解了他的反日偏见。但是,在离开摩根到国民城市银行工作后,他再一次涉足中国,帮助美国广益公司(American International Corporation),并亲自参与了慎昌洋行的财务重组工作。司戴德在给他的老朋友唐默思的报告中写道:"我认为,你一定会赞同我的观点,那就是,在将来必定会大有发展的地方先占有一席之地,是一个好主意。"唐默思极为赞同,并表达了他的期望:"美国在远东的利益即将复苏,因为这个国家(中国)必定会大有发展。"马丁·伊根(Martin Egan)以及摩根公司是地道的亲日派。但是伊根从来就没有完全关闭对中国开放的大门。即使在中国内战频仍的最为黑暗的日子里,他依然建议他的老板托马斯·拉蒙特(Thomas Lamont)说应当拥

---

① Calhoun to Reinsch, July 21, 1914, Reinsch Papers; Calhoun to Thomas, July 8, 1914, James A. Thomas Papers, William R. Perkins Library, Duke University, Durham, NC. (唐默思文件档案是按时间顺序编排的,除非文件难于确认或是发现于混杂的档案柜中,否则不标出档案柜号。)又见 Calhoun, "Address before the American Asiatic Association," May 28, 1913, *Journal of the American Asiatic Association*, XIII (June 1913), 132-38; Bristol to Klein, May 28, 1929, and Bristol to Thomas, May 28, 1929, Mark Bristol Papers, Library of Congress, Washington, D. C。

有最大程度的耐心、智慧和宽容。①

因此,研究中美关系的学者就遇到这样一个奇异的悖论。在过去的20年里,学者们一直认为,如果从传统意义上的"美国施恩,中国感激,双方共同存有良好意愿并建立实质的合作"来说,美国和中国之间,根本就不曾存在一种特殊的或者说真正意义上的利益共同体。实际上,迈克尔·亨特(Michael Hunt)在对1914年前的中美关系所作的深入复杂的分析中指出,这两者之间的关系可以用动荡、冲突、误解、矛盾来形容。亨特和其他的学者认为,美国和中国所处的世界充满假象,它们或有意或无意地制造有关对方的"神话",因为这样能满足它们各自的政治和心理需要。这样的发展是很危险的。一方面,这为二者在巨大的文化、经济、社会和政治鸿沟之间建立起沟通的桥梁增添了更大的困难,更加不利于二者之间建立互信关系。另一方面,这又导致了一个恶性循环,每当需要做出影响深远的决策或军事、政治承诺时,就会出现一次又一次深深的失望和错位的期待。②

这些历史学家已经就中美关系的景况为我们提供了一个更为准确的版本。但是,仅仅对中美关系的"神话"进行鉴别、拆穿或摒弃都不足以消解这些神话。美国和中华人民共和国长达三十年的隔绝与敌对,既不能消除有关中美关系的老生常谈,也无法拆穿不切实际的神话。1972年,亨利·基辛格和理查德·尼克松再度开启中国国门,这使对中国大市场的憧憬又一次迅速复苏,也使一些中国人回忆他们与美国友人的友谊,谈论起美国模式的可取之处,并期待通过两国关系的正常化

---

① Straight to Thomas, June 30, 1919 and Thomas to Straight, Aug. 2, 1915, Thomas Papers; Egan, "Draft of Speech for Lamont" (Dec. 1926), Egan to George Sokolsky, Dec. 3, 1930, Martin Egan Papers, J. P. Morgan Library, New York, NY.

② 例如,Warren I. Cohen, *America's Response to China: An Interpretative History of Sino-American Relations*, 2nd ed. (New York, 1980);Michael H. Hunt, *The Making of a Special Relationship*; Akira Iriye, *Across the Pacific: An Inner History of American-East Asian Relations* (New York, 1967); Paul A. Varg, *The Making of a Myth*, Marilyn B. Young, *The Rhetoric of Empire: American China Policy, 1895-1901* (Cambridge, MA, 1968)。迈克尔·沙勒(*Michael Schaller*)认为从表面上看,真正的中美关系开始于20世纪30年代末的抗日战争之时,参见他的 *The U. S. Crusade in China, 1938-1945* (New York, 1979)。孟捷慕(Jim Mann)在其 *Beijing Jeep* 中,深入生动地描述了1980年代的美国在华企业。

来实现互利互惠。神话总是有其使命并且最后变为现实的一部分。对某些人来讲，神话可以减少冲突，捍卫秩序，使矛盾最小化。[①] 而且，神话之所以能流传下来是因为它们包含事实的内核：和其他时期一样，在第一次世界大战之后，中美贸易的确是大幅度增加；一些来华的美国企业也的确财源滚滚，非常成功；一些中国人受到了美国的思想和做法的切切实实的影响；在中国人和美国人之间，也确实出现的了真正的友谊。

中华懋业银行就是部分地基于中美友谊与合作关系的神话的基础上建立起来的。这其间包括那些不仅相信这一构想，而且切实实践的那些人的努力。同时，懋业银行的历史也揭示出了中美合作关系的艰辛与中美友谊的脆弱。

❧ ❧ ❧

从 19 世纪末期开始，美国人和中国人时断时续地探讨起各种形式的合资企业，其中就包括中美合资银行。最终选择建立中美合资银行的形式，在某种程度上看起来似乎有些不可思议。银行是以信任、私人联系、成规为基础建立起来的；现代西方银行也是以此为基础，向技术化和业务多样化的方向发展的。虽然这个行业总是和投机联系在一起，但是真正的银行家还是倾向于谨慎和保守。而且，成功的银行业往往依赖于稳定的政治经济和社会制度。清政府被推翻之后，名义上的共和国政府建立，但中国仍不具备以上这些条件。然而，中美合资银行的倡导者们还是在积极地推行着他们的构想。

一些来自上海和其他通商口岸的中国商人制定了第一个合资银行的具体方案，提交给 1910 年到 1901 年访华的太平洋商业联合会（Associated Chambers of Commerce of the Pacific Coast）代表团，募集资金 1000 万元（约合 600 万美元）。[②] 具有象征意味的是，中国人较之那些仅仅是很有礼貌地倾听而不作任何承诺的美国合作者，对这项计划更为认真。中国方面

---

① 参见 Peter Novick, *That Noble Dream: The "Objectivity Question" and the American Historical Profession* (Cambridge, England, 1988), 3-5。

② 中国复杂的货币系统都是基于白银的。墨西哥银元已在中国广泛流通，并成为一个公共标准，特别是在通商口岸和国际都市。除非另外标示，本书中的元均指墨西哥银元。

的投资者还请美国的官员对计划表态,并且请他们提供外交支持。

美国的外交和领事官员们非常谨慎,他们没有给中国人留下美国官方赞同的印象。美国驻南京领事威廉·格雷西(William Gracey)相信,强大而管理健全的银行必定开启纯粹由美国人开办无法接近的大门。但是他也和其他美国官员以及当地美商一样,承认这项计划将面临很多的困难。万国宝通银行并不欢迎美国的竞争者,中国本地的金融机构近期也经历了极为严重的萧条,中国没有清楚地界定有限责任公司的法律。随着中国人建立合资企业的热情越来越高,美国的外交官们担心美国的商业利益会受到损害。

实际上,在随后的几个月里,中国方面的倡导者们得到了中国最为成功也备受尊重的实业派先驱张謇的支持。这证明这项计划有了一个非常重要的进展,因为张謇和清政府有着非常密切的联系;他后来主要供职于袁世凯的内阁,并开始推动制定近代公司法。但是,银行计划并没有引起美国西海岸商人的兴趣,也没有使太平洋商业联合会代表团的领袖罗伯特·大莱(Robert Dollar)采取任何行动。随后,1911 年 10 月辛亥革命爆发,迫使中国人把建立合资企业的计划暂时搁置起来了。[①]

1913 年 12 月,农林工商部部长张謇与刚刚担任美国驻华公使的芮恩施一道重提建立合资银行的议题。芮恩施曾询问是否可以让美国人通过抵押房地产担保其在中国的投资。张謇认为,国民大会不会愿意为此修订中国的法律,但是他觉得,建立一个大型的合资银行就可以满足这个要求了。芮恩施觉得张謇的建议切实可行,但是张謇 1914 年就离开了袁世

---

① Amos Wilder to Secretary of State (SecState), April 15, 1911, and enclosure, Secretary of the Associated Chambers of Commerce of China Coast and River Ports to Chairman of the Associated Cambers of Commerce, Mar. 15, 1911, file 893.516/2, RG 59, Department of State, National Archives (Washington, D. C.). Hereafter, correspondence and internal memos from RG 59 will be cited DS and file number. William Gracey to SecState, May 12, 1911, and enclosure, "Memorandum on Subject of a Proposal for a Chinese Bank to be formed for Carrying on Business in China," DS 893.516/4; Wilder to SecState, June 21, 1911,/5, July 10, 1911,/7; Percival S. Heintzleman to SecState, Aug. 2, 1911,/8. 朱昌峻(Samuel Chu)在其著作 *Reformer in Modern China: Chang Chien 1853-1926* (New York, 1965)中没有提到张謇参与了中美银行的构建。关于此事的进一步详情和以后的发展,参见 Pugach,"Keeping an Idea Alive"。

凯的内阁,所以并没有能够把这个想法付诸实施。第一次世界大战的爆发,使世界金融市场陷入混乱,也延迟了该项计划的实施。芮恩施还把建立其他形式的中美合资企业的谈判放到了优先的位置。①

张謇把芮恩施拉入倡导建立中美合资银行的行列,这已经迈出了重要的一步。芮恩施本来就相信,美国需要为其过剩的产品和资本寻找输出渠道,并且他本人就是一个中国市场的倡导者。他认为,门户开放政策就是美国理想的输出战略。但是,他坚持认为,美国只有获得强大而独立的地位以及重大的特许权,才能在中国赢得真正的平等机会的。美国宣示经济上的实力,再加上有限的政治和外交压力,反过来又会保护中国免受其他国家,尤其是日本,对其民族独立和领土完整的进一步侵犯。芮恩施乐观甚至是有些天真地认为,美国会在将中国改造成一个进步、民主、发达的亲西方的现代国家上作出榜样。比如,他提出美国商人会教中国如何建立一种非人治式的公司,如何把中国人现有的资金融通到更有效率的生产性工商业企业中。因为中国人很高兴美国人对中国的领土和政治没有任何野心,所以芮恩施相信中美友谊和商业合作具有坚实的基础。于是他为几个合资公司的建立努力奔走。基于建立合资银行对扩展美国的经济势力、发展中国经济的重要作用,这项计划很快成为他工作里的重中之重。1915 年,建立合资银行的计划重启后,他就马上开始筹划。②

1915 年春夏,中国商业代表团到美国访问,谋求把外国资本引入到中国的工业企业中,中国人的新一轮努力开始付诸实施。欧洲忙于世界大战。日本占领德国在山东的势力范围,还向中国提出了"二十一条",标志着日本想要在中国建立保护国。这迫使中国向美国寻求帮助。中美合资银行发起者的带头人张弼士(张振勋)是一位广东籍富商,在新加坡

---

① Interview, Reinsch and Chang Chien, Nov. 25, 1913, Reinsch Papers;张謇致陈兰生函,1914,张謇:《张季子九录》,张孝若编(上海,1931),第214—216 页。

② 关于芮恩施的思想与生平,参见 Pugach, *Paul S. Reinsch*; Reinsch, *An American Diplomat in China* In the course of 1914,芮恩施与前任部长 W. W. 洛克希尔讨论了在华银行业问题,洛克希尔也致力于组建一个大型的美国工业银行。Thomas Sammons to Reinsch, Apr. 14, 1914, DS 893.00/2117; Reinsch to Rockhill, May 10 [1914], William Woodville Rockhill Papers, Harvard University Library, Cambridge, MA.

和马来亚经营锡矿和橡胶生意发了财。他得到了很多前政府官员和华南华中支持现代化的商人的支持,这些商人中很多都和海外侨商有密切的联系。唐默思从中国写信给他的美国朋友,劝他们以合适的方式接待中国来访者,“这些中国人对美国心驰神往,我认为他们的到访一定会结出硕果”。①

在美国访问期间,中国代表团与旧金山、中西部和纽约的美国企业界和金融界领袖们进行了协商。张弼士试图向每一个他会见的美国人推销他的合资计划,尤其是来自明尼阿波利斯的、与摩根公司关系密切的律师C. A. 塞弗伦斯(C. A. Severance)、司戴德,还有国民城市银行的总理法兰克·A. 范德里普(Frank A. Vanderlip)。张弼士向他们分发了一份规划蓝图,还为其争得了不少曝光机会。之后,在一次由中国商界联合会在纽约的一家饭店举办的晚宴上,张弼士宣称,美国的金融家们已经同意组建中美合资银行,投资约 600 万美元。但张弼士宣布得有些太早了。美国东道主们盛情地宴请中国人,“热情过度高涨”。然而,正如在司戴德写给唐默思的信中提到的,中国来访者并没有从美国人那里得到任何关于加入合资银行计划的承诺。②

不过,张弼士和他的伙伴们回到国内仍坚信,如果中国人“做了分内之事”,美国银行家们,尤其是范德里普就会投身合资公司。1915 年 11 月,僧腾和*在上海代表组织者讲话时提出,中国工商业发展迫切需要现代银行,但是中国目前缺乏足够的资金,也无法提供现代银行正常运转所需的训练有素的工作人员。既然中俄合资银行和中法合资银行都已经建立了,而且“我们也对美国人民怀有极大的热情”,倡导者们得出结论,认

① “Regulations Made in Connection with the Establishment of the Chinese-American Bank,” n. d. [1915], box 47, Thomas Papers; Thomas to Straight, July 20, 1915, and Thomas to C. A. Severance, Aug. 4, 1915, *ibid.*; “Sino-American Bank Promoters,” in Reinsch to SecState, Dec. 28, 1915, DS 893.516/40.

② Straight to Thomas, June 21, 30, 1915; Thomas to Straight, July 20, 1915; Thomas to Severance, Aug. 4, 1915, Thomas Papers; *New York Times*, June 6, 7, and 23, 1915; “Fa Ch'i Chung Mei Yin Hang Chih Hsuan Yen,” (Declaration of Initiating a China-American Bank), *Shen pao* (Shanghai), July 11, 1915.

* 据威氏拼音 Seng Teng Ho 回译。——译者注

为“建立现代银行的最佳方式就是和美国合作”。僧腾和还解释道,倡导者们希望能够吸引那些“对外国人一直还有信心的”中国富人的存款,并争取得到那些经常和外国银行打交道的海外华人的汇款支持。截至12月中旬,据称中国人已经集齐所要求的全部资本。①

中国人进一步受到了鼓舞,因为与四年前的情形不同,现在美国在华的官员和一些商人们都开始热衷于合资银行。安立德,新近任命的美国驻北京使馆的商务参赞,他和美国驻汉口与上海的总领事一致认为,这项计划将不仅会刺激美国贸易和经济发展,而且还会给中国人带来实际利益。芮恩施则认为这是中国人与美国商界的友谊自发而生的例证,认为这是“现代银行发展的难得的机遇”。

到1915年底,芮恩施和中国人都等得有些不耐烦了,因为他们没有得到范德里普的任何回复。由于担心反复让中国人失望会不利于美国在华利益,芮恩施恳求美国国务院和罗伯特·大莱伸出援手,并且告知如果国民城市银行不迅速采取行动,就会寻找其他的合作伙伴了。“这次中美合作的机会千载难逢”,他对美国国务院说,“我们不应该让这个计划因美国人缺乏兴趣而流产。”②

1915年夏,芮恩施旋风般地周游美国。之后,在华尔街和威尔逊政府中形成了一股希望寻求美国在华利益的力量。美国最大的商业银行,纽约国民城市银行居于核心地位,该行以扩展美国的海外市场为己任。国民城市银行并购了万国宝通银行,以此涉足远东金融市场的意图已经很明显。它与其他银行和企业合作,建立了美国广益公司,资助美国在海外的大型发展计划。司戴德及其在美国广益公司、国民城市银行的合作者们随后又兼并重组了慎昌洋行,慎昌洋行是丹麦人在中国的一家贸易公司。对芮恩施和中国人来讲,范德里普似乎是理所应当的合作人选。

---

① Reinsch to SecState, Dec. 28, 1915, with enclosure, Chu Li Chi to Julean Arnold, Dec. 11, 1915, DS 893.516/40; “Regulations Made in Connection with the Establishment of the Chinese American Bank,” box 47, Thomas Papers.

② Reinsch to SecState, Dec. 28, 1915, and enclosures from Consul-General (Hankow) Edwin Cunningham, Arnold and Chu Li Chi, DS 893.516/40; See also Thomas Sammons (Consul-General, Shanghai) to Reinsch, Apr. 14, 1914, DS 893.00/2117.

另外,司戴德还告诉唐默思,“据我所知,在纽约,除去我们自己的集团,没有人会愿意在中国投资”。[1]

事实上,国民城市银行从来就没有认真考虑过建立合资银行的计划,但也不是故意误导张弼士和他的伙伴们。一如既往,中国人误解了,甚至有时候是一厢情愿地阐释了美国商人的礼貌用语,因为他们对美国人会采取具体行动来帮助中国从未死心。然而,夸大其词也是用来阻止中国投资者取消某项计划以及让竞争者放松警惕的一种常用武器。不久,国民城市银行就激怒了芮恩施和他的中国朋友,因为范德里普集团屈从于日本的压力和欧洲的抗议,把美国公使已经获得的铁路和运河的宝贵项目中途停止。芝加哥大陆商业信托储蓄银行(Chicago's Continental and Commercial Trust & Savings Bank)及时把芮恩施从极度尴尬的处境中救了出来,它向中国提供了500万美元的贷款,表面上挽救了中国的两个官办银行。从长远来看,这是一个草率的、代价高昂的错误,因为它间接影响到了中美合资懋业银行计划。

直到1918年底以前,由于美国积极地投身到第一次世界大战,大大分散了美国对这一议题的注意力和资源。与此同时,中国人组建合资银行的努力也踟蹰不前。张弼士的辞世使热衷于此的中国投资者失去了一个有力的代言人和领导者。此外,袁世凯称帝失败,加之随后迅即亡故,使中国的时局动荡不安,政客和商人们分崩离析,陷入了无休无止的派系斗争之中。[2]

中美合资银行建立的时机和条件也都还不够成熟。然而芮恩施和中国人还在殚精竭虑地寻找复兴该计划的各种方法。他们讨论了使用芝加

---

① Reinsch to SecState, Dec. 28, 1915, DS 893.516/40; Straight to Thomas, Sept. 14, 1915, Thomas Papers; Pugach, *Paul S. Reinsch*, 165-184; Harold van B. Cleveland and Thomas F. Huertas, *Citibank 1812-1970*, 80-81, 91-94; Henry N. Scheiber, "World War I as Entrepreneurial Opportunity: Willard Straight and the American International Corporation," *Political Science Quarterly*, LXXXIV (Sept. 1969), 486-511; George T. Mazuzan, "Our New Gold Goes Adventuring: The American International Corporation in China," *Pacific Historical Review*, XLIII (May 1974), 212-232.

② Reinsch to SecState, Apr. 22, 1919, DS 893.516/66; Reinsch, *An American Diplomat*, 221-22; Pugach, *Paul S. Reinsch*, 204-23.

哥大陆商业信托储蓄银行的后续贷款来建立合资实业银行的可能性。芮恩施还建议成立中美合资银行区域网络,或者建立一个大型合资银行,在主要商业中心城市建立分支机构。[①] A. W. 费林(A. W. Ferrin)对他在商务部的上司谏言,合资银行是把美国资本输入到中国去的"最有效、最快捷的方式"。[②] 1917 年,由在美国留过学的中国商人通过在中国国内和在美国的华人中募集资金,在香港开办了一家新式银行,即香港工商银行(Industrial and Commercial Bank ltd.)进一步刺激了他们。[③] 在 1918 年间,有好几拨各不相同的中国商人和政客造访芮恩施,提出建立中美合资银行计划或邀请美方投资现有的中国新式银行。对未来来讲同样重要的还有一件事情,那就是美国公使和徐恩元在讨论这些不同银行计划的过程中,建立了亲密的友谊。[④]

在北京政府亲日派的协助下,几家日本银行和中国组建了合资银行,此事给中国商人和美国官员们带来了一丝紧迫感。1918 年 2 月,中华汇业银行(The Exchange Bank of the Republic of China)开业,该行获准具有纸币发行权(以日本金圆和银的面值发行),在全国范围内建立分支机构,并享有中国官办银行(中国银行和交通银行)的所有特权。该行的总部在北京,在东京也设有分支机构。该行的总经理和管理人员都是中国人,但是关键部门和职位,比如执行董事,则全部由日本人担任。这是寺内内阁控制中国经济和金融的战略的一部分,尤其是在 1917 年到 1919 年,通过一系列贷款将渗透的范围扩展到了破产的北京政府。20 世纪 20 年代,该行的金融机构地位日益增长,同时也遇到了中国近代银行和中外

---

① Reinsch to SecState, Jan, 10, 1917, DS 893.516/53 and Jan. 13, 1917, /48; Reinsch to Albert Pontius (Consul, Foochow), May 10, 1917, RG 84, Peking Post file 851 (1917), vol. 28; Reinsch to John J. Abbott, Apr. 8, 1918, RG 84, Peking Post 851.6 (1918), vol. 31.

② A. W. Ferrin to Elliot Mears, Oct. 14, 1917, RG 151 (Records of the Bureau of Foreign and Domestic Commerce, National Archives), file 640 (China), box 2961 (hereafter cited RG 151, file and box number).

③ Memorandum (Consul-General at Hongkong), "Modern Chinese Banks at Hongkong," May 1, 1917, DS 893.516/56.

④ Reinsch to SecState, Nov. 1, 1918, DS 893.516/61, Apr. 2, /63, Apr. 22, 1919, /66; Hsu En-yuan to Reinsch, May 23, 1918, Reinsch Papers; untitled and undated memoranda, boxes 5 and 6, *ibid.*

合资银行所经历的诸多问题。但是,它一直保持着它特殊的政治职能。①

经过了差不多十年的时间,中美合资银行依然有名无实,该提议并没有得到任何实质性的进展。然而,在此期间,一些基本的特点显现出来:第一,建立中美合资银行的主动性全部来自中国人,不再是美国人。第二,中方的倡导者们,看起来已经能够募集到他们所应负担的股份,尽管主要还是富有的商人,但是一些前任和现任的政府官员也提起了兴趣。这些商人经营着一些现代经济部门,对开展对外贸易和推进工业发展兴致盎然。然而,他们认为他们需要外国资本的参与,需要借鉴外国的经验,以保证事业的成功,以获得北京政府的保护,以及建立信誉,吸引公众存款。尽管以往美国在中国的投资并不成功,但是他们依然对美国的参与寄予重望。

第三,中方倡导者确定了建立合资银行的基本框架。即将建立的合资银行将由中方和美方的投资者平等享有,该行将受到中国法律的约束,总部将设立在中国,总投资将达500万到1000万美元。而且,该行将由中美两方共同管理,但是中方的总经理具有优先决策权。②

第四,中方的投资者争取到了美国外交官和美国驻华领事的支持,中方投资者认为,他们的支持是事业成功的关键。在塔夫托执政时期,美国公使馆和领事馆受到限制,不能提供支持。到了威尔逊政府,芮恩施和其他官员终于可以倡导这项事业。美国官员和中国人一起充分利用美国人日益增长的对华兴趣。然而,他们的参与和努力,并没有说服多少美国潜

① 中华汇业银行继续经营政治贷款并意欲对亲日的交通银行施以援手,导致其雇佣了日本的特别顾问。Reinsch to SecState Feb. 12, DS 893.516/59, Apr. 12, 1918, /60; see also Frank P. Lockhart, "Memorandum Regarding Japanese Loans to China after the Inauguration of the Terauchi Cabinet"(Oct. 9, 1916), n. d. [Sept. 1924], DS 893.51/4695; *Millard's Review of the Far East*, II (Sept. 1, 1917), 24; J. B. P. [Powell], "Are China and Japan Going into Financial Partnership?" *ibid.*, III (Feb. 16, 1918), 356-59; Hollington K. Tong, "Japanese Efforts to Gain Control of the Chinese Banks," *ibid.*, VI, 261-63. 盐业银行组建于1915年,拥有日资股份,可能是最早的中日合资银行。

② 参见,例如,1915年提出的计划,"Fa-ch'i chung-mei yin-hang chih hsuan-yen," *Shen pao* (Shanghai), July 11, 1915。

在投资者把他们的钱投向中国的公司。

从许多方面来讲,筹建中美合资银行的整个过程反映了 1910 年到 1918 年的中美经济关系。1918 年末的格局,让人们看到了重要的转机。基于这样的发展态势,组建中美合资银行的前景忽然之间变得柳暗花明。

第二章　机遇之门
——中华懋业银行的建立

1918年12月19日，在美国驻北京的公使馆内，美国公使芮恩施和卫家立(C. L. L. Williams)宴请中国商界和政界的要人，这其中就包括前总理钱能训。这些人已经制定了建立中美合资银行的多项计划，芮恩施已下定决心要探究一下把他们组织成为一个统一的高效团队的可能性。在这次聚会中，周学熙作为工商界人士的代言人出席。他曾经在袁世凯政府出任财政部长，后任天津官银号的督办，再后来转而经营民营企业。到1919年，周学熙已经成为中国棉纺织工业的领军人物之一，是大力发展中国国内棉纺织工业的倡导者。因此周学熙极力主张筹建的银行应该侧重支持中国工业发展。芮恩施则指出，目前有限的预计资本不允许作长期贷款项目，并质疑中国是否存在长期债券市场。他建议新建银行首先应该集中精力于普通商业银行业务，并逐步为未来的工业贷款项目积累资本。在会议结束前，芮恩施还指出，随着欧洲战事的结束，美国主要的金融机构和企业正计划向中国派驻代表。因此，他主张中国要对他们有所考量，未雨绸缪地制定出具体的银行发展规划。①

事实证明，这次聚会成为建立中华懋业银行的转折点。芮恩施准确地感知到中国已经出现了适宜的商业发展环境，以及美国商业向海外扩

① "Memorandum of Interview on China-American Bank," [prepared by C. L. L. Williams] Dec. 19, 1918, Reinsch Papers; Reinsch to SecState, Mar. 10,1919, DS 893.00/3040, Apr. 22, 1919, DS 893.516/66; Howard L. Boorman, *Biographical Dictionary of Republican China*, 4 vols. (New York, 1971), I, 409-13; H. G. W. Woodhead, ed., *China Yearbook, 1921-22* (Peking & Tientsin, 1921), 894.

展的实质利益。既然中国已经进入最为亲西方的时期,[1]那么对中美合作的支持也就赢得了新的动力。

第一次世界大战对中国经济发展产生了积极的影响。尽管存在着一些混乱,但是它引发了中国工商业发展的一次热潮,并使之成为“中国资本主义发展的黄金时期”。资产阶级享有了权力和声望。他们创办了数量众多的联合股份公司,新一代致力于工业生产和向海外市场发展的商人出现了。尽管主要集中在通商口岸,尤其是上海,此次经济发展的浪潮同样波及中国内地。随着西方消费品生产的削减,战争和战后重建的需求,都大大保护了中国新生的工业生产部门。抓住了这个机会,中国的企业(和 1919 年以后的一些外国投资者)极力拓展他们的棉纺织工业和其他一些轻工业产品的生产。战争还创造出了对中国原材料和加工品的巨大需求。因此,中国进口商品的种类转变为工业机械、染料、化学仪器和交通设备等,这又进一步促进了中国工业化的发展。而且,这种发展还使金银比价变得有利于中国。由于西方国家需要购买白银用以支付从中国进口的商品,金元的价格从平时的 2.00—2.50 银元下跌到 0.80 银元。金银比价的变化,使中国从两个方面获益:一个是它减少了中国购买的西方商品实际成本,另一个是使中国偿还西方的债务更为容易了。[2]

1919 年,中国经济发展的繁荣达到高潮,之后随着 1920 年外国竞争卷土重来,战后经济大萧条席卷全球,物价下跌,白银贬值,中国经济的发展速度逐渐放慢。但是,新的企业依然不断建立,直到 1923 年中期,中国的经济发展水平仍高于战前。之后中国爆发内战,在 1923 年到 1927 年间达到最紧张的阶段,开始对中国经济的发展产生不利的影响。从那以后,蒋介石和

① Wang, *Chinese Intellectuals and the West*, *passim*.

② 白银对黄金比价上升的意义在中华懋业银行的早期历史中一直备受关注。See P'ing Chai [pseud.], “Chung-mei ho-pan Chung-hua mao-yeh yin-hang ti shih-mo” (A Complete Account of Sino-American Joint Management of the Chinese Commerce Bank), in *Wen-shih tzu-liao hsuan-chi* (Collection of Historical Materials), edited by the National Political Consultative Conference, Shanghai Branch (Shanghai, 1965), 97-113 (hereafter cited as P'ing Chai, “Chung-mei ho-pan”).

官僚资本主义相勾结所进行的巧取豪夺,与国民党政府的自给自足经济政策的夹击,使中国的工商业受到了严重的摧残。①

中国经济扩展的一个主要结果就是数量可观的新式银行遍地开花。1917 年到 1923 年间,全国共计成立了 131 家新式银行,主要集中在北京(出于政治原因)、上海,以及其他的通商口岸城市。这些银行的组建者宣称,他们的目的主要在于为中国的工业发展筹集资金,以及促进对外贸易的发展。但这只是他们的夸夸其谈,这些新式银行总体而言,都是不成功的。多数新式银行资金捉襟见肘、经营乏善可陈,就连训练有素的员工也大为匮乏。它们主要是通过高息揽储,在同业之间,以及和外资银行展开恶性竞争。结果,连运营资金都需要向旧式金融机构暂借。由于不需要担心政府的有效监管,它们中的一些在票据发行业务中严重缺乏信用,甚至连自己的票据都无法兑换。而且,在这些银行之间缺乏合作,在 1933 年之前,它们一直都没有自己的票据交换所。这使它们很容易受到谣言的冲击而陷入挤兑风潮。为了增强稳定性,中国政府授权成立了银行业的同业公会,第一家同业公会于 1917 年成立于上海,其他主要城市随后也相继成立了银行业的同业公会。② 但是这些同业公会主要扮演了说客的角色。然而在整个 20 世纪 20 年代,它们部分成功地控制了政府债券的发行,尤其是北京政府的综合国内贷款业务。

中国的新式银行很少投资于工业发展。相反,它们投机房地产买卖

---

① Reinsch to SecState, Mar. 10, 1919, DS 893.00/3040; P'ing Chai, "Chung-mei ho-pan," 100; Marie-Claire Bergere, "The Chinese Bourgeoisie, 1911-37," *The Cambridge History of China: Volume 12*, Part, I, 722-825; John K. Chang, "Industrial Development of Mainland China, 1912-1929," *Journal of Economic History*, 27 (March 1967), 56-81; Yu-kwei Cheng, *Foreign Trade and Industrial Development of China: An Historical and Integrated Analysis Through 1948* (Westport, Conn., 1956); Coble, *The Shanghai Capitalists*; McElderry, *Shanghai Old-Style Banks*, 137-38; D. K. Lieu, *The Growth and Industrialization of Shanghai* (Shanghai, 1936). 就上海逐步发展为世界汇兑中心,并且一并成为商务、金融中心,可参看 Ch'en, "Mei-kuo yin-hang erh-shih shih-chi ch'u tsai Shang-hai"。罗斯基与大多学者所持意见相反,认为第一次世界大战并不是一个主要增长时期,指出这一时期实际是投资的"萎缩"期。相反地,他试图论证出,中国资本主义发展的黄金时代是 20 世纪 30 年代。*Economic Growth in Prewar China*, passim, especially xxxix, 219, 249-52.

② 中国银行公会建立的讨论,可见于"Chinese Bankers Form Association," *Millard's Review*, VI (Oct. 26, 1918), 330。

和高回报率的政府债券,这两项投资套牢了它们的全部资金。在某种程度上,它们被挡在了更为健康、更为稳定的商业领域之外。旧式金融机构,尤其是钱庄,在这些年里发展也很迅速,积累了大量资金,并继续垄断当地的贸易。大型工业和商业企业资金的很大部分都是外国的机构和投资者们投入的。外资银行继续垄断中国的外贸,同时也独占着中国的外汇市场(至少是直到20世纪30年代中国政府才取得了对货币系统实质性的控制权)。在整个20世纪20年代,一些外资银行还负责存储中国的关税和盐税,这就更加强了其在中国金融系统中的地位和对中国经济的影响。

最重要的是,中国的新式银行在整个民国时期都充当了中国政治机构的工具。这是它们最突出的特点,也是它们最致命的弱点。除了日本借给其在华盟友的贷款以外,由于世界大战和中国人对1920年组建的多国借款团的反对,基本阻断了外国的贷款流入中国。但是,军阀、地方官和北京政府的政客们仍然需要资金来维系他们的军队,以及些许最基本的政府职能。因此,他们转而打上了中国的资本和大众储蓄的主意。正式的政府公债最早始于袁世凯统治时期,由金融天才梁士诒始创。最初的政府公债发行还是很成功的,但是1918年以后,北京政府发现向公众发行债券和纸币越来越难。1919年到1923年间,中国新式银行的大量出现,就是为了满足北京政府发行政府公债的需要,满足大量登上政治舞台的军阀的需要。政客和投机分子看到,购买高折扣的政府公债可以迅速获得高额利润,用这些利润所得,他们再继续支撑银行纸币的发行。而且,各色政府官员和军阀,以及他们的政治和商业盟友们,都建立了自己的银行,但不是为了商业目的,而是以此来获得声望、权力和金钱,并借此和他们的对手斗个你死我活。汪一驹曾经尖锐地指出,"赞助者看待其政治资本的方式和军阀看待军队的态度是完全一样的"。比如说,20世纪20年代,梁士诒通过他和他在交通系的亲信建立和控制的大量新式银行,在当时就颇具影响力。引用《金融时报》(*Financial Times*)的警告,伦敦《银行家》杂志评论说,时局似乎可以这样描述,"在中国的政治舞台上,如果没有一两个银行支持,即使再重要、官位再高的政府官员都无法持久,都无法打败他的政敌”。①

在这种情况下,在20世纪20年代到30年代,中国新式银行的破产率极高,平均在65%左右(到1937年,131家新式银行中有95家已经不复存在了)。那些总部位于北京和天津的政治性银行更是惨不忍睹,但是也有例外。由于管理有方,以及和政界的良好关系,一些以上海和南方为基地的银行信誉良好,甚至有些北方的银行也确实做得不错。很多这样的银行都是由新一代的银行家创建和运作的,他们都在海外,尤其是在日本留过学。尽管被形势所迫,他们也购买政府公债,但是他们努力把银行与类似美国和英国的商业银行的运作有机结合起来。曾留学美国的陈光甫于1915年创办的上海商业储蓄银行成为了这方面的典范,这家银行或许是唯一一家真正意义上成功的储蓄银行。尽管他也承认,从内部经营上他得益于标准石油公司和英美烟草公司这两家客户,但是他利用广告宣传时十分积极、机智并富于创造力。他还试图招募那些在美国接受过培训的中国员工来他的银行工作。其他经营有方的银行还有浙江实业银行(由精明强干的叶景葵经营)、大陆银行、中孚银行。②

战后经济的发展也使中国的商界和政界深受鼓舞,意欲组建中外合

---

① Wang, *Chinese Intellectuals and the West*, 492-94; *Bankers Magazine* (London), 109 (Mar. 1920), 713-14.

② 有关中国现代银行的讨论基于如下资源:Allen and Donnithorne, *Western Enterprise in Far Eastern Development*, 111-12, 117; "The Banking Business," editorial, *China Press*, Feb. 16, 1926, 10; "Chinese Savings Banks to Adopt American Methods," *Millard's Review*, IV, (Apr. 20, 1918), 289-91; "Banking Institutions in China," *CWR*, XXXV (Jan. 30, 1926), 248-49; K. P. Chen, "Reminiscences," 40-42; Fairbank, *The Cambridge History of China: Volume 12*, (see essays by Bergere, Feuerwerker and Andrew Nathan), 101, 111, 268-274, 721-825; Joseph W. Hall, "Personalities and Policies among Chinese Bankers," *Far Eastern Review*, 18 (May 1922), 273-77; Baen Elmer lee, "Modern Banking Reform in China," 101-05, 107, 160-64; McElderry, *Shangahi Old-Style Banks*, 16-17; Murphey, *Treaty Ports and China's Modernization*, 58-59; Andrew Nathan, *Peking Politics, 1918-1923: Factionalism and the Failure of Constitutionalism* (*Berkeley*, 1976), 76-90;平斋:《中美合办》,第100-101页; "The Position of Modern Chinese Banks in China," *Millard's Review*, XIV (Oct. 16, 1920), 341; Frank M. Tamanga, *Banking and Finance in China* (New York, 1942), 33-34, 47-48; Hollington K. Tong, "The Development of Modern Banking in China," *Millard's Review*, X (Sept. 20, 1919), 118-23; Wang, *Chinese Intellectuals and the West*, 478-84;王业键:《中国近代货币与银行制度的演进,1644—1937》,台北,1981;杨寅普:《上海货币金融史》,上海,1930,第420页。

资公司。中国人相信这样的一些机构会扩大他们的商业活动范围,既可以获得公众的信任又可以聚敛地方存款,提高其威望,从而使现代经济的产业部门得以加强。更具商业头脑的中国人还希望中外合资关系可以给他们提供抵御中国政治的缓冲。现在他们遭遇到了一个两难之境:一方面为了获得有利的银行许可以吸引外国合作投资人,他们不得不转而求助于中国政府,而且要与那些为了个人目的也想加入到合资公司当中的中国政客合作。另一方面,不像早期的中外合资银行,现在一些新开办的中外合资公司要在中国法律框架的许可下运营,限制了外国对它们的保护。事实上,20 世纪 20 年代开办的中外合资银行,根本逃不出中国国内政治的手掌心,中国新式银行茧缚其中,难以自拔。此外,战后除中华懋业银行以外,几年之中,中意银行、中挪银行和中比银行也如雨后春笋般破土而出。[①]

许多美国的政界、商界和公众界人士也洞悉了中国的这一发展变化。美国的对华出口在 1919 年首次突破了 1 亿美元,并在 1920 年达到了1.46 亿美元。由于 20 世纪 20 年代初的经济衰退和中国与日俱增的战乱,此后渐渐走了下坡路,然而这些仍对美国商界产生了强有力的诱惑,使他们开始重新审视中国市场。美国在华的进口公司,像慎昌洋行,在 1918—1919 年间,由于战时管制、国内需求和缺少资金等原因,常抱怨它们不能按需求得到机械设备和交通设备。1915 年建立的美商会预言,十年之内,美国就可重获得其在 19 世纪中叶就享有的冠绝全球的地位。而为了达到这个目标,美国公司需要有强大的美国银行体系和足够的航运规模。1918 年美国商会发起了一次立法(即后来的《中国贸易法案》[China Trade Act])运动,允许美国在华公司接受联邦法律的管辖,并免除联邦所得税。

中国市场的倡导者们,因为政府在战时派遣的各类官员和来华商务代表而日渐增多,他们确信美国人了解这一情况。芮恩施敦促美国国务院劝说战时贸易委员会解除部分船务运输和交通设备的战时贸易禁运,

---

① Frederic Lee, *Currency, Banking and Finance in China*, 85-90; *Bankers Magazine*, 109 (Mar. 1920), 713-14. 1918 年,法国和中国的同业者建立了中法存储协会,按照国际储蓄协会的方式进行运营。1926 年新机构移交给了中方。Tamanga, *Banking and Finance in China*. 31.

以保持“对华贸易以及战后进一步扩张的前景”。他更进一步说道，中国人十分急于让美国人对中国感兴趣，还迫切希望美国“会在此时用其强大的资本力量中最细枝末节的东西来帮助中国发展”，而投资者的直接回报却是“蔚为可观的”。商务参赞安立德在美国的一些长途旅行中向美国商界和公众宣传了在华建立美国组织机构和资本投资的福音。小查尔斯·邓比（Charles Denby Jr.），战时贸易委员会的驻华代表，向他在华盛顿的主管建议说，“整个国家的经济形式显示出生机勃勃之势，这正是中国一直备受关注之处”。中国驻旧金山总领事劝告美国人不要因为全神贯注于拉丁美洲而失去这一“伟大的契机”。查尔斯·霍杰斯（G. Charles Hodges），一位远东事务署工作的对外发言人称，“所有的中国人的要求就是把他们的利益和我们的联系起来，而且这种善意立刻决定了我们很有可能获得并保持中国持久商贸的垄断权”。[①]

尽管为战争提供资金、物资以及作战本身依然是首当其冲的，然而华盛顿已经开始为战后的时代做准备了，作为政策的制定者，他们明白美国要在国际事务中发挥更大的作用。为了帮助美国商界扩展海外业务，适应市场和投资的海外竞争，威尔逊政府扩展了与私人企业的合作，而且提升了海外事务的效率和一体化。为了达到这个目的，通过了《韦布—波墨伦法案》（Webb-Pomerene Act，免除对大多数跨国企业的反托拉斯法案）和《埃奇法案》（Edge Act，《美国联邦储备法》[Federal Reserve Act]的补充，有关建立新种类的银行并鼓励在海外开办分行）。当然，政府也没有忽略中国的特殊问题和机遇。由于担心日本人会抢到先机，美国公司不能独立地打入中国市场，威尔逊总统承认他先前犯下了错误，请求美国以摩根公司为首的银行业界重建更庞大的财团并组建第二次多国对华借款

---

① *Historical Statistics of the United States: Colonial Times to 1957* (Washington, D. C., 1960), 550; Reinsch to Lansing, June 29, 1918, DS 893.00/2868, Nov. 1, 1918, 893.77/1694; Denby to War Trade Board, June 22, 1918, 893.00/2876; *San Francisco Chronicle*, Oct. 11, 1918, editorials, Dec. 5, 1918, Jan. 1, 1919; *New York Times*, Jan. 23, 1919. See also Paul P. Whitham to Elliot Meats. Oct. 22, 1918, RG 151, file 524; Arnold, "China's Commercial Call," *Millard's Review*, I, (June 9, 1917), 5; J. Harold Dollar, "American Trade in China Now — and in the Future," *ibid.*, IX (June 7, 1919), 34-38; articles in *The Bulletin* (San Francisco), Oct. 21, Dec. 26, 1919, Feb. 25, Mar. 24, 1920.

团。美国国务院、商务部和战时贸易委员会都增加了人手,派遣了特别代表对东亚的状况进行了调研。这些人——国务院驻战争贸易委员会特别助理小查尔斯·邓比,商务部选派的弗兰克·里亚(Frank Rhea)和保罗·佩奇·威特海姆(Paul Page Whitham)——都是美国对华扩张的积极倡导者。与此同时,国会也开始立法过程,最后通过了《1922年对华贸易法》(China Trade Act of 1922)。①

在这一时期,美国主要的商界和金融界人士也对中国产生了极大的兴趣。慎昌洋行协理罗勃特·兰金(Robert Rankin)发现亚洲对推动银行业和商业很感兴趣,而这在以前是从来没有过的。友华银行(Asia Banking Corporation)的秘书罗勃特·肖(Robert Shaw)宣称:"假如美国商界和制造业界拿出在'更快速的'却没有那么大发展潜力的市场上所挥霍的时间和精力,对中国市场稍微做一点研究,多多少少加以留意,他们就可以轻而易举地在中国的工商业中分得一杯羹。"大都会的新闻对这个论断和中国商业的觉醒进行广泛报导。《纽约时报》报道全国对外贸易委员会就太平洋沿岸贸易的会议时告诉读者:美国人将会发现经济的未来在太平洋。这和威廉·亨利·西华德(William Henry Seward)的预言一样。它继而指出,就现在来说美国应该用它的剩余产品来满足中国的需要。②

美国主要银行第一次真正地进军中国。国民城市银行旗下的万国宝

---

① B. S. Cutler to William Lane, Oct. 2, 1918, RG 151, file 524 and Eldridge memo for Grosvenor Jones, Mar. 1, 1919, file 492.1; Paul P. Abrahams, *The Foreign Expansion of American Finance and Its Relationship to the Foreign Economic Policies of the United States, 1907-1921* (New York, 1976); James C. Baker and M. Gerald Bradford, *American Banks Abroad: Edge Act Companies and Multinational Banking* (New York, 1974); Burton I. Kaufman, *Efficiency and Expansion: Foreign Trade Organization in the Wilson Administration, 1913-1921* (Westport, 1974); Frederic Lee, *Currency, Banking and Finance*, 166-68; Carl P. Parrini, *Heir to Empire: United States Economic Diplomacy, 1916-1923* (Pittsburgh, 1969); Clyde W. Phelps, *The Foreign Expansion of American Banks: American Branch Banking Abroad* (New York, 1978); Joan Hoff Wilson, *American Business and Foreign Policy 1920-1933* (Lexington, 1971); "U.S. Trade Experts in the Far East," *Millard's Review*, I (July 21, 1917), 188. 经过国会及政府内部数年的辩论之后,对华贸易法于1922年通过,1925年又进行了修正。有关法案的立法历史,参见"The China Trade Act of 1922," *China Press*, Jan. 21, 1925, 1。

② Rankin to Reinsch, June 3, 1919, Reinsch Papers; William F. Carey to Reinsch, Jan. 22, 1919, *ibid.*; *The Bulletin*, Oct. 21, 1919, Mar. 24, 1920; edit., "The Westward Look," *New York Times*, May 16, 1920.

通银行扩展了在华的运营网络，尽管它依然不开展一般性商业银行业务，而且由于缺少训练有素的人手而显露出天然的缺陷。摩根公司曾爱到非议，因为它忽视中国，甘做英国金融利益的附庸，而且只关注欧洲和拉美事务，它间接地通过附属机构和加盟机构来打入中国。美国汇兑银行(AFBC)受大通国民银行(Chase National Bank)领导，由美国和加拿大的30多家机构掌控，在马尼拉和哈尔滨开办了分行。更具有重大意义的是友华银行的建立，它在纽约组建，为银行业辛迪加、摩根公司的同盟保证信托银行(Guaranty Trust)所拥有。1918年友华银行在上海设立总部，并开始承办基本银行业务和商业汇兑，结果不仅为中国人所接受，同样也为外国人所接纳。一年以后，友华增加了资本，并且将分行扩展到北京、汉口、天津、香港等其他城市。

在友华银行雄心勃勃的计划和表面的成功所引发的狂热下，美国和加拿大的多家银行共同创建了短命的汇兴银行(Park Union Banking Corporation)，在上海和日本设立了分行。公平信托公司(Equitable Trust)旗下的公平东方银行(Equitable Eastern Banking Corporation)于1921年1月在上海开办了分行，是20年代美国在华第二大金融机构。总部设在上海的美国雷文信托投资公司(Raven Trust Company)于1917年和1918年在康涅狄格合并了美丰银行(American Oriental Banking Corporation)。1921年，美丰银行在天津设立了分行，之后在四川和福建等省也建立了分支机构。①

---

① Edwin Cunningham (Shanghai) to SecState, Mar. 28, 1919, RG 84, Peking, 851.6, v. 30; Gatrell to Fred Dearing, in Reinsch to SecState, Apr. 19, 1919, DS 893.51/2257; *New York Times*, June 13, 1918; *San Francisco Chronicle*, Nov. 25, 1918, Oct. 26, 1919; *Commercial and Financial Chronicle*, 108 (Apr. 5, 1919), 1358, 109 (Oct. 25, 1919), 1586, (Dec. 27, 1919), 2398; "The Asia Banking Corporation," *Bankers Magazine*, v. 102, 121-126; J. B. P. [Powell], "America's First Foreign Banking Venture," *Millard's Review*, IV (Mar. 23, 1918), 110-12, "Asia Banking Corporation Opens for Business," *ibid.* (Feb. 15, 1919), 396; *Pacific Banker*, XXVIII (Nov. 27, 1920), 7; Abrahams, *Foreign Expansion of American Finance*, 131-32, 175-76; Chen, "Mei-kuo yin-hang erh-shih shih-chi ch'u tsai Shang-hai; Frederic Lee, *Currency, Banking and Finance in China*, 93-99; Parini, *Heir to Empire*, especially 72-137, 157-58; Phelps, *Foreign Expansion of American Banks*, 34-36, 135-36, 147-49; Tamanga, *Banking and Finance in China*, 29-30.

ღ ღ ღ

12 月 19 日后长达三个多月的对话会中，芮恩施和美国其他官员与中国商界和政界人士就建立中美合资银行的细节问题召开了多次会议。1919 年 1 月，芮恩施委派安立德来制定可行的计划。[①] 到了 3 月底，中方发起人草拟了公司章程并正式向财政部和币制局申请了许可证。在他们的申请书中，中方强调了建立一个高效的现代银行系统来为中国日益增长的工商业发展提供资金支持的必要性。由于欧洲列强被迫集中全力进行自己的战后重建，中国发现转而求助于美国这个传统盟友已势在必行。申请书的最后结论说，“美国的货币市场具有无穷无尽的力量，计划组建的银行作为中美之间的金融纽带，将吸引投资、吸引美国过剩资本用于刚刚起步的工业发展，使这种巨大的契机变为现实，这对于我们国家的未来将大有裨益”。[②]

与银行关系密切的政治人物多方奔走，上下疏通，财政部和币制局很快就批准了中美合资银行的许可证。银行的英文名从“China Development Bank”到“Bank of Commerce, China”，再到“Commercial and Industrial Bank of China”，各不相同，最后定为“Chinese American Bank of Commerce”。耐人寻味的是，银行的中文名竟舍去了任何与美国相关的字眼儿，尽管当初发起者的意愿是要依赖美国的关系来获取资本。但是第一任总理钱能训却坚持要让他的银行有别于外国银行。因而，他依照他长子的名字承懋，为银行起名为中华懋业银行。

银行大体仿照了中日汇业银行，获准经营最宽泛的国内银行业务种类，包括贷款、经营政府资金、处理国内外汇兑、认购股票，还有发行银行

---

① Arnold's Weekly Letters and Reports for the Weeks Ending, Jan. 18, Mar. 3, Mar. 15, Mar. 14, 1919, box 4, Julean Arnold Papers, Hoover Institution on War, Revolution and Peace, Stanford University (Stanford, CA).

② "A Petition to the Minister of Finance Requesting that the Establishment of the China Development Bank be Sanctioned and the Regulations of the Bank be Approved," in Reinsch to SecState, Apr. 22, 1919, DS 893.516/66; Minutes of a Meeting of the Shareholders of the Commercial and Industrial Bank of China, Dec. 11, 1919, RG 84, Peking, 851.6, 1920, v. 27.

纸币。[①] 后面的这个特权勉强获准,因为早有其他的中外合资银行享有这一权益了。但是有一条限制条款,即此次授权发行货币不能视为对其他合资银行的先例,并且一旦国家确立了法定货币就会收回这项权益。懋业银行是一家中国有限责任公司,总部设在北京,但是有权在全中国各地设立分行,包括内陆城市。中美合资银行共计划筹资 1000 万美元,共 10 万股,每股发行额为 100 美元,中方至少占到其中的一半。一旦半数以上的资本到位,银行就获准开张营业。[②]

无论是美国官方人士还是中方的银行发起人都迫不及待地把银行同中国的知名人士扯上关系。通过发布可能的出资人名单,芮恩施试图说服华盛顿和潜在的美国合伙人,银行的支持者代表着中国社会广泛的阶级,银行本质上是非政治性的。在芮恩施送交国务院的报告中,他把中国的倡导者和投资人分成三大类:上海和其他开放口岸的大银行家、商人和买办,包括朱葆三(朱佩珍)、傅筱庵(傅宗耀)、虞洽卿(虞和德)、沈联芳;前政府高官和企业家,其中有梁士诒、徐恩元、周学熙、周自齐、前总统黎元洪,还有冯国璋;时下的当权人物,总统徐世昌、总理钱能训、陆军督军李纯。[③] 钱能训总理既是最初的发起人又是主要的股东,不久就隐退下野(他极有可能是迫于亲日派的安福系的压力而下台的),随后当选为银行的第一任总理。

中国人做得更出格,不惜泄露可能的投资人姓名,并把名单列到了宣传刊物上。他们要努力激发公众对中美合资银行的热情,让中国投资者

---

① 明显地由于政治上的"特定原因",徐恩元已经向芮恩施提出建议,让他把有关许可的协商谈判搞得越简单越好,可以仿效中日银行的方法办理。Hsu Un-yuan to Reinsch, May 23, 1918, Reinsch Papers.

② Reinsch to SecState, Apr. 22, 1919, with enclosures, DS 893.516/66, May 12, 1919, /72; Minutes of a Meeting of the Shareholders of the Commercial and Industrial Bank of China, Dec. 11, 1919, RG 84, Peking, 851.6, v. 27; "Formal Note from Ch'en Lu to Reinsch," Apr. 18, 1919, Reinsch Papers;平斋:《中美合办》,第106页; "Chinese Charter New Bank," *New York Times*, Apr. 24, 1919, 3; Tong, "The New Chinese-American Industrial Bank," 105-10. 有关公司的章程可见于 Frederic Lee, *Currency*, *Money and Banking*, 183-86。Nelson T. Johnson 为国务院提供了公司章程的详细分析。参见他的备忘录,"Articles of Incorporation of the Bank of Commerce of China (Sino-American Bank)", June 14, 1919, DS 893.516/72。

③ 在往来的信件及银行档案文件中,傅筱庵常拼作 Fu Siao-en 或 Fu Siao-an;虞恰卿常拼作 Yu Yeh-ching;李纯拼作 Li Hsun。

把钱投给自己而不是竞争对手，对美国商界显示其严肃认真，并使任何反对这一项目的政治势力保持中立。

事实上，1919 年春夏之际，中国商界和政界人士在中美合资公司中时进时退有如家常便饭。朱葆三曾是向北京政府提交许可申请的人物，就没有出现在后来的初创者的名单上。其他一些曾被列为发起人的商界名流，像沈联芳、虞洽卿，还有盛恩颐可能也对合资公司敬而远之。① 在这群人之中，只有傅筱庵继续在组建银行中发挥领军作用。梁士诒一直与日本金融利益勾勾搭搭，尽管他也真的成了一位银行股东，却一直规劝芮恩施不要让美国参与到银行当中来。而大总统徐世昌不久便卷入了与其他政治人物的艰苦较量之中，后来也脱离了银行。②

中国方面组建银行的关键人物是徐恩元。徐恩元生于 1885 年，进入上海南洋公学以前一直接受正统的儒家教育。1905 年远赴英国留学，在伦敦大学学习政治经济学和政治科学，在那里他成了一位货币和银行学方面的杰出学子，获得了著名的杰文斯研究奖学金（Jevons Memorial Research Scholarship）。他在一家英国银行工作数年，而后广泛地游历于欧洲、美国和日本。归国时已是闻名遐迩的金融和货币专家，任财政部公债司司长，后任审计院代理院长。1916 年 6 月到 1917 年 5 月，他兼任中国银行行长，就在那时步履维艰的国有银行被迫宣布延期偿付。不过，他还是千方百计让中国银行的几个分行恢复硬币支付，并通过采用“银本位

---

① 朱葆三在上海工商界资格老（生于 1847 年）而且德高望重。他是六七个现代银行和保险公司的创始人和投资者；他还是中国总商会（上海）的会长。沈联芳是一位商人，伽斯顿威廉斯与威格莫洋行买办，上海总商会副会长。虞洽卿是上海的商人和船主。盛恩颐名列中华商用汽轮公司董事之列。傅筱庵的个人生平将在后续章节中予以讨论。这些中国人的生平传略可参看 *Who's Who in China* 2nd ed.（Shanghai, 1920）and 3rd. ed.（Shanghai, 1924）and in the annual editions of *The China Year Book*, ed., H. G. W. Woodhead（Peking & Tientsin: The Tientsin Press, Ltd.）。关于钱能训篇幅稍长的生平概略见 *Millard's Review*, VI（Nov. 2, 1918）, 354。又见 *Millard's Review*, VIII（May 17, 1920）, 448。

② 有关那些声名卓著的中国参与人的姓名及其手段，参见 Reinsch to SecState, Apr. 22, 1919, with enclosures, DS 893.516/66, May 3, 1919,/73, July 30, 1919,/90, Sept. 6, 1919,/97; P'ing Chai, "Chung-mei ho-pan," 106; Ts'en Hseuh-lu, *San-shui Liang Yen-sun hsien-sheng nien p'u*（A Chronological Biography of the Life of Mr. Liang Yen-sun [Shih-i] of San-shui hsien）, 2 vols.（Taipei, 1962）, II, 28。

制”使银行本票保值。然而,徐恩元却因此而惹恼了袁世凯的反对者,因为他想方设法要使交通银行一道恢复用硬币支付,这样一来就使梁士诒和一些君主立宪派从中获益。因为在延期偿付期间不顾债权人的偿付要求给银行经理发奖金、给股东分红,他再次受到了批评。

此外,尽管20世纪早期许多年轻的银行业者都求学东瀛,因而更倾向于与东京建立联系。但是徐恩元却鼓吹与英国和美国建立伙伴关系。徐恩元在英美商务圈中十分自如,直到20世纪20年代初他一直为托马斯·拉蒙特(Thomas Lamont)和其他一些美国银行家所喜爱。芮恩施对徐恩元的评价很高,认为他是亲美的和进步的技术官僚的楷模,全身心投入中国的发展事业。

但是徐恩元也有另一面,这是美国人经常忽略的。从某种意义上说,徐恩元属于旧中国。他的的确确是个全才,因此反而对银行业务的细枝末节没有兴趣。徐恩元特别善于谈判和妥协,在北京的官场里纵横捭阖,不同派系的政客都有用得着他的时候。尽管他最主要的人际关系是在直系军阀当中,却与军阀段祺瑞建立了私人关系,而段祺瑞是亲日派的安福系首脑,在总理和总统的位子上上下下。徐恩元卸任中国银行行长——或者说被排挤出局——以后,他被委派为内阁的顾问,为北京政府的各种借款进行谈判。①

中国发起人从北京政府获得许可证并从中国出资人那里获得了意向性的承诺之后,就持续不断地敦促美国公使馆以使美国人尽快参与并且把银行开办起来。徐恩元向美国公使指出,夜长梦多,耽搁就会使中国出

---

① Hsu to Reinsch, May 23, 1918, Oct. 21, 1919, Reinsch Papers; Thomas to Eldridge, Jan. 22, 1925, Thomas Papers; *Who's Who in China*, 2nd. ed. (Shanghai, 1920) 72-74; *Who's Who in China*, 3rd. ed. (Shanghai, 1925), 325-26; “Mr. Hsu Eh-yuan and the Chinese-American Bank,” *Millard's Review*, XI (Dec. 27, 1919), 152-54; *The China Year Book, 1921-22* (Tientsin, 1921), 902; Cyril Pearl, *Morrison of Peking* (Sydney, 1967), 318, 807; Ray Ovid Hall, *Chapters & Documents on Chinese National Banking* (Shanghai, 1920), 99-100; Phyllis Ann Waldman, “Chang Kia-ngau and the Bank of China: The Politics of Money,” Ph. D. diss., University of Virginia, 1984. 约翰·T. 阿葆特报告指出他与其他美国金融业界人士在同徐恩元共事时感觉特别畅快。参见“Memo of J. J. A. [John J. Abbott],” 1921, DS 893.51/3717。

资人中产生猜忌和内斗，这些人会为了领导职位而争执不休。报纸上也遍布流言蜚语，盛传没有几个投资人会真的购买股份，而且质疑银行是否会创建。徐恩元和他的盟友们孤注一掷，准备在与美国财团签订最后协议前便吸纳一部分中国的资本。徐恩元还坚持要芮恩施找到一位美国专家，即刻和中国人一道建立银行，尽管当时还未找到美国的投资人。

徐恩元进一步向芮恩施提出警告说：（如同公使在会晤梁士诒时所了解的那样）日本人正试图通过指责中方官僚云集而美方又极不可信来破坏银行。徐恩元对卫家立说："既然我们都知道那群歹人要对新的合资机构做什么，我就应该竭尽全力不让他们有任何可乘之机去挑拨离间，而任何的进一步耽搁无疑都应该避免。"尽管到战争结束时美国在东亚日益活跃，但是徐恩元仍然对美国商界在中国的声名狼藉和只顾短期利益而焦虑不安。徐恩元在接受新闻采访时坦言："官私两面有份量的朋友都一直跟我说对美国的商界和金融政策不可有太大的依赖。"①

徐恩元的敦促将芮恩施置于一个极为不安的境地，因为这位美国公使对银行的章程和正在开展的事业颇有保留意见。对于银行发起人之中有太多的官僚政客，以及银行总部被指定在北京，芮恩施感觉极不痛快。北京并不是金融和商业城市，却是政府所在地，是军阀们和各个政治势力搞政治阴谋诡计的中心。芮恩施甚至冒冲撞朋友的危险，质问徐恩元企业的生存能力何在，发起人的动机何在。此外，公司章程明显把中方和美方的权力截然分开，对于给予美方以全部管理权也含糊其辞。他觉得要想让美国加入，要想确保银行成功地创办，这是最核心的东西。而芮恩施意识到银行的人员将来基本上是中国人，他相信决策权必须得交给美国的银行专家，由他们自由运用那些"有些冷酷却回报丰厚的美国银行运营原则"。照当时的情况来看，中国人将主导负责决策的董事会（董事会中有六个中国董事和五个美国董事）和占据银行总理职位，会有一个美国人

① Reinsch to SecState, Apr. 25, 1919, DS 893.516/64, July 18, 1919, /79; Hsu to Williams, May 1, July 29, 1919, RG 84, Peking Post file 851.6 (1919), vol. 30; Reinsch to Vilhelm Meyer, July 10, 1919, *ibid.*; "Mr. Hsu En-yuan and the Chinese-American Bank," 152-54. See newspaper stories in the pro-Japanese *Shunt'ien Shih-pao* (Peking), July 2, Aug. 28, 1919.

任协理,一个中国人任第二协理。然而,美国人要在五人的管理委员会(指主管)中占多数席位,由这个委员会监管银行的经营和审计。但是既然许可证把制定规章制度的权力授予董事会,那就可能在美国人和中国人之间制造僵局。在对芮恩施问题的回应中,中方倡导者向芮恩施保证他们会授予美国人以日常经营的控制权。

尽管有这么多的疑虑,也把这种疑虑传达给了美国国务院,芮恩施对于保持自己和美国商界在华的信誉极感焦虑。他决心不让建立中美合资公司的机会悄然溜走。芮恩施在华六年,竭尽全力传达中美双方的善意,并把它们转化为行动,建立中美贸易,帮助中国的工业发展,并努力谋求美国经济的在华存在,可也每每遭遇尴尬与无奈。他向大通国民银行总理,也是潜在的合资银行投资者阿尔伯特·韦耿(Albert Wiggin)说:"这个银行可以施展的天地无可限量。中国缺两种东西,一种是资金,另一种是组织管理能力的资质,而这正是美国人擅长之处。在美国人的指导下,全面地熟识美国银行业务,掌握理性的判断和基本常识,就会有无可限量的实实在在的银行业务为中国的贸易、商业和工业提供多种多样的服务。"

此外,芮恩施表示他确信银行有利可图,而且引证了中日合作银行的例子。芮恩施不大可能有确切的数据,他又老生常谈地说中国更愿意把钱存到美国的机构而不是日本银行。显而易见,他担心中日合资银行以及日本在北京的政治和金融影响将使日本占领中国庞大的内地市场,将美国永久地从这个市场中排挤出去。因而,芮恩施坚决主张这些问题都可以通过互利合作和从自身利益出发来得到解决。①

在芮恩施作为驻华公使的最后几个月里,还是有许多问题等他处理。

---

① Reinsch to SecState, Apr. 22, 1919, DS 893.516/66; Reinsch, "Six Years of American Action in China" (the original title of Reinsch memoir of his diplomatic career in China, abridged and published as *An American Diplomat in China*), box 15 Reinsch Papers; undated memorandum, "It is Proposed to Form a Sino-American Bank," box 5, *ibid*; Reinsch to Wiggin, May 9, 1919, RG 84, Peking Post file 851.6 (1919), vol. 30. 芮恩施对日本对华的金融影响感到担忧,这一点与美国军事情报部门不谋而合。H. A. "Political Conditions in China," Jan. 7, 1920, RG 165, U. S. Military Intelligence Reports (Microfilm University Publications of America), Reel 6.

不久,他因为巴黎和会中山东问题的决议而辞职。[①] 然而,他还在奋力工作,要建立一个美国的辛迪加。为了协助自己工作,他召集了一个小组,组员包括安立德、小查尔斯·邓比和卫家立。"卢斯(Loos)"卫家立是前国务院远东事务署主任爱德华·T. 威廉(Edward T. William)之子,代理许多美国在华公司,未来将成为银行的美方协理。芮恩施还冒着受到美国国务院指责的风险,因为他卷入此事似乎有点越权,而且他还为了建立这个银行与一些特定公司交往。[②]

芮恩施希望能拉进一家重要的美国金融机构,这样就会使银行获得更大的声望,从而带动在华的其他投资。万国宝通银行、友华银行还有其总公司权益信托投资公司,尽管在远东地区不断发展,但对芮恩施的提议毫无兴致。就这件事,约翰·T. 阿葆特同样也反应冷淡,他曾在 1919 年初到访中国,替他自己的银行芝加哥大陆商业信托储蓄银行以及多国借款团评估中国的状况。临到最后,爱德华·白鲁斯(Edward Bruce)把太平洋拓业公司(PDC)、海滕·施栋公司(Hayden, Stone&Company)和大通国民银行聚到一起,组成了辛迪加。[③]

白鲁斯对于远东并不陌生。作为总理,白鲁斯通过太平洋商务公司与菲律宾进行了大宗的进出口商业贸易。范德里普曾在 1915 年派他来中国,为国民城市银行重组慎昌洋行。1917 年 1 月,白鲁斯、盖伦·施栋,还有其他一些金融家在纽约组建了太平洋拓业公司(Pacific Development Company)作为控股公司。在其后的两年间,太平洋拓业公司雄心勃勃地开展了一项意欲使自己成为海外特别是远东地区金融和贸易龙头老大的计划。除了太平洋商业公司以外,太平洋拓业公司还通过购入全部股份

---

① Pugach, *Paul S. Reinsch*, 249-68.

② Arnold, Weekly reports for the weeks ending, Jan. 11 and 18, 1919, Arnold Papers; Reinsch to SecState, Apr. 2, DS 893.516/63, May 13,/65, and May 28, 1919,/68; Phillips to Reinsch, Mar. 31, 1919,/62.

③ Reinsch to SecState, Mar. 20, DS 893.516/62, Apr. 2, /63, Apr. 25, /64, May 13, /65, May 20, /65a, May 28, 1919, /68; Polk to Reinsch, May 20, 1919,/65a; Reinsch to American Consulate, Shanghai, Apr. 30, 1919, RG 84, Peking Post file 851.6 (1919), vol. 30; Reinsch memorandum, May 14, 1919, *ibid*; Arnold, Weekly Letter for Week Ended Mar. 15, 1919, Arnold Papers; Arnold to Reinsch, May 3, 1919, Reinsch Papers.

或控股股权掌握了包括慎昌洋行(由国民城市银行购得)、哈特曼兄弟公司、国际植物油公司在内的六家公司。1917 至 1918 年间,太平洋拓业公司有着稳定的利润,分红也很可观,还在纽约股票交易市场挂牌。①

到 1919 年为止,太平洋拓业公司已经是连接紧密的巨大金融网络的一分子了。海腾·施栋公司,一家老牌的、德高望重的波士顿和纽约的债券经营商,做了太平洋拓业公司的投资银行和顾问;其总理,盖伦·施栋也成为太平洋拓业公司董事会主席。大通国民银行——太平洋拓业公司的商业银行——是这一集团的第三个成员。大通国民银行在阿尔伯特·韦耿富于进取的领导下,渐渐成为全国首屈一指的大银行之一。由于大通全神贯注于批发业务、商业银行业务和代理业务,因而忽视了海外商务,而这正是摩根公司和国民城市银行占主导地位的领域。大通通过其组建和领导的美国汇兑银行(American Foreign Banking Corporation)间接地出现在该领域。

理论上说,这个由一个强大集团构成的运营网络,似乎是中美合资银行最理想的搭档。太平洋拓业公司在中国有一个庞大的组织机构来提供经济信息,并通过慎昌洋行扩展中美贸易。海滕·施栋公司和大通国民银行有庞大的金融资源和便利条件在美国发行债券,同时它们在美国金融业界也有值得信赖的声誉。此外,慎昌洋行获得了中国国有铁路的大宗定单,还成功地获得了建立棉花、可可和植物油工厂的合同,在此鼓舞之下,太平洋拓业公司及其盟友们意欲主导中国日益繁荣的战后贸易。白鲁斯因此在 1918 年年底被派到中国视察分公司并野心勃勃地扩大了运营业务。芮恩施对白鲁斯集团的唯一保留是怕他们会以其他美国公司的利益为代价为自己谋福利。芮恩施仍然希望在远东建立一家大型金融机构为美国利益服务,就像汇丰银行那样。因此,芮恩施劝导韦耿说:"如果新银行本有大好机会主导整个国家的生意,为之提供支持,却不得不缩

① 其他主要附属机构包括美国机器和制造公司、莫伊尔·弗雷尔公司(Meuer Freres),后者是一家与欧洲、华南和法属印度支那开展贸易的法国公司。早些年间,白鲁斯曾做过律师,并在纽约和马尼拉的银行工作过。参见 *Who Was Who in America* (Chicago, 1950), v. 2, 86; *Millard's Keview*, VII (Feb. 15,1919), 394。

小规模，把自己局限于特定的领域，那将是最为不幸的。那些领域应该交给那些有利于美国资本的、具有相同利益的公司或企业去做。”①

1919年4月，芮恩施、安立德和徐恩元敦促白鲁斯点头答应加盟银行。在离开中国以前，白鲁斯答应他一返回美国就把这件事向他的朋友们提出来。在接下来的几周里，中国人、芮恩施以及慎昌洋行的总理兼总经理威尔海姆·梅耶(Vilhelm Meyer)接二连三地催促美国财团。②

1919年7月初白鲁斯回复说，太平洋拓业公司、大通国民银行和海腾·施栋公司将认购所有的美国股份。在达成协议以前，美国人坚决要明晰银行开办的细节和美国在银行的管理权。因此，他们建议对银行章程进行修正，将银行的管理权赋予掌权者。他们也要求徐恩元亲自来纽约落实这件事。最后一点，他们对在中国法律下他们的地位也很是敏感，因而想方设法要获得美国政府保护的一纸声明。

尽管小心翼翼，美国财团还是真真切切地对合资公司保持着积极的建设性态度。如果有什么的话，也是美国人所显示的对中国经济前景的过分信任，对和中国人共事的天真畅想，再有就是对中国商业和银行业规则的无知。除了依赖白鲁斯的经验以外，没有任何证据表明美国投资人曾就中国的经济和银行业找过任何专业人士咨询意见。白鲁斯满怀信心地写信给芮恩施说：“我确信我们关于银行运作的意愿都是中国人乐于满足的，这不过是和他们聚聚，达成令人满意的基础的事情。”事实上，到8月初为止，白鲁斯、施栋和韦耿已经做好初步的计划，要在10月份前往中

① Straight to Thomas, Sept. 14, 1915, Thomas Papers; Arnold, Weekly Report for the Week Ending Apr. 26, 1919, Arnold Papers; Reinsch to Wiggin, May 9, 1919, RG 84, Peking Post file 851.6 (1919), vol. 30; V. Meyer to Reinsch, July 7, 1919, *ibid*; *Millard's Review*, VI (Sept. 28, 1918), 146, VII (Feb. 15, 1919), 394, editorial, XI (Jan 10, 1920), 249-50; "Third Annual Report, Pacific Development Corporation," *ibid.*, XIV (Sept. 25, 1920), 178-80; *Who's Who in America*, XI (1920-21); Shao Hwa Tan, "The Diplomacy of American Investment in China," Ph. D. dissertation, University of Chicago, 1927; John D. Wilson, *The Chase: The Chase Manhattan Bank, N. A. 1945-1985* (Boston, 1986), 9-13.

② Memorandum of an interview with E. B. Bruce, in Phillip Kennedy to MacMurray, May 17, 1920, DS 893.51/2927; Reinsch to SecState, May 28, 1919, DS 893.516/68; Reinsch to Wiggin, May 9, 1919, RG 84, Peking Post file 851.6 (1919), vol. 30; Arnold, Weekly Report for the Week Ending Apr. 26, 1919, Arnold Papers; Tong. "The New Chinese American Industrial Bank," *Millard's Review*, XI (Dec. 20, 1919), 105-06.

国签定最后协议并开始银行运营。[1]

中方原则上接受了美方的建议。但是他们坚决主张，依照中国的惯例和银行章程，把银行的管理权交付给控权人是绝不可能的。既然徐恩元作为内阁顾问不能从岗位上抽身，于是中国人邀请美国合伙人来华。与此同时，他们敦促芮恩施和美国合伙人迅速选派一位银行专家到中国，给予其全部的处置决定权，担任管理委员会的主席，也就是美方的协理。为留住中国的投资者和阻挡仇视银行的人而忧心忡忡的徐恩元和他的同僚们，希望从美国人那里获得严肃的保证。

中国人的反应也显露出对与美国人合作缺少信心，而且也暗示了未来银行管理控制权方面将要面临的困境。大多数中国人把银行基本上看成是一家中国机构，银行里的美国人所要做的是投入资金，提供专业技术和政治保护。他们害怕控制权落到外国人手里，哪怕是友好的美国人。他们会按自己怪异的方法来构建企业，而毫不顾及中国人的习惯和不得不遵从的政治情势。就像北京政府里也有几十位外国顾问，用或不用就看中国人的意思，中国投资人就只是希望从其声誉和银行专家的知识中获益而不愿意让美国人掌握银行。最后一点，可能是中国人更喜欢在自己的家门口签订最后协议，而不是万里迢迢地跑到纽约。无论如何，他们要避免派一个代表团到美国所造成的耽搁。[2]

在整个 1919 年 7 月和 8 月，徐恩元、芮恩施、卫家立，还有梅耶这位美国财团的在华临时代表，密切合作来解决一些悬而未决的问题。[3] 芮恩施继续发挥着核心作用，他理解中国人对外国人控权的敏感，但还是主张来自美国的银行官员必须掌握真正的决定权。他同样也陷入无法找到一位声望卓著的美国银行家的困境。芮恩施于是面临着一个将会长期困

① Reinsch to SecState, July 14, 1919, DS 893.516/78; Meyer to Reinsch, July 7, 1919 and n. d. [July 1919], RG 84, Peking Post file 851.6 (1919), vol. 30; Bruce to Reinsch, Aug. 1, 1919, *ibid.* (1920), vol. 27.

② Reinsch to SecState, July 1, DS 893.516/75, July 9, /76, July 14, /78, July 18, 1919, /79; Hsu to Williams, May 1, July 29, 1919, RG 84, Peking Post file 851.6 (1919), vol. 30; Reinsch to Meyer, July 10, 1919, *ibid.*; Meyer to Reinsch, Aug. 7, 1919, Reinsch Papers.

③ For a biographical sketch of Vilhelm Meyer, see George F. Nellist, *Men of Shanghai and North China: A Standard Biographical Reference Work* (Shanghai, 1933), 281-82.

扰中华懋业银行的难题：在远东地区的银行业务中训练有素的美国人十分短缺，而美国年轻人不愿意花费时日到中国学习业务。[1]

到8月底，芮恩施和他的同事们已经取得了可喜的进展。为满足美国合伙人的要求，芮恩施成功劝说徐恩元接受建议，建立一个由五人组成的、美国人占优的委员会，这个机构具有绝大多数政策事务的最终决策权。美国人提出，只要许可章程的修订案之中包括这五个委员会就可以接受。然而，徐恩元表示不能接受，因为许可章程的修订需要再度与北京政府谈判协商，对此芮恩施和梅耶表示同意。于是，他们主张创建附则，使其具有与许可章程相同的效力。相应地，中方提出美方协理用不着一定是银行专家，只要任用一位素质过硬的人员做银行业务经理就可以了。芮恩施恳请徐世昌大总统派徐恩元到美国签订协议。[2]

芮恩施和美国投资人并没有获得美国国务院对银行的支持，也没获得美国政府保护该行的文书。尽管美国国务院鼓励美国企业打入中国，但是美国国务卿罗伯特·兰辛还是告诉芮恩施说在没有研讨过合同的具体条款以前是不能表态的；也无法基于对"签约双方的信任"而去承担这个责任。因此，美国国务院拒绝向韦耿转达芮恩施提出的观点，即美国会按照对华条约的内容来保护美国在华企业。

事实上，华盛顿对于美国国务院插手这样的企业的做法是极为谨慎的。随后，为美国辛迪加服务的律所——苏利文·克伦威尔律师事务所——向美国政府寻求保护，迫使美国国务院不得不回头审视由这个新

---

① Reinsch to SecState, May 31, DS 893.519/69, July 9,/76, Aug. 15, 1919,/87; Polk to AmEmbassy, Paris, May 23, 1919,/67a; Lansing to Reinsch, Aug. 14, 1919, /84; Meyer to Reinsch, July 7, 1919, RG 84 Peking Post file 851.5 (1919), vol. 30; Hsu to Reinsch, July 14, 1919, *ibid.*; Reinsch, "Six Years of American Action in China," box 15, Reinsch Papers; Reinsch to Breckinridge Long, Apr. 22, 1919, box 6, *ibid.*; Meyer to Reinsch, July 28, 1919, box 7, *ibid.*; Pugach, "Keeping an Idea Alive," 282-83.

② Reinsch to SecState, July 9, DS 893.516/76, Aug. 18,/88, Aug. 21, 1919, including Reinsch interview with President Hsu, 893.00/3237; Reinsch to Meyer, July 10, 1919, RG 84, Peking Post file 851.6 (1919), vol. 30; Reinsch to Thomas Sammons, July 29, 1919, *ibid.*; Williams to Hsu, July 29, 1919, *ibid.*; Meyer to Reinsch, Aug. 7, 1919, Reinsch Papers; Williams to Reinsch, n.d., box 7, *ibid.* 有关银行初创的叙述以及徐恩元的使命，参见《银行月报》（北京），第1期（1921年1月5日）。其出版时的英文报头为 *Banks Magazine*，但更精确的译名应该是 *Bank's Monthly*。

的合资企业所提出的问题。大约是与此同时,美国国务院又收到了一些在福州的金融业者要建立合资银行的提案,打算在美国法律框架下做登记,以保护他们不受中国的"压榨"和干涉。作为回应,美国国务院警告总领事乔治·汉森不要鼓励那些希望"为其利益避开中国官僚巧取豪夺"的中美合作,并指出公司获准在美国登记之前必须满足一些要求。

中华懋业银行被打入另类。既然它是一家中国公司,在这样一个法律实体中就无法认证美国的股份,美国国务院裁定银行将不在美国的管辖范围之内。然而,在实际运作中一旦有美国的私人股份参与,政府会在适当情况下使用其影响力来保护美国人的利益。未来的事件将会表明,虽然美国财团表示要做"促进美国对华贸易关系的先驱",但小心谨慎的美国官方并未因此有什么不同的反应。①

1919 年 9 月随着芮恩施返回美国,他在银行事务中直接的和官方的介入也就告一段落。主导中美双方的谈判是芮恩施在华最后几年中少有的积极进展,但他却因此受到美国国务院的批评,因此他在最后一次季度报告中对建立中华懋业银行的贡献只是轻描淡写。他写道:"公使馆一直密切关注这一事件现今的和早先的协商,而且相信这不过是切实地帮助美国商业而已。"芮恩施本人一直对银行保持着关注,而且公开地赞扬其拓展中美贸易的潜力。徐恩元和其他一些与银行相关的人士也不断地把银行的发展状况通报给芮恩施。然而,在随后的几年里,芮恩施却对中华懋业银行的运营不再抱有幻想。他与另一拨中国投资人一道,尝试另起炉灶建立第二个中美合资银行。②

---

① Reinsch to SecState, July 31, DS 893.516/82, Aug. 18, 1919, /89; Lansing to Reinsch, Aug. 7,/82, Aug. 22, 1919,/89; Hanson to SecState, July 5, with enclosures, /85, Aug. 23, 1919, /94; Lansing to Hanson, Aug. 23, 1919, /85; Nelson Johnson to Ransford Miller, Aug. 12, 1919, /85; William Nelson Cromwell to SecState, Sept. 15, 1919, /92; Boaz Long to Cromwell, Sept. 15, 1919,/92; Cromwell to Long, Sept. 27, 1919,/93.

② Reinsch to SecState, Sept. 10, 1919, DS 893.00/3225; Hsu to Reinsch, Oct. 21, 1919, Reinsch Papers; clipping, *The Wisconsin News*, Oct. 30, 1919, vol. 4, *ibid.*; Pugach, *Paul S. Reinsch*, 279. 参见下文有关芮恩施及懋业银行的评论,另外芮恩施档案第 8 柜中有他意欲另建一个合资银行的大量往来信函。

现在轮到中国和美国的合伙人来决定签署最后的协议,并且让银行运营起来。徐恩元获准到纽约,但是很有可能中国政府的事务才是他此行的决定性因素。事实上,徐恩元已经秘密地受中国财政部委托,为财政枯竭的北京政府寻求新的贷款。①

在纽约,徐恩元以妥协的形式达成方案,满足了美国投资人对管理权的关切。中方同意把行政管理权交给管理委员会,其中包括中方总理、两位协理和两名美方的主管。1919 年 10 月 16 日,徐恩元与白鲁斯、施栋和韦耿签署了协议备忘录,这三人就是美方的原始出资人。几天以后,詹姆斯·A. 唐默思接受了银行的美方协理一职,扫清了银行开办的另一个障碍。现在徐恩元发表公开声明向多家报纸确认了银行开办的消息。②

两周以后,白鲁斯、施栋和韦耿随同徐恩元一同造访中国。1919 年 10 月 30 日,在徐恩元于温哥华登上"中国皇后"号轮船之前,收到了来自约翰·J. 阿葆特的一份电报,通知他芝加哥大陆商业信托储蓄银行将撤回追加借给中国的 1000—2500 万美元的协议。阿葆特怀着歉疚解释说,银行对此深表遗憾,但是有一支英国贷款回报太低使整个债券市场萎靡不振,这会给向中国贷款带来极大的困难。徐恩元愤怒而沮丧。美国银行家利用了一项技术性的条款使自己摆脱了先前的承诺。徐恩元已向中国政府报告了贷款成功,现在却不得不面对两手空空地回国的尴尬。

绝望之中,徐恩元请求白鲁斯接手这笔贷款。徐恩元提出这么做不仅保全了美国的名声,而且这笔贷款从商业的立场上看也算得上合理可靠。这笔贷款是用烟酒税务署的"盈余"来担保的,而该署不久就会被美籍副署长重整。徐恩元还抛出额外诱饵,说可以轻而易举地吸引它把税款的全部或起码是大部分存在懋业银行里。当然,徐恩元省去对烟酒事

---

① *New York Times*, Sept. 16, 1919; *Millard's Review*, X (Sept. 20, 1919), 101.

② The memorandum of agreement may be found in RG 84, Peking Post file 851.6 (1920), vol. 27. See also Hsu to Reinsch, Oct. 21, 1919, Reinsch Papers; Crane to SecState, Sept. 1, 1920, DS 893.00/3545. For press stories on the bank, see *New York Times*, Oct. 31, 1919; *The Times* (London), Oct. 31, 1919; *San Francisco Chronicle*, Oct. 30, 1919; *The Bulletin* (San Francisco), Oct. 30, 1919.

务署困顿不堪的历史的介绍,早已有其他的贷款用其杂乱无章的税款做了抵押,而所谓的"盈余"根本就子虚乌有。他也没有提醒他这位美国同事这笔贷款毋庸讳言是政治性的。实际上,这些贷进的款项全都会分转给有权利用北京政府财政部的政客和军阀们挥霍一空。由于不了解可能出现的利益冲突,也不了解中国的政治和财政状况,白鲁斯很快就上钩了。白鲁斯唯一的问题是太平洋拓业公司没有那么多钱提供给中国政府。徐恩元把贷款总额降到了500万美元,中国政府可以为其发行三年期财政债券。而后来韦耿同意大通国民银行将向太平洋拓业公司注资,条件是债券金额达到550万美元。

这笔交易在这一行人还未在上海登陆以前达成了。徐恩元对美国人可信度的疑虑得到了证实,但是起码他的"面子"是保住了。事实上,太平洋拓业公司贷款和银行协议的签订意味着徐恩元个人的双重胜利,满载而归。

但是,太平洋拓业公司贷款是一个代价高昂的错误。它给中美合资银行与北京政府这个污水池相互勾连的流言火上浇油,很快它就受到了南方反对现政府的领导人的谴责。唐默思被任命为美方协理以后,由于他与英美烟草公司关系极为密切,这个任命是否妥当的问题就摆到了台面上。贷款的双方都迅速行动回应各自受到的批评。白鲁斯指出贷款的额度很小,也没有任何"政治意义"。相反地,他们把贷款与美国与日俱增的"在中国的情感利益"联系到一处,而且太平洋拓业公司也是想要"为中国政府和运营良好的中国企业在美国创建证券市场"。唐默思向阿葆特保证(并通过他向美国商界保证)银行会与政治"绝缘",而且"将会严格地做生意,执行保守的经营路线"。白鲁斯否认中华懋业银行与太平洋拓业公司贷款有任何关联,而且贷款也"绝对没有任何政治意义"。他也坚持"任何暗示我们打算或希望获取这一实业垄断权的想法都绝属子虚乌有,而且杜撰这些想象的人不怀好意"。徐恩元向外宣布说游离于政府的财政之外是新银行的既定政策。此外,美国国务院一开始就拒绝承认和支持太平洋拓业公司贷款,因为这件事并没有向华盛顿报告清楚,再者它与第二次多国借款团也相互冲突。最重要的是,太平洋拓业公司的贷款从来也没有得到过还款,既给自己的公司带来了恶劣影响,也使懋业银行受了连累,搞得骑虎难下。①

白鲁斯、施栋和韦耿一到北京,就与他们的中国合伙人举行了一系列的会议(重要的会议在1919年11月26日和12月5日召开)来敲定遗留下来的细节,正式创建银行。中方和美方的原始出资人都接受10月16日在纽约签署的协议,正式接受了管理协议(包括美国人主导的管理委员会的条款),提议在12月9日征集资金(要存储于不同的外国和中国的银行),核定中国原始股东的股份分配。在1919年12月11日,第一次股东大会在钱能训的家中召开。钱能训和徐恩元发表讲话,追溯了银行的发展来由,感谢了芮恩施的贡献,而且还赞颂了美国出资人创建银行的干净利落。股东们于是开始选出11名董事会成员和5名监理。钱能训被推举为总理,詹姆斯·A.唐默思为美方协理,徐恩元为中方协理。其他的董事包括白鲁斯、施栋、韦耿、斯宾塞·B.史蒂文森(Spencer B. Stevenson)、张寿龄(烟草事务署督办)、张佩亭、罗鸿年和傅良佐。股东大会休会,而后董事会召开会议,选举唐默思、白鲁斯、史蒂文森(一位注册会计师,被任命为银行业务部临时的美方经理)、钱能训和徐恩元组成管理委员会。他们还任命李纯、盛恩熙、史蒂文森、E. W. 芬尼曼和T. E. 西芒五人作为监理。韦耿、施栋和白鲁斯不能出席董事会会议,他们的替代人选也已经选出。董事还选择大通国民银行、海滕·施栋公司和美国国际汇兑银

---

① C. C. Batchelder, "Memorandum of interview with E. B. Bruce," in Kennedy to MacMurray, Mar. 17, 1920, DS 893.51/2927; Lamont to Long, Oct. 28, /2563, Oct. 29, 1919, /2526; Hsu to MacMurray, Oct. 30, 1919, /2521; A. B. Ruddock to SecState, Sept 1, 1920, 893.00/3345; folder, "Pacific Development Corporation's Loan Party to China," box 457, Commerce Papers, Herbert Hoover Presidential Library (hereafter HHPL), West Branch, Iowa; H. A., "Political Conditions in China," Jan. 7, 1920, RG 165, Military Intelligence Reports, reel 6; Thomas Lamont to Pillsbury, Oct. 24, 1919, Thomas Lamont Papers, Harvard Business School Library, Boston, MA; Thomas to Abbott, Mar. 15, 1920, Thomas Papers; Hsu to Reinsch, Feb. 9, 1920, Reinsch Papers; John Jordan to Lord Curzon, Jan. 9, 1920, 169846/10, E. L. Woodward and Rohan Butler, eds., *Documents on British Foreign Policy 1919-1939*, First Series, VI, 1919 (London, 1956), 925; "Mr. Hsu En-yuan and the Chinese-American Bank," *Millard's Review*, XI (Dec. 27, 1919), 152-54; editorial, *ibid.*, (Jan. 10, 1920), 249-54; "Explains Loan to China," *New York Times*, Dec. 15, 1919; *San Francisco Chronicle*, Dec. 16, 1919.

行为银行的储蓄银行。①

白鲁斯、施栋和韦耿作为有利害关系的旁观者见证了这些议程。他们与其旗下的公司保有美国的股份,只有其中少数的几百股卖给唐默思和几个美国经理。从一开始,美国的所有创办人就都计划创立一家投资公司,将来可以持有全部美方股份,并且作为一个整体进行投票。而且他们对于银行的美方管理人员也没有任何争议。

其实,除了正式的会议和仪式以外,美国合伙人可以自由游历中国,检查他们自己投资的其他公司的业务,享受奢华的招待娱乐,还要准备沐浴在中国报界、商界和政界领袖的阵阵赞誉声中。美国人投桃报李,使用了中美友谊和中美合作的溢美之词。白鲁斯宣称,银行的建立标志着中美关系进入了“一个新纪元”,他保证“凡是我们所拥有的,与银行相关的成功都要毫无保留地、平等地与中国朋友分享”。约翰·C.弗格森(John C. Ferguson)向他在美国的朋友汇报说美方人员已经被得到的奉承和关注弄得神魂颠倒了。他发现施栋,这个以“头脑冷静”著称的生意人,“一缕最轻的奉承的微风就把他吹得颠三倒四了”。这个中国通——前外交使节、教育家,还时而充当中国政府的顾问——附加道,他“未被那些打动了我的同胞们的兴奋之情所打动,我们会在未来的对外贸易和对外关系中遇到几件实实在在值得滔滔不绝的事情”。②

中国方面的情况就更加错综复杂、四分五裂了。中国“原始的”出资人并没有保留他们被分配的全部股票,却充当100多位投资人的担保人和分销商。持100股或少些的投资人构成了股东的主体。他们大

---

① The minutes of these meetings may be found in RG 84, Peking Post file 851.6 (1920), v. 27. A copy of the governing contract is in box 50, Thomas Papers. See also "Names of Directors," undated, box 48, *ibid.*; P'ing Chai, "Chung-mei ho-pan" 101-02; "The Unrest in CABC," *Shunt'ien Shih pao* (Peking), Dec. 12, 1919; *Banker's Weekly* (Shanghai), [both the English name and its Chinese name *Yin-hang chou pao* appeared on its masthead], v. 3 (Dec. 1919), 59-60; *Bankers Magazine*, v. I, (Jan. 5, 1921); *Millard's Review*, X (Nov. 22, 1919), 511; Tong, "The New Chinese-American Bank," *ibid.*

② *New York Times*, Dec. 18, 1919; *Millard's Review*, X (Nov. 29, 1919; editorial, *ibid.*, XI (Jan. 10, 1920), 250; *Commercial and Financial Chronicle*, CIX (Dec. 13, 20, 1919), 2309; Ferguson to Louis Coolidge and James T. Williams, Jan. 5, 1919 [*sic*, 1920], box 43, James T. Williams Papers, William R. Perkins Library, Duke University.

都来自于上海或其他商业中心城市的商界和银行界。这群人的领导人物是傅筱庵,合资银行的创建者之一,也是银行的主要股东。傅筱庵是现代商业领域中一位备受尊重有时却又颇受争议的人物。他是中国通商银行(上海)的董事总经理,轮船招商局董事,还是其他一大堆公司的董事;傅筱庵还做了友华银行的买办。[1] 尽管傅筱庵和其他一些银行的“商务派”人士力图把银行从政治旋涡中转舵出去,但是由于京津政治派系人多势众,他们常常处于下风。由于章程中规定只有持不低于100股的董事和不低于50股的控股人才有投票权,因此他们的地位进一步被弱化。

但是还有许多股东持股超过1000股(意味着他的投资最少有5万美元),这些人大多数是军阀、政客。这些人当中有张勋,这位辫帅在1917年曾搞过扶清复辟;黎元洪,前大总统;施肇曾,陇海铁路局局长,还有名义上与直系同盟的江苏、江西和湖北督军。烟酒事务署可以用公家的钱购买6000股,可军阀政客们恐怕还是得自掏腰包。

似乎中美合资银行从一开始就包含除了南方激进分子之外的所有派别。但这些人有一部分有政治动机,而其余的人则认为攀上美国人会带来安全保障,还能赚到大钱。徐恩元与直系联系紧密;段祺瑞(持200股)为安福系首领;钱能训是徐世昌的门生和挚友;前大总统黎元洪,还有华中军阀,特别是李纯也参与进来;就连梁士诒也做了股东。徐恩元曾经向芮恩施强调说,政治派系的多样化有利于银行的强大。如同安德鲁·内森(Andrew Nathan)曾指出的那样,在中国的新式银行中,代表广泛的政治层面是极为司空见惯的。董事会和主要投资人包含了大量的政客和职业银行家,他们又从属于不同的派系。这就使银行可以收集到关于即将发行的公债和马上到来的政治形势的信息,于是就可以保护银行免受北京政局和地方政治风暴的侵袭。此外,名人在新式银行中投资也可以视

---

① 傅筱庵还是孔雀影视公司的协理,该公司由唐默思从银行退职后组建。Thomas to Hsu, Jan. 9, 1924, Thomas Papers. 有关傅筱庵的生平信息,参见 *China Year Book, 1928* (Tientsin, 1927), 1119; editorial, “Mr. Fu Siao-en's Exoneration,” *China Press*, Feb. 28, 1923; Reinsch to SecState, Sept. 6, 1919, DS 893.516/77。

为是一种支持,银行应在未来的某个时间里投桃报李。

最后要说的是,不大可能确定所有的中国股东及其持有的股票数额。中国股东们使用官、私两种名号,而且购买股票时使用不同的名字,或者通过律师和第三方。施肇曾(施省之),陇海铁路局局长,据报道持有几千股,归于十几个人的名下。江苏督军李纯,尽管记录在他名下的有2000股,但很有可能他是持有股份最多的单个股东。此外,英语文献中还把中国人的名字拼成不同的形式。①

正是这些手眼通天的"政治"投资人为银行中的中方管理权进行激烈的角逐。在1919年春天,大总统徐世昌明显地企图利用中华懋业银行来加强自己的势力。此人心慈面善,先前是袁世凯的亲信,是一个软弱无能、优柔寡断的人,既没有势力范围,也没有社会背景。尽管徐世昌由段祺瑞扶上宝座,但他并不真正地依附于安福系。由于对日本人支持的安福系的不满日益加深,徐世昌动了与美国人在政治上和实际上联手的念头。既然军队的大员、地方上的封疆大吏都建立了自己的银行,比如盐业银行、金城银行、大陆银行和新华银行,这就使徐世昌效法他们势在必行。因而,他要把懋业银行变成他自己的银行。②

就在第一次股东会议前夕,徐世昌大总统还与徐恩元发生了几次冲突,导致他从银行退出。几个月以来,大总统一直为组建银行的事和徐恩元及其他几个发起人过不去。许多发起人认为徐恩元应该做总理,因为他一直是公司背后的推动力,与美国人的关系非同寻常,并且还是一位

---

① 一份股东名单附于"Minutes of a Meeting of the Original Subscribers," Dec. 5, 1919, in RG 84, Peking Post file 851.6 (1920), vol. 27。又见 P'ing-chai, "Chung-mei ho-pan," 101。作为徐世昌总统的门生,李纯由于开明的进步主义和对国家福利的关注,在西方人那里声誉卓著,他竭尽全力召集和平会议来结束内战。1920年10月12日,李纯在他的办公室中自杀身亡。一份中方材料表明李纯的股份总值有50万元。见"Gen. Li Shun: Who's Who in China," *Millard's Review*, VII (Feb. 1,1919, 320, 322;窦守镛、苏雨眉:《李纯一生的聚敛》,《北洋军阀史料选辑》(下),北京,1985,第262页。又见 Andrew Nathan, *Peking Politics 1918-1923*, 82-90. The articles of incorporation may be found in Reinsch to SecState, Apr. 22, 1919, DS 893.516/66 and Frederic Lee, *Currency, Banking and Finance in China*, 183-86。

② 平斋:《中美合办》,第100页;*Bankers Magazine* (London), v. 109 (May 1920), 713-14; Tong, "The Development of Modern Banking in China," 118-23.

让人肃然起敬的银行家。徐恩元为组建银行立下汗马功劳,声名卓著,也无意退居一旁。但是徐世昌却想把银行总理的位子交给他多年的老友、亲信钱能训,他刚刚被迫从国务院总理的位置卸任。① 随后几个星期,报纸上谣言四起,随后徐恩元同意让位于前辈,转而就任银行协理。但深居简出、小心翼翼的钱能训只是傀儡,徐恩元才是银行中真正的掌权人。②

随着钱能训和徐恩元自动就位,明争暗斗就转移到了从其他中国候选人中遴选董事上来了。由于华中的直系军阀和张勋掌握大量股份,必须包含在内,前者的代表是傅良佐(湖南督军),后者的代表是张勋的侄子张佩亭。施肇曾也不能忽略,因为他是大庄家。徐世昌大总统想让他的朋友,烟酒事务署的张寿龄来填补余下的一个空缺。而徐恩元则支持他的密友、英国留学时的同学、在中国银行任职的罗鸿年,这导致了双方最终摊牌。钱能训站在自己主子那边威胁要开除徐恩元。由于害怕投资人会撤资,徐恩元通过中间人,恳请这位中方总理暂时保留住他的股份。大总统徐世昌也非常恼火,拒绝答应他的请求。徐恩元于是转而求助盖伦·施栋代表自己与钱能训交涉。有了大部分股东的支持,再加上有美国人在背后撑腰,徐恩元规劝钱能训以大局为重,民心不可违。头脑冷静下来以后,大多数的股东都接受了美国代理公使丁家立(Charles Tenny)的建议:拿下施肇曾,把罗鸿年和张寿龄都推举为董事。③

---

① 钱能训出身清朝官宦世家,清朝进士。徐世昌做国务卿时派他到东北,后被委任为陕西布政使。因为他曾为清政府效力,所以憎恨共和政体。1911 年辛亥革命爆发的时候,曾经试图自杀。袁世凯请他出山,后来为徐世昌效力,做助理国务秘书。1918 年 10 月,徐世昌就职大总统后任命钱能训为国务总理。1919 年春天五四运动爆发,钱能训引咎辞职,被认为是对学生因不满《凡尔赛和约》对山东问题的处置而游行的反应。更有可能是迫于安福系的政治压力。徐世昌总统于是竭尽全力为他的挚友找一份营生,并力主让他来做总理。参见 *Who's Who in China*, 2nd. ed., 31-32; *China Year Book 1921-2*, 892;平斋:《中美合办》,第 106 页。

② 《顺天时报》1919 年 8 月 28 日、12 月 12 日;*Banker's Weekly* (Shanghai), v. 3, no. 36 (Sept. 1919), no. 47 (Dec. 1919)。又见平斋:《中美合办》,第 106 页。

③ 平斋:《中美合办》,第 106—107 页;《顺天时报》1919 年 12 月 12 日;Hsu to Reinsch, Feb. 9, 1920, Reinsch Papers。这些幕后操作并不见于股东大会的官方笔录,在股东大会上,董事都是正式选举的。可参见"Minutes of a Meeting of the Shareholders of the Commercial & Industrial Bank of China," Dec. 11, 1919, RG 84, Peking Post file 851.6, 1920, vol. 27。

徐恩元想方设法要让芮恩施和公众放心,银行纯粹是商业性质的。但是就董事会构成的争夺及北方军阀的持股优势却表明了另一番景象。银行中的政治派千方百计要把商务派成分从董事会中完全排挤出去。就连银行的原始发起人之一傅筱庵,虽然个人拥有银行的大量股份,并且通过自己的银行控股更多,也没能占到一席之位。美国合伙人也被卷入中国新式银行的政治问题中。此后美方尽量避免直接插手中方的内斗。然而,美国人是否真的完全明白中国政治的盘根错节及其给合资银行带来的危险是令人生疑的。[①]

1919 年 12 月,中美银行的建立标志着要建立合资银行的长期不懈的努力终于达到它的顶点。尽管时常困难重重,仍有一批实业家和金融家——朱葆三、张謇、张弼士,还有徐恩元——一直让这理想焕发着生机。在这个过程中,他们又吸收了几位美国官方和商业人士,包括安立德、唐默思、芮恩施。[②] 不过,它借助于更大的一股力量——第一次世界大战,一战诱发中国经济的一次繁荣,加之美国海外经济扩张的日益发展——为中美合作银行提供的发展契机。这个窗口存在的时间事实上是极为短暂的。设想如果这个计划推迟个六个月,那么这个银行是否还可以诞生就值得怀疑了。全球经济危机的来袭,中国贸易的急剧衰退,中国许多银行面临流动性危机,黄金与白银比价强烈波动,中国的内战再起,北京政府对外债拖欠不还,哪怕是最坚定的中美经济合作的信仰者也会被吓得逃之夭夭了。

尽管中国和美国的投资人常常对中美友谊和中美合作致以崇高的敬意,但是还是利己主义和赚钱的需求把他们拉在了一起。两方都为自己想要的东西打着如意算盘。

合资公司中的美国合伙人之所以能被拉到中美合作银行中来,就是

---

① Hsu to Reinsch, Feb. 9, 1920, Reinsch Papers; "Mr. Hsu En-yuan and the Chinese American Bank," 152-54.

② 安立德的作用十分突出,他给芮恩施的努力以极大的信任,参见 Arnold, Weekly Report for the Week Ending Jan. 11, 1919, Arnold Papers; Arnold to Chief of Bureau of Foreign and Domestic Commerce, May 20, 1919, RG 151, (Records of the Bureau of Foreign and Domestic Commerce), file 611 (China)。

因为他们已经做好准备要在战后的全球经济中发挥主要作用。对于白鲁斯、韦耿和施栋来说,中华懋业银行不过是在中国、纽约和伦敦建立一个宏大而又遍及四方的网络机构体系中的一个环节,而这网络将独霸世界的贸易和投资。但是合资银行有它自身的魅力。除了推动其在华开办的下属公司的业务经营以外,银行还给美方参与者提供了一个在开发广袤的中国内地中打头阵的机遇,并从少数几家外国银行手中抢到资助中国贸易带来的一些收益。大总统徐世昌和其他一些政界领袖的参与,使他们深受鼓舞,认为这些人可以为他们在中国的生意带来保证、安全和回报。作为现代中国商界人士的徐恩元也深深地打动了他们,可以毫不费力地与之共事。此外,芮恩施也像梅耶、白鲁斯一样对这个银行多方扶持。照理来说,他们对于中国应该是有所了解的。

就这样,这些公认头脑冷静、处事保守的商人竟没有对公司进行全面的评估,也没有对中国的政治和银行提出关键性的疑问。尽管他们意识到了在中国法律下经营的危险所在,还向美国政府寻求了保护,但还是没有被美国国务院的负面反应所阻吓。他们也许会认为经营许可辅以政府合同还有其他的预防措施,可以为投资保驾护航,并且使他们可以掌控公司。自然而然地,他们就会投身于合资银行之中,还带着太平洋拓业公司贷款,带着发财的黄粱美梦,满怀憧憬,而资本和专业技术则相对缺乏。就像许许多多在中国的美国前辈和后辈一样,他们的雄心壮志超越了知识和能力。

中国人有他们自己的一套打算。多年以来,中国的商界和政界都曾努力想打开美国巨大资本蓄水池的龙头,获得贷款和投资。组建中美合资银行的协议似乎恰当其时地发出了成功的信号。中国人显然还处在工业化的边缘,他们要中和一下东京在中国日益扩大的影响。与美国结盟会带来资金、技术、专家、声誉,还有获得丰厚回报的机会。中国人希望合资银行能在中国新式银行中独领风骚,与外国银行一起从事外贸金融,与旧式的本地银行一道经营国内贸易的金融业务。更有商业头脑的投资人更希望与美国人联手隔离中国政治势力的干预和“压榨”;另一方面,因为太平洋拓业公司的贷款吊起了中国政客的胃口,他们把银行视为加强自己力量、获得更多美国贷款以缓解北京政府困境的机会。既然不得不在中国的法律下开办银行，中国的投资人也就觉得与美国人联起手来还算稳妥。①

中方和美方的目标有的互为补充，有的却背道而驰。时间会告诉他们，他们的期待有多少会转化为现实。然而 1920 年初，让银行开始正式运营，俨然成了一个迫在眉睫的议题。

① Minutes of a Meeting of the Shareholders of the Commercial & Industrial Bank of China, Dec. 11, 1919, RG 84, Peking Post file 851.6 (1920), vol. 27; Ruddock to SecState, Sept. 1, 1920, DS 893.00/3545. See also Pugach, "Keeping an Idea Alive," 288-93.

第三章　联袂之作
——唐默思与徐恩元共建的银行

1920年2月6日，彩旗招展，彩声满堂，中美合资银行北京分行以"Chinese Industrial and Commercial Bank"的英文名称开张营业。这一精心筹划的举动吸引了大量公众的瞩目，而且赢得了公众的支持。难以计数的群众蜂拥到银行的临时办事处，其中就有来自华北各界的达官贵人和富商大贾，纷纷前来道贺，并且结交银行的管理人员。成百上千的群众也纷纷开设账户。开张首日存款额就达到惊人的2112600元。这对于银行来说至关重要，因为在银价较高的情况下，银行不必将黄金资本兑换用于开展日常的业务——只要这些存款还在，银行就会处于良好的运营状态。徐恩元、唐默思和美国合作伙伴都对此表示满意，而且借机向他们在中国或外国的朋友或生意伙伴大做广告。①

在白鲁斯、施栋和韦耿在华的数月里，他们在中国饱览了异国的风光，而且还在马尼拉进行了一次短暂的旅行，顺便检查美国汇兑银行在马尼拉的分支机构。而在4月，他们三个人都与托马斯·拉蒙特(Thomas Lamont)进行了会晤，此人是J. P. 摩根公司的一位资深合伙人，是美国金融业呼风唤雨的人物。他来远东的目的是要在第二次对华多国借款团

---

① 徐恩元宣称银行已成为"东方最大的金融机构"，*New York Times*, Dec. 4, 1919。中国人的热情高涨还表现为他们收到了成千上万红底金字的对联。"New Chinese-American Bank to Open in Shanghai Soon," *Millard's Review*, XI (Feb. 21, 1920), 606. 又见 Hsu to Reinsch, Feb. 9, 1920, Reinsch Papers; Thomas to C. W. Pettitt, Feb. 14, 1920; Thomas to A. T. Hueckendorff, Feb. 16, 1920; Thomas to A. G. Jeffries [sic], Feb. 17, 1920; Thomas to Stone, Feb. 24, 1920; Thomas to Charles Crane, Mar. 11, 1920; Thomas to Abbott, Mar. 15, 1920; Thomas to W. J. Sturgis, May 20, 1920, Thomas Papers; Thomas to Egan, Mar. 11, 1920, Egan Papers。

的条款中弥合与日本方面的分歧。日本正仔细斟酌美国提出条款，拉蒙特造访中国是为了表达美国的兴趣，并消除中国在多国借款团问题上的疑虑。美国投资者计划一回纽约就建立懋业银行在美国的机构，他们拿银行计划向拉蒙特咨询，想获得他的支持。他们也不得不让拉蒙特相信太平洋拓展公司的贷款不针对第二次多国借款团，而且愿意将其作为移交给美国财团的多种期权和特许权的一部分。显然他们成功了，拉蒙特如今已敦促国务院支持他们的贷款。①

同时，白鲁斯、施栋和韦耿有机会了解徐恩元，尤其是被聘为美方协理却一直未曾露面的唐默思。在他们的一再坚持下，唐默思赶在他们从中国归国以前马不停蹄地匆匆奔赴远东。美国的这些合伙人在横滨见到了唐默思，在前往上海的海上跋涉中，不仅协商了协理一职的任职条件，还就合资银行的发展计划交换了意见。1920 年 1 月 6 日，一行四个美国人共同会晤了徐恩元，就银行的总体目标和一些特殊议题进行了商谈。在商谈过程中，美国合伙人指出他们对银行有浓厚的兴趣，希望在银行政策和发展方向上可以有决策性的话语权。此后，美国合伙人又与唐默思召开了少数几次的务实性会议。总体上把在华开展银行业务和与中国人打交道的任务交给了唐默思。②

ঙ ঌ ঙ ঌ ঙ ঌ

詹姆斯 · A. 唐默思在亚洲为英美烟草公司的工作造就了他的人生和财富。他 1862 年生于北卡罗来纳的劳森威尔(Lawsonville)，1881 年毕业于纽约波基普西(Poughkeepie)的伊斯特曼国立商学院。1897 年詹姆士 · B. 杜克(James B. Duke)选择唐默思把美国烟草推广到东亚和南亚。杜克一手打造了美国烟草公司，使它成为世界烟草生产商中的领军企业，到 19 世

---

① MacMurray memorandum, Feb. 12, 1920, DS 893.51/2666; Thomas to Jeffries [sic], Apr. 1, 1920; Thomas to Allen, Apr. 6, 1920; Bruce to Hsu and Thomas, May 14, 1920; Thomas to Lamont, Apr. 12, 1920 and "Memorandum for Mr. Lamont Expressing the Views of Messrs Bruce, Thomas and Williams in Reference to Certain Phases of Negotiations with the Chinese Government," n. d., box 4, Thomas Papers; *Shen pao* (Shanghai), Mar. 23, 31, 1920.

② Thomas to A. G. Jeffress, Dec. 1, 1919; Thomas to Sturgis, Feb. 15, 1920; Thomas to Stone, Feb. 24, 1920; Thomas to Bruce, May 17, 1920, Thomas Papers.

纪末,它已然成为世界现代综合企业的典范。唐默思与杜克有着共同的根底,称其为“我认识的最伟大的商人”。唐默思的决心和成就显著地表现为对当地风土人情的细致研究,受到了杜克的赏识。随着1902年美国烟草公司与其对手帝国烟草公司合并,成为英美烟草公司(BAT),新的机遇迎面而来。在做过驻海峡殖民地经理和驻印度经理之后,唐默思出任总部设在上海的英美烟草公司大班,他本人被提名为英美烟草公司董事。

在中国,唐默思取得了事业和个人的卓越成功,他使英美烟草公司成为最大的烟草生产商和分销商,少数几个真正在这个巨大的国度里取得成功的美国公司之一。唐默思把自己看作是一个开拓者,一个革新者,在很大程度上的确如此。唐默思像他在其他亚太国家一样把美国烟草引入中国;他仔细地研究中国的土地所有权和农产品价格;他劝说中国烟农改种美国品种的烟草替代当地的烟草。唐默思还建立了一个充满活力、忠实可靠、训练有素的美国在华代理网络,建立起营销和服务的信誉,发展出新广告技术,在整个大陆推广了商标产品。

由于唐默思使公司的运营适应了中国的商业环境,因而成功地使英美烟草公司打入中国的国内市场。他依靠中国买办和现成的烟草商为英美烟草公司销售产品并收集当地情况的详细资料。谢尔曼·考柯兰(Sherman Cochran)曾写道:“在英美烟草公司西方的管理、资本、技术和中国的劳力、农业和营销之间的,是这些中国的中间人——而非来自西方的。”唐默思也非常赞同,他写道:“带着适应意识和服务于人的理念到中国去,你就会得到中国人的尊重。在尊重和钱之间我更钟情于尊重,因为钱会紧跟着尊重滚滚而来。”他在东方成功的公式就是勤奋工作,采取长远的策略而非追求短期效益,适应当地情况,响应公众的观点,对待亚洲人要像朋友或盟友而不是下人或对手。[1]

---

① Thomas, *A Pioneer Tobacco Merchant in the Orient* (Durham, 1928); Thomas, "Selling and Civilization: Some Principles of an Open Sesame to Big Business Success in the East," *Asia*, XXII (Dec. 1923), 896-99, 948-50; Thomas, "Organization for the Economic Distribution of Tobacco," n. d., box 13; Thomas to Pettitt, June 8, 1921; Thomas to R. S. MacElwee, Apr. 7, 1926; Thomas to Seeman, Sept. 6, 1928; Thomas to W. K. Boyd, June 19, 1928, Thomas Papers; Cochran, *Big Business in China*, 11-17, 19, 24-39; Wu Sing Pang, "Mr. Wu Recalls His Family's BAT Links of Pre-War Years," *BAT News*, (Spring 1988), 10-13.

唐默思在东方长期的职业生涯,使他成为美国经济扩张的主要倡导者,宣布"太平洋时代"的预言者。他强烈建议美国的生意人开创北美太平洋沿岸经济,而且他对阿拉斯加的潜力具有特殊的兴趣。他尤其是中国市场的狂热推崇者,他强调拓展中美贸易和美国投资的机遇千载难逢。1920 年,他对詹姆斯 · T. 罗杰斯(James T. Rogers)说:"中国将成为全世界五十年来最具吸引力的地方,而且这种发展会在未来十年或十五年后产生。"尽管他集中全力于英美烟草公司的经营,但他始终在寻找时机增进中美间的进出口贸易,利用中国廉价的劳动力资源,并为在华投资创造信誉。①

美烟草公司的成功成就了唐默思的声名,他成为最负盛名的"美国大班"。这也帮衬他成为一位百万富翁。盛传唐默思是亚洲薪酬最高的外国人,年金 10 万元,他还认购了英美烟草公司的股份。每年的红利也相当可观,他还努力经营多种投资组合。此外,他常常和英美烟草公司的同事或中国的故旧友人,合伙在许多位于中国的公司进行投资,并购置了大量地产。此后不久,他加盟了懋业银行,唐默思从美国合伙人那里购买了 300 股。在唐默思 1923 年离开中国之后,也继续在中国的许多企业进行投资。尽管这些生意有些让他赔了钱,但是唐默思初衷不改,认为在中国绝对是有钱可赚的。②

唐默思并非一开始就是芮恩施和中国人就美方协理一职的首选,因为他缺少可以使他更加独立于纽约的美国合伙人,并给合资公司带来更大声望的银行业务能力。唐默思时不时地使美国合伙人想起他不是个银

---

① 唐默思关于太平洋时代、中国市场、美国的机遇的观点,可见于 Thomas to Straight, July 20, 1915; Thomas to James J. Rodgers, May 13, 1920; Thomas to George C. Allen, Nov. 22, 1920; Thomas to John B. Powell, July 25, 1921, Thomas Papers; Thomas to Egan, Feb. 1, 1915, Egan Papers; Thomas to William P. Few, July 16, 1917, Apr. 27, 1920, William P. Few Papers, William R. Perkins Library, Duke University; Thomas, *A Pioneer Tobacco Merchant*, "Selling and Civilization," and *Trailing Trade a Million Miles* (Durham, 1931)。

② 关于唐默思的投资和生意经营在他的档案文件中有大量的资料。参见 Thomas to Stone, Feb. 24, 1920; Thomas to Hugo Cunliffe-Owen, June 2, 1920; Thomas to Allen, Nov. 22, 1920; J. E. Brooks to Thomas, Apr. 7, 1920, Apr. 21, 1921; Thomas to Cheang Park Chew, June 11, 1926 等。又见 Ernest O. Hauser, *Shanghai: City for Sale* (New York, 1940), 100-01; Cochran, *Big Business in China*, 15。

行家。与此同时,他表示说他有从商业经营和管理经营向银行业转型的信心。1920 年 11 月,他写信给施栋时说:“说来说去,以我的观点来看,银行多多少少就是一个驰声走誉的商业机构。”无论如何,美国的几位金融界人士和唐默思的朋友们认为唐默思是个理想的人选。美国合伙人对于唐默思缺少银行管理经验好像没有太多的困惑不安。①

除此之外,唐默思似乎是懋业银行美方协理的最佳人选。考虑到他是“美国在华商人的泰斗”,唐默思在美国在华商界远近闻名而且颇受尊崇,被看做是一位经验丰富的经理人,老道难缠的生意人,为英美烟草公司保驾护航二十余年而获得极高声望。但是实话实说,唐默思对中国的了解有点被夸大了,他倾向于把前一个人写信给他或说给他的事重复给别人。但比起通商口岸的绝大多数外国人,唐默思对中国起码有些了解,而且他愿意使用这些信息,并让众多和他接触的人为他提供相关的建议。这对于每一个到访中国,就他们的计划向唐默思咨询的人来说,都是极为不可缺少的。他又是一位对待客人慷慨大方的主人,1918 年以前,他一直单身,在上海的豪宅中殷勤备至地招待中美客人。司戴德写信给唐默思说:“每一个去过上海或是北京的人归来后都对你赞不绝口,我坚信你还没有意识到你的好意受到多么真诚的感激。”唐默思无疑对自己的名望踌躇满志,而且他细心从容地打造自己“不可或缺”的美国在华居民的形象。②

同样重要的是,唐默思也赢得了中国人的尊重、信任和友谊。唐默思欣赏中国人,并信任中国商人的诚实。他曾与中国人在英美烟草公司共闯天下,并在其他企业中共同进退,他相信美国人与他们共事可以获益匪浅。关于中国人,唐默思写道:“他们对于常识的理解绝不逊于地球上其他民族,他们绝不惧怕贸易伙伴的利己主义,因为他们知道除非双方都获

---

① Thomas to Stone, Nov. 19, 1920 Thomas Papers; Abbott to Thomas, May 14, 1920; John Chevalier to Thomas, Oct. 12, 1920, Thomas Papers.

② Thomas to Egan, Apr. 20, 1915, July 8, 1919, Egan to Thomas, March 10, 1915; Thomas to Straight, Feb. 26, May 17, 20, 22, July 20, Aug. 2, Dec. 2, 22, 31, 1915; Straight to Thomas, Apr. 9, June 21, 30, Sept. 14, Nov. 1, 1915; Thomas to Selwyn Tait, June 25, 1915; Thomas to Allen, June 26, 1915, Thomas Papers.

益,不然什么生意也做不成。”唐默思也支持中国人的独立自主。唐默思在给 C. W. 佩蒂特(C. W. Pettitt)的信中写道:“你知道我一直为中国人支持中国,而且如果可能,我今天比以往更是如此。华人治华的呼声已然深入人心。新的中国开始显示自己的权威而且不久以后就会接手国家的管理并一直坚持下去。”①

唐默思是为数不多与中国人关系亲密的西方人之一。他在自己家中殷勤地招待中国人,他也是这些中国人的座上客。他对他们家人也关心备至,这些中国人也报以同样的情感,特别是在 1922 年唐默思与多萝茜・里德(Dorothy Read)成婚以后。唐默思资助了几十个在美国的中国学子,帮助他们在那里接受训练,鼓励他们做事,帮他们在归国后找工作。

唐默思在中国的亲朋故旧的圈子极为庞大,包括军阀段祺瑞和金融家梁士诒,这些人的政治信仰和可信度都令人怀疑。唐默思称梁士诒为“中国最好最办实事的政治家”,认为段祺瑞是有才干的管理者。但是唐默思是个处事圆滑的人,他对权力有一些敬畏,几乎和所有人都可以和睦相处。与唐默思联系最紧密的中国人是英美烟草公司的几个同僚,最有名的是郑伯昭和邬挺生。他将和徐恩元建立相似的人际关系,这个人他很欣赏,也很信任。②

此外,唐默思完全赞同中美合作的观念,这种信念主要以务实的考虑为基础。例如,唐默思曾建议英美烟草公司在工厂附近建立公司,并且卖给中国政府一支股份。他向乔治・艾伦(George Allen),杜克的首席顾问和心腹解释说:“我们所需要的就是以政府为后盾,有了这个我们和中国人谈中国的事自然畅行无阻,如果我们可以与政府展开合作,又何愁我们未来的生意不被放置在一个良好、合理的基础之上呢?”唐默思相信中国

---

① Thomas, “Applying Business Principles to the China Problem,” *China Weekly Review*, XXXI (Feb. 21, 1925), 338-40; Thomas to Pettitt, June 8, 1921, Thomas Papers.

② 唐默思档案文件中的大量来往信函反映了可观的有关信息和他本人对中国的观点,还有他在中国的人际交往。参见 Abbott to Thomas, Feb. 14, Mar. 17, 1920; Fu Liang Tzu to Thomas, July 13, 1920; “Memorandum for Mr. Lamont Expressing the Views of Messrs. Bruce, Thomas and Williams”; Thomas to Egan, Jan. 9, 1921 [1922], box 5; Thomas to Eldridge, Jan. 22, 1925; Thomas to Hsu, n. d. [1925], box 12, Thomas Papers 等。又见 “Mr. Wu Recalls His Family's BAT Links of Pre-War Years”。

人偏爱着美国人,他主张美国应当以援助其经济发展作为酬劳。懋业银行成立不久,在一次美国在华商会为答谢唐默思和徐恩元举办的晚宴上,唐默思宣称:“我们提议让建立中美合作货真价实。我们的目标将是与中国人合作,与外国银行合作。中国需要资金——银行越多,生意就越多。”①

中美合作成了唐默思在整个与懋业银行相联系的过程中和以后的岁月里的口号,这个辞令在他所有的往来信函和言谈说教中随处可见。早年间他就曾倡导建立美资银行或中美合资银行,用以开启中国国内贸易之门;同时为中国资本找到生产性用途。像许多西方观察家一样,唐默思也坚持认为,如果中国期望安全而且稳定的商业回报,就必须投资现代企业。一旦加入到懋业银行,银行就成了他发展中美合作思想和“让合作货真价实”的工具。在解释为什么他会重返中国为懋业银行工作时,他对他的挚友布莱克斯顿(W. W. Braxton)说:“我到这儿任职不是为了钱,而是要建立中国和美国的合作,希望为更多的美国商品开创市场。我想你知道,我是一个爱国者或是殉道者——我不知道我到底属于哪一种。”②

最后,唐默思对懋业银行这份工作也很感兴趣。唐默思对英美烟草公司情真意切,忠心耿耿,特别是对詹姆斯·B. 杜克。但是在1919年,唐默思在英美烟草公司的未来之路却已阴云密布,他正考虑他人生中的一个巨大的转变。早在1916年,他作为英美烟草公司中国分公司的主管已调到伦敦工作,于是他重返中国继续为英美烟草公司效力的机会已然十分渺茫,这不久就变得显而易见。按惯例,唐默思已经到了英美烟草公司在艰苦地区员工的退休年龄。此外,英国当局要贯彻执行1919年的枢密令(the Order in Council of 1919),要求持英国执照经营的公司经理必须为英国公民。这个政策给英美烟草公司带来了混乱,因为该公司许多在华

---

① Thomas to Severance, Aug. 4, 1915; Thomas to Allen, Aug. 20, 1919, Thomas Papers; clipping, *China Press*, Mar. 11, 1920, in Cunningham to State Department and American Legation, Mar. 17, 1920, RG 84, Peking Post file 851.6, 1920, vol. 24.

② Thomas to Abbott, Mar. 15, 1920; Thomas to Braxton, Mar. 23, 1921, Thomas Papers. In his listing in *The Peking Who's Who*, 唐默思指出他最大的兴趣就是实现中美合作,从而促进中美两国的贸易发展。*The Peking Who's Who*, Apr. 26, 1921, Thomas Papers.

的经理都是美国人。[①]

然而,到了1918年,唐默思虽对中国充满向往,却胜不过对美国的思乡之情。他已经五十五岁,背井离乡三十余载。于是,唐默思决定若不能重返中国,就在美国归隐。唐默思在纽约的白原(White Plains)买下土地,其他几位美国烟草公司的高管已经在那里建起了豪宅,他也正忙于为他和他新过门的妻子建设家园。1918年4月27日,经过多年的独身生活之后,唐默思与安娜·布兰索姆(Anna Bransom)结为伉俪。而后,悲剧降临,他新婚六个月的妻子由于肆虐的西班牙流感在11月亡故。[②]

1919年10月中旬,唐默思应邀考虑出任懋业银行协理。他在中国结识白鲁斯,曾为慎昌洋行的项目提过建议,也对计划建立的银行了如指掌。芮恩施曾请唐默思帮忙寻找美国的投资人,唐默思曾就此与大通国民银行总理尤金·赛耶(Eugene Thayer)谈过。他因此对接受这个职位也心驰神往。这不仅给他提供了一个重返中国的机会,而且也使他可以重拾旧日的生活。除此之外,他身体健壮,感觉精力充沛,"退休"为时尚早。他本人自命为"开拓者",并且对合资公司所提供的挑战兴奋不已。他对朋友约翰·T. 阿葆特说:"我一直对中国兴致盎然,而且我觉得既然竭尽全力建成了银行,就应当竭尽所能把它办成功。我感觉我们至少会披荆斩棘开创出对华贸易的新路。"[③]

和以往一样,他总是首先与詹姆斯·杜克和他在英美烟草公司的朋友商量。"头儿"支持他,朋友们也鼓励他接受这个职位。他接受了这个职务,但有一些条件。由于他计划只在中国待一两年来帮助银行"启

---

① 唐默思认为自己与英美烟草公司紧密相连,以至于他向约翰·阿葆特承认"若是认为他偏离了英美烟草公司的利益"那好像就太奇怪了。Thomas to Abbott, Mar. 15, 1920. 又见 Jeffress to Thomas, Feb. 2, 1920; Cobb to Thomas, July 27, 1920; Pettitt to Thomas, July 30, 1920; Thomas to Allen, Nov. 3, 1920; Thomas to Seeman, Sept. 6, 1928, Thomas Papers; Cochran, *Big Business in China*, 124-26, 164。

② Thomas to Jeffress, Dec. 29, 1919, Aug. 24, 1920; Thomas to Henry E. Thomas, Jan. 27, 1920; William Henderson to Thomas, Jan. 8, 1920; Thomas to James L. Rodgers, May 13, 1920; Thomas to Allen, Nov. 3, 1920; Thomas to E. Blockley, Feb. 16, 1921; Thomas to Braxton, Mar. 23, 1921, Thomas Papers.

③ Thomas to W. J. Sturgis, Oct. 14, 1919; Thomas to Allen, Oct. 15, 1919; Thomas to Abbott, Mar. 15, 1920, Thomas Papers.

动”,因此坚持请长假,保留在英美烟草公司中的董事职位,而不是退出。实际上他保留着公司的电码本,而且他要利用自己所处的战略位置来抵挡烟草公司的中国和日本的竞争对手。和许多可能会有多个效忠对象的中国和美国投资人相似,唐默思相信他可以同时为两个机构效命而不会产生冲突。显然,中国的烟酒商人不会这么认为。然而,英国的枢密令最终让他切断了与英美烟草(中国)有限公司的所有联系,尽管他表面上直到 1922 年还在总公司挂一个主管的虚衔。①

唐默思对他的薪酬倒是不大担忧,最后定到了年薪 2.5 万美元。尽管中国股东们认为这太铺张,可是比他在英美烟草公司赚得少多了。唐默思更为关注的是他在银行中的角色和权限。这一点非常重要,因为得到杜克和英美烟草公司高管对他的信任,他已习惯于自由行动了。他也需要了解“这些先生们确切地想要什么”。他强烈地感到“我们务必正确地起步,由此带着确保这项事业获得彻底、令人满意的成功的信念,昂首阔步,而我确定我们完全做得到”。

美国合伙人向唐默思承诺了“一切我要求的”。唐默思研究了公司章程,并和在纽约的朋友进行了一番商讨之后,对于企业的成功打消了疑虑,满怀信心。于是唐默思匆匆起程赶往远东去会见白鲁斯、施栋和韦耿。唐默思和几位美国合伙人对对方都十分满意。美国合伙人在返美前夕,向唐默思确认“一切完全在你的一手掌握之中”。在随后的两年间,白鲁斯和施栋(韦耿和唐默思很少有书信往来)在许多场合,反复重申了他们对唐默思的信任。但是他们之间关系的紧张和观点的分歧,也随岁

① T. B. Yuille to Thomas, Oct. 12, 1919 and Thomas to Yuille, Oct. 15, 1919; Thomas to W. J. Sturgis, Oct. 14, 22, Nov. 4, 1919, Feb. 15, 1920, and Sturgis to Thomas, Oct. 31, 1919; Allen to Thomas, Oct. 18, 1919 and Thomas to Allen, Oct. 27, 1919; Thomas to Jeffress, Dec. 1, 1919. 现有证据关于他在英美烟草公司保留的职位有一些自相矛盾。See Thomas to Sturgis, Oct. 14, 1919; Thomas to Allen, Oct. 15, 1919; Thomas to Jeffress, Dec. 1, 1919, May 15, 1920; Cobbs to Thomas, July 27, 1920 and Thomas to Cobbs, Aug. 2, 1920; Pettitt to Thomas, July 30, 1920; Tel., Sir Hugo Cunliffe-Owen to Thomas, Oct. 29, 1920 and Thomas to Cunliffe-Owen, Nov. 3, 1920; Thomas to A. A. Richard, Nov. 3, 1920; Thomas to Blockley, Feb 16, 1921, Thomas Papers. Also, Eleanor Thomas Elliott to author, June 24, 1985.

月的荏苒和事件的频发而渐有发生。①

ଓ ଓ ଓ ଓ ଓ ଓ

唐默思和徐恩元要从建立懋业银行的基础事务开始，堆积如山的复杂任务就摆在眼前：建立银行，招聘员工，为企业寻找合适的定位，招揽主顾，而且要使这个新开办的实验性的中美合资公司顺利运转。在刚开业那忙乱的几个月里，唐默思接连不断地表达出对银行发展的心满意足和对银行前景溢于言表的乐观主义。唐默思向美国公使柯兰（Charles Crane）夸口说："中国人热情高涨，我相信他们已经通过我们的银行，表达了中美合作的意愿。"1920 年 11 月，他写信给芮恩施说："我坚信银行将获得成功，而且我完全感受到了我所从事的事业是如何地重要。我相信我们会有能力让中国人和美国人沿着'真正'的合作之路，在这机构中精诚合作。"毫无疑问唐默思要不遗余力地让美国朋友和商业人士对合资公司放心，他的这份苦心也有一部分是自我安慰，那些赞扬的回信使他踌躇满志。而在很大程度上，唐默思正表达出了他在发展和促进中美经济合作上的坚定信念。但是，严重的问题接连不断地浮出水面，戳穿了他满怀憧憬的姿态。另外，唐默思对银行的管理很快也将受到质疑。②

一个小问题马上就出现了。英国当局知会唐默思，一家银行与其同名，Industrial and Commercial Bank Ltd.，公司设在香港，在上海和汉口设有分行。他们因而要求银行更换英文名。尽管银行的汉语名为"中华懋业银行"，并不受影响，但徐恩元表达了保留意见：名称更改需要中国政府和股东们的同意，不过这会引起不满，因为这么做没有维护中国人的尊严。通过与美国代表就此事进行讨论，唐默思和徐恩元出于礼貌而不是法律义务，把英文名改为"Chinese American Bank of Commerce"。既然银

---

① Thomas to Jeffress, Dec. 1, 1919; Bruce to Thomas, May 7, 1920, Thomas Papers. 关于唐默思与英美烟草公司的其他信息，另见 Pugach, "Second Career," 195-96, 201-05。

② Thomas to Stone, Feb. 24, Mar. 9, 1920; Thomas to Crane, Mar. 11, 1920; Thomas to Abbott, Mar. 11, 1920, and Abbott to Thomas, May 14, 1920; Thomas to Sturgis, May 20, 1920; Thomas to Barr, Aug. 6, 1920; Thomas to Bruce, Oct. 20, 1920; Thomas to Reinsch, Nov. 8, 1920; Thomas to Allen, June 22, Nov. 22, 1920, Thomas Papers; Thomas to Chevalier, Nov. 11, 1920, box 47, Thomas Papers; Hsu to Reinsch, June 7, 1920, Reinsch Papers; Arnold, Weekly Report for Two Weeks Ended Nov. 6, 1920, Arnold Papers.

行竭尽全力开业大吉,他们也就对同英国政府陷入旷日持久的法律纠葛没兴趣,无意于冒被一家英国特许机构混淆的风险,也不愿在中国人的心中撒播混乱的种子。①

更棘手的是在中国的主要商业中心建立懋业银行的商业网点。尽管唐默思告诫说扩张必须始终如一地计划周详,妥善处理,他和徐恩元还是向公众宣布,在银行北京办事处开业60天之内,要在全国主要商业中心建立分支机构。这一点与美国投资人制订的计划一致。此外,唐默思和徐恩元想要利用银行刚开业最初几个月吸引的热情和大量公众关注。唐默思和徐恩元二人都是公共关系学的完美践行者,他们要千方百计寻找时机,把中美合资银行的价值、实力和声望灌输到中外每个生意人的脑海里。因而,在接下来的几个月里,唐默思和徐恩元跑遍了全中国,选地点,租房子,找员工,还要安排分行的开张营业。②

令人尴尬的是,唐默思和徐恩元不得不推迟某些分行的开业时间。因为缺少受过专业训练的老手,谈判租赁楼盘所需的时间,再加上装修工人罢工导致的推延,所有这一切都使他们的计划变得错综复杂起来。他们二人也被搞得筋疲力尽。最后,经过多方努力,费尽周折,终于尘埃落定。8月,分行在华北最有活力的商业中心天津和直隶的铁路枢纽石家庄开业。1920年9月1日,汉口分行正式开业。此后,在9月24日,经过对商界,包括新老钱庄老板和银行经理,还有达官显贵的三天款待后,上海分行办事机构正式开张运营。其时鼓乐齐鸣,办公大楼修整一新,让人叹为观止。由于1920年在急速发展的上海新开办的银行犹如雨后春笋,

---

① Archibald Rose to Thomas, Mar. 20, 1920 and Thomas to Rose, Mar. 26, 1920; Thomas to Tenney, Mar. 26, May 6, 1920; Hsu and Thomas to Crane, May 31, 1920, RG 84, Peking Post file 851.6 (1920), vol. 27; Thomas to Pettitt, June 2, 1920; Y. Chen to Thomas, July 2, 1920, Thomas Papers; *Shen pao*, Oct. 19, 1920; *Millard's Review*, XIV (Oct. 23, 1920), 418.

② Thomas to Sturgis, Feb. 15, May 20, 1920; Thomas to Stone, Feb. 24, Mar. 9, 1920; Thomas to Bruce, May 17, 1920; Thomas to Abbott, Mar. 11, 1920; Thomas to Rodgers, May 13, 1920; Thomas to Harper, Aug. 3, 1920; Thomas to Luther Jee, Aug. 7, 1928, Thomas Papers; *Shen pao*, Feb. 26, Mar. 11, Sept. 19, 1920; "New Chinese-American Bank to Open in Shanghai Soon," *Millard's Review*, XI (Feb. 21, 1920), 606; *ibid*, XII (Mar. 27, 1920), 174, (Apr. 10, 1920), 294.

唐默思和徐恩元不得不出手阔绰。他们的努力似乎取得了巨大的成功，有两千多人蜂拥而至，一睹分行开业的风采，并为其道贺。首日，存款就达到惊人的650万元。上海分行很快就成了懋业银行的财务中心。①

在全盛时期，懋业银行在中国的七个城市开设办事机构，并在马尼拉开设分行。1920年9月，经过几个月的谈判协商，唐默思和徐恩元极不明智地从美国汇兑银行手中买下哈尔滨分行和马尼拉分行。1920年12月，济南分行开业。但是银行拓展到华南和重庆的项目计划却从来没有实现，因为银行的资金和人力已经捉襟见肘了。1920年秋，忧心忡忡的美国投资者由于担心美国的经济衰退和银行的快速扩张，极力劝告银行谨慎经营。②

更为严峻的是合资公司组织结构的管理和银行员工配置这些让人望而生畏的工作。银行章程和管理协议理论上将最高权力授予所有股东，政策的制定大权交给董事会，经营权交给总理（也是董事会主席）和美方协理（也是董事会副主席）、中方协理之手。同时他们授权由监察委员会批准所有由总理和协理提交给董事会的建议，还有审计账目的权力，监管纸币发行，审核公司法规和章程。然而，根据管理协议，董事会只能在财务委员会的建议下执行被其委托的权力。财务委员会还负责批准分行经理和副经理的任命，召集股东大会，还在美国合伙人的坚持下，具有宣布分红的独有权力。财务委员会规定每周召开一次，而董事会每月召开一次。

---

① Thomas to Stone, Feb. 24, Mar. 9, 1920; Thomas to Barr, July 2, 1920; Thomas to Pettitt, Nov. 20, 1920, Thomas Papers; F. H. Kreis to American Legation, Peking, Oct. 20, 1920, RG 84,851.6 (1920) vol. 24; *Shih pao*, Sept. 23, 24, 25, Oct. 10, 1920; *Millard's Review*. XIII (Aug. 21, 1920), 633, "Chinese-American Bank Opens Shanghai Office," XIV (Sept. 25, 1920), 165, XIV, (Oct. 2, 1920), 244. 令人印象深刻的银行办公大楼本身就是一种广告。1923年汇丰银行在上海建立新的办事机构时，不遗余力地投入了金钱和精力。参见 King, *The Hongkong Bank Between the Wars and the Bank Interned 1919-1945: Return from Grandeur*, III, *The History of the Hongkong and Shanghai Banking Corporation* (Cambridge, 1988), 132-41。

② Thomas to Bruce, Mar. 11, 1920; Thomas to Stone, Mar. 9, Nov. 19, 1920; Stone to Thomas, Oct. 7, 1920; Thomas to Barr, July 2, 1920; Thomas to Allen, Nov. 22, 1920; "Tsinanfu Branch," Oct. 25, 1920; "Certificate of Takeover of Harbin Branch," box 48, Thomas Papers; Hsu to Reinsch, June 7, 1920, Reinsch Papers; Douglas Jenkins to Charles Crane, Sept. 23, 1920, RG 84, Peking Post file 851.6 (1920), vol. 24.

美国投资人在1920年夏刚一回到美国，就组建了顾问委员会（正式称呼是美国顾问委员会），这一做法使问题更加复杂化了。施栋、白鲁斯和韦耿在没有离开中国以前，就曾与唐默思和徐恩元谈过这一想法。最初，这个委员会主要是负责银行在美国的运作，并提供一些专业的建议。然而，它每周在美国汇兑银行的办公室召开一次会议，单方面扩大了自己的权力。尽管顾问委员会明知懋业银行有管理欧洲方面事务的权力，它还是对其事务进行监管，并指派了自己在伦敦的代理。它立刻任命美国汇兑银行作为顾问委员会的代理，每年佣金为1.5美元。到1920年秋天，这个评议会定期把详细的银行在华经营建议发送过来，特别是事关外汇交易、贷款政策和各分行的举措。[①]

因而在理论上，权力的线条笨拙累赘，责权不清，互相矛盾。财务委员会和顾问委员会的存在及其活动，此后将激怒中国人。最初，这些事并没有什么实际意义。距离和对中国事物的无知限制了董事和合伙人权力的实际执行。由于美国的董事和财务委员会成员不能参加会议，他们只好找人替代，这些代理人又缺少权威和声望来影响银行的运营管理和政策决策。唐默思是唯一一位在懋业银行历史上比较活跃的美方协理。只有他产生了意义非凡的权威和影响。与此相近的是，除了对任命和政府贷款横行干涉以外，钱能训总理和其他一些董事也极为消极被动。这种事在中国的公司中也不算罕见，这样的公司一般都由一两个人来直接管理。因此，徐恩元和唐默思在处理事务上具有相当大的自由空间，可以按其意愿来做。然而，这并不意味着他们可以面面俱到地处理银行的日常事务。[②]

尽管懋业银行据称是按美国模式创建，但其总部的组织结构却依然沿革中国银行的系统模式。总部下设四个部门：文书部、经营部（或称业

---

① Articles of Incorporation and Governing Contract, box 50; Sullivan & Cromwell to Commercial & Industrial bank of China, July 16, 1920; Barr to Thomas, July 2, 1920; Bruce to Thomas, Sept. 15, 1920; Stone to Thomas and Hsu, July 22, 1920; Stone to Thomas, July 22, Oct. 7, 1920 Thomas Papers;平斋:《中美合办》,第103页。

② 平斋:《中美合办》,第103、107页;"The Reminiscences of Ch'en Kuang-pu", 66; Thomas to Stone, Aug. 31, 1920, Thomas Papers.

务部)、会计部和检查部(或称审计部)。但是人浮于事,机构重叠,隶属关系和责任义务界限不清。总部的问题则由于分支机构的组织混乱及效仿而加剧。每个分支有一个经理加一到三个副经理,这些人应当管理员工在业务、会计、收账、出纳和外汇等各个部门的工作。如果分行经理是西方人,就至少要有一个副经理是中国人(反之亦然),但是每个经理在理论上权力都一样大。这就导致对员工的指挥相互掣肘或在最终决定权上产生矛盾。①

因为没有称职的人员来处理这些问题,情况变得雪上加霜。经过现代银行训练的中国人少之又少,劝说这些人加入懋业银行花费了唐默思大量的时间和精力。最初,唐默思希望用一个他在北京开办的银行学校来培训中国人,这个计划可谓雄心勃勃,他早年在英美烟草公司时,曾煞费苦心来开展农业种植培训。然而开办分行的压力迫使唐默思只能让那些受过西方教育的中国人——或者那些在现代商业部门中工作过的人——在银行中边工作边学习。“可以说,我们能够通过把分行开办起来来培训员工,这比搞一个学校要来得快多了。”他说这话时多多少少口不应心。②

实际上,唐默思对于遴选中国员工的掌控十分有限。徐恩元和主要的中方投资人为他们的追随者在银行中谋求职位,或者为了获得安全的政治保障而进行任命。交通总长张志潭的弟弟被任命为天津分行的总经理,获得的保证是说这个重要的部会竭尽可能对银行给予照应。自然而然地,许多银行雇佣的人极不胜任甚至贪污腐化。最臭名昭著的例子是对北京分行经理胡庆培的任命。胡庆培是李纯的干儿子,能够获得这个职位靠的是这位有权有势的军阀。钱能训总经理横加干涉,给自己的外甥(杨宇赞)安排了职位,做了会计处的副主任,徐思云任文书部副主任。大多数的部门主管和他们的助理是徐恩元在英国时的同窗或是他在中国

① 平斋:《中美合办》,第 103 页;Shoop to Thomas, Apr. 8, 1922, Thomas Papers; *Bankers' Magazine*, I, (Jan. 5, 1921).

② “New Chinese-American Bank to Open in Shanghai Soon,” *Millard's Review*, XI (Feb. 21, 1920), 606. Thomas to Stone, Aug. 31, 1920, Thomas Papers.

银行时的下属。这些人中有几位确确实实精明能干，与懋业银行同甘共苦很多年。其中就有文书部主任陈仪，上海分行的副经理沈成栻（通常称沈叔玉），未来他将力挽狂澜，使银行转危为安。徐恩元预言沈成栻会成为一颗新星，这个预言毫厘不爽。徐恩元的这些得力干将也成了唐默思的挚友和心腹。此外还有罗鸿年，徐恩元在英国时的同学，他后来成了懋业银行最后一任总理。这些中国员工能力上的良莠不齐，加上中方官员和他们的门生故吏之间的争吵，使唐默思在向施栋汇报时也不好实话实说，只能说他招聘了“出类拔萃”的中国人，“他们所有人都乐于见到银行成功，而且工作十分和谐”。[①]

银行无力招聘和留住能力卓越、经验丰富的美国银行业者，在某些方面使问题更为严峻了。由于大家期盼美国员工用现代银行的技术来培训中国员工，并且确保银行建立在运转健康的基础之上。芮恩施和其他一些扩张主义者时常抱怨美国在华银行业者长年不断的短缺。万国宝通银行用挖英国银行墙角的办法来解决问题，使公司蒙上了英国色彩，令许多在华的美国人感到愤怒。友华银行聘用了没有业务经验的美国人，结果自食其果。[②] 对于唐默思来说，这个因素导致了无穷无尽的尴尬和无奈，使得费尽心机要使银行步入正轨并高效运作的努力是否奏效，变得扑朔迷离。

唐默思本人也在朋友和交往的人士中寻求帮助，尽管他也依靠美国合伙人承诺要为他提供的专业人员。唐默思在绝望中招聘了几个住在中

---

① 平斋：《中美合办》，第106—107页；T. Z. Sun to Thomas, Mar. 26, 1920; Thomas to Barr, July 2, Aug. 6, 1920; Thomas to Stone, Aug. 31, 1920; Thomas to Kains, Nov. 11, 1920; Hsu to Thomas, Nov. 1, 1920; Thomas to Bruce, May 16, 1921, Thomas Papers. 沈成栻（沈叔玉）曾在英国留学，在接受徐恩元和唐默思聘用时任汉宁铁路局局长。Clipping, *Shanghai Gazette*, Sept. 17, 1920, box 4, *ibid.* 有趣的是，唐默思和徐恩元聘用了一位T. C. Chu女士作上海分行秘书处主管，她是一位有名的京沪和沪宁铁路高官的妻子，卫斯理学院毕业，中国基督教女青年会民族委员会主席兼上海一份妇女杂志的编辑，尽管从表面上看她的职责是保证女性职员在懋业银行有相同的机会和报酬，但实际上她被委派替有钱的妇女作业务担保。Thomas to Bruce, Mar. 11, 1921, box 5, *ibid.*; *Millard's Review*, XIV (Oct. 2, 1920), 228-29.

② Frederic Lee, [Draft], "A Survey of Currency, Banking and Finance in China," 1922, DS 893.516/182. Cleveland, *Citibank*, 79-81; King, *The Hongkong Bank in the Period of Imperialism and War*, 41, and *The Hongkong Bank Between the Wars*, 82.

国的外国人,并计划当即对他们进行培训,比如 T. F. 西芒(T. F. Simmang),他从领事位置上退下来。如同他告知阿葆特时所说:"我们必须从某处开始,而且只要找对了人,在远东培训银行业务并不难。"然而这些手段对于那些关键性的职位根本不奏效,比如最重要的上海分行的经理。他想把这个工作交给 A. T. 修肯多夫(Hueckendorff),一位外汇操盘专家,由于英国枢密令而从英美烟草公司离职。修肯多夫拒绝了唐默思,但他一直就外汇交易向唐默思提出建议。[①]

大多数由美国合伙人派来的人不是让人大失所望就是让唐默思的麻烦雪上加霜。这些人要么对招揽生意和开办银行一无所知,要么就对中国市场孤陋寡闻,有一些简直就是无能。中国人对他们拿着很高的酬劳愤愤不平,发现这些外国人刚愎自用,不可一世。外国人之间,中国人和外国人之间,因为鸡毛蒜皮的小事爆发争吵有如家常便饭。大通国民银行选派管理上海分行的亨利·艾伦(Henry Allen),就是个例证。唐默思指派他整理上海分行的账簿,组织人员,准备开业。他根本无力承担相应的职责,却对中国人不屑一顾。虽然所有人都觉得他是"自找没趣",但在找到合适的替代人选之前他的职位还要保留。而且,艾伦还在美国合伙人那里进谗言,力图离间其与唐默思和中国人的关系。受命临时帮助银行摆脱困境的查尔斯·T. 比思(Charles T. Beath),更是让人心灰意冷。刚刚到任,他就和唐默思结下了个人恩怨。[②]

彼得·加勒特·伊斯特威克(Peter Garrett Eastwick),中国投资人需要的银行业务专家,他给唐默思带来的是空前绝后的挫败和难题。首先,

---

① Thomas to Stone, Mar. 9, 1920; Thomas to Bassett, Feb. 10, 1920; Thomas to Abbott, Mar. 11, 1920; Eastwick to Thomas, Feb. 21, 1920 and Thomas to Eastwick, Mar. 20, 1920; Thomas to Hueckendorff, Jan. 18, Feb. 16, 17, 1920; Thomas to Barr, Dec. 30, 1920, Thomas Papers; Simmang to John V. A. MacMurray, Jan. 24, 1920, John V. A. MacMurray Papers, Seeley Mudd Library, Princeton University Princeton, NJ. Julius Klein and Mark Bristol debated the issue of American personnel. Klein to Bristol, June 11, 1928, Bristol to Klein, May 28, 1929, Bristol Papers.

② Thomas to Bruce, May 17, 1920, Oct. 20, 1920; Bruce to Thomas, Sept. 15, 1920; Eastwick to Thomas, Jan. 11, 1921; Hsu to Thomas, Nov. 1, 1920; undated confidential memo, box 47; Hsu to Stone, n. d. box 48, Thomas Papers;平斋:《中美合办》,第103—104页。

伊斯特威克一再拖延上任银行业务部经理。1920年1月他就受雇于美国投资人，指望他在2月银行刚一开始营业就到任。那个时候，他正在美国汇兑银行马尼拉分行做经理，在远东银行界享有盛誉。但当时美国汇兑银行没法找到他的替代人选，这就使伊斯特威克不得不推迟离开菲律宾的时间。伊斯特威克曾对中国进行短暂的访问来评估懋业银行的经营，但他直到1921年1月4日才走马上任，这已经是他受命近一年之后了。从此以后，他与唐默思之间的私人恩怨和政策分歧接连不断，把合资公司搞得如同恶疾缠身。①

为数不多的精明强干的人一进入银行就被四下调用，充实到最薄弱的地方，以免银行出现溃堤之险而一发不可收拾。当阿奇博尔德·菲斯克（Archibald Fisk）以唐默思私人秘书的身份到达中国时，旋即马不停蹄被派驻天津去帮忙开办分行。最后，银行不得不雇佣大量的外籍人士，包括德国人。结果又导致了额外的麻烦。许多美国人不愿意和德国人共事，唐默思也怕引起英国商界的强烈反弹。而这些英国人在中国商界影响很大。然而，懋业银行别无选择，这些人诚实守信，精明强干，而且在远东银行业务方面经验丰富。耿爱德（Edward Kann）、德威斯（Richard Weise），还有C. S. 劳理植（C. S. Lauroesch）是经证明在这些受雇的西方人中最出类拔萃的。奥地利人耿爱德曾在华俄道胜银行工作多年，在中国的金融财务系统中德高望重，而且也是外汇交易领域的权威。耿爱德明显对中国人非常友好，他先去做了上海分行的经理，后来又做了懋业银行业务部经理。劳理植是另外一位外汇交易的行家里手，他曾在德华银行（Deutsch-Asiatische Bank）天津分行任经理。②

银行的组织问题和人事问题，由于伊斯特威克就职的一再延误而愈

---

① Thomas to Eastwick, Feb. 21, Mar. 20, 1920; Eastwick to Thomas, Mar. 8, 1920; Thomas to Bruce, Feb. 21, May 17, 1920, Thomas Papers; Egan to Hsu Jan. 20, 1921, Egan Papers; clipping, *China Press*, Mar. 11, 1920, in Cunningham to State Department and American Legation, May 17, 1920, RG 84, Peking Post file 851.6 (1920), vol. 24.

② Thomas to Kains, Nov. 10, 1920; Thomas to Barr, Dec. 30, 1920; Thomas to Kann, Feb. 28, 1921; Thomas to Stone, Jan. 3, 1922; unsigned confidential memo [1920], box 47, Thomas Papers; G. C. Hanson to SecState, Apr. 18, 1923, DS 893.516/192; Nellist, *Men of Shanghai and North China: A Standard Bibliographical Reference Work* (Shanghai, 1933), 195.

加严重，对于唐默思和银行来说其后果是极为恶劣的。首先，唐默思的负担过重，他的工作已经超负荷了。在1920年8月和9月，唐默思和徐恩元万里迢迢来开办分行。此外，唐默思还经常不得不在没有徐恩元帮助的情况下管理银行事务。徐恩元在夏天生病，不得不在北京西山休养。这可能就是他肺结核的开始，在随后五年的时间里徐恩元的健康也因此而备受烦扰。而后在9月末，徐恩元动身前往美国，部分目的是与美国合伙人交换意见，但主要是为了协商太平洋拓业公司或多国借款团的放款问题。徐恩元延长了他在美国逗留的时间，他去了加利福尼亚的一处疗养胜地进行恢复治疗，并且他考虑要辞去内阁顾问的职务。徐恩元归国后，并没有完全恢复健康，他需要更多的时间来调养。与此同时，唐默思与徐恩元、卫家立一起与北京政府进行了旷日持久的谈判，为的是扩大太平洋拓业公司的期权以谋求更大规模的贷款。[1] 而后，随着美国财团代表弗雷德里克·W.史蒂文斯(Friderick. W. Stevens)来华，徐恩元又四处奔波，精心安排他的中方接待事宜，把史蒂文斯引荐给一些重要的往来人士，还要加强自己与这位银行业人士的私交。[2]

唐默思现在开始向他的朋友和美国投资者抱怨“组建金融机构事无巨细的海量工作”。没有训练有素、忠诚可靠、会说英语的中方员工，更要命的是没有美国人来伸手帮忙，唐默思面对着堆积如山的问题和巨大的心理压力。唐默思表示希望伊斯特威克可以早点分担他的负担，他提到他一天会见五十多人，他是个“银行家、建筑师、握手人，不一而足”。[3]

第二，唐默思和徐恩元没有从一开始就成功地引进健康的、现代化的美式银行业务、结算和会计的程序和标准。唐默思意识到了这个问题及

---

① Thomas to Chase National, Apr. 9, 1920; Thomas to Bruce, July 30, Oct. 20, Nov. 29, 1920; Bruce to Thomas, Sept. 15, 1920; Thomas to Stone, Aug. 31, Nov. 19, 1920; Thomas to Barr, Aug. 6, 1920; Tel., Thomas to PDC, Aug. 4, 1920; Thomas to Chow Tze Ch'i, Nov. 5, 1920, Thomas Papers; *Millard's Review*, XIV (Sept. 25, 1920), 193, 196; *Shen pao*, Nov. 10, 1920.

② Thomas to Stone, Aug. 31, 1920; Stevens to Thomas, Oct. 4, 1920; Thomas to Stevens, Oct. 22, Dec. 14, 1920, Jan. 16, 1921; Hsu to Thomas, Nov. 7, 1920, Thomas Papers.

③ Thomas to Abbott, June 24, 1920; Thomas to Bruce, Oct. 20, 1920; Thomas to Stone, Nov. 19, 1920, Thomas Papers.

其风险,但他感到别无选择。他相信哪怕没有足够的外国员工和伊斯特威克指导他们,他也必须把分行开起来,因为延误就会给银行形象抹黑。尽管唐默思采用了美国银行使用的形式,但是他决定不向中国人介绍这些,因为这可能会让中国员工晕头转向,阵脚大乱。与此相反,他允许银行采用司空见惯的中国形式。同样,他推迟了建立美国模式的核算和会计程序,因为他期待伊斯特威克可以立即赶来。因为唐默思缺少银行业务方面的经验,也就无法提供正确的指导。唐默思向美国合伙人保证,有了伊斯特威克的帮助,银行便可最终建成中国人和美国人都清楚明白的设计形式,而且要一丝不苟地执行美国的银行业务标准。但是唐默思警告说这些步骤要一步一步地循序渐进,不能操之过急,要讲究策略,要有一个过渡阶段,美国人必须要显示出耐心。就像他在向美国合伙人解释他的两难境地时所说的:"我必须同当地的风土人情协调一致,而与此同时,考虑到我和你们之间的距离,我又必须给你们进行解释以使你们能尽量设身处地了解你们的生意。"

但是,一旦中国人获准按照自己的方式按部就班地进行,再想从这个套路中改回来势必越来越难。而美国人是否可以在中国的方案也能运转良好的情况下,强行推行自己的方案也令人生疑。在伊斯特威克最初与北京分行的银行业务部副经理打交道时,他很快就发现美国人和中国人在做生意的方法和观念上横亘鸿沟。首先,两人谈话必须有一个翻译来帮忙,因为陈清芳不会说英语。此外,伊斯特威克注意到,"我以为陈先生理解我的观点,比我当时理解他的观点要清楚得多"。伊斯特威克又补充指出:"陈先生的观点,当然,基于中国的观念和方式方法,而我的观念方法则源自美国,是几经改进的,通过我在远东多年的经验累积而成。"但是这并未使唐默思感到不安,他还是以为既然银行在中国开办,客户大多数是中国人,懋业银行就应当竭尽所能与中国的环境相适应。唐默思曾经在英美烟草公司成功地应用了这一模式,可是他想让美国合伙人也买账恐怕就不大容易了。对于他们来说,唐默思一开始就允许合资企业被塑造成一个中国式的机构，犯下了一个代价高昂、几乎不可挽回的错误。[1]

最后，对于发展壮大北京总部和各地的支行，唐默思步履蹒跚，而且他始终没有完全把银行置于自己的经营管理下。分行送到总部的报告经常不能及时送达，前后矛盾或让人难以理解。缺少训练有素的职员，记账方式和信息记录模式又迥然不同，对核算的程序也没有清楚的理解，报表和数据从汉语翻译到英语的需要，而这些无谓的重复劳动对唐默思来说意味着无法利用有关银行实际情况的具有关键性和时效性的信息。对于美国投资人索要的关于银行运营准确无误、细致入微的信息资料，唐默思当然也无法稳定准确、合情合理地满足。1920 年 10 月，总部下发了有关政策的通知和指令给各分行，但是北京总部是否能保证其执行令人怀疑。而经改进的资产负债表，类似于美国汇兑银行准备的那种样式，尽管已于 11 月末引进了，但种种迹象表明没有完完全全或自始至终地应用。花了好几个月的时间，银行任命了额外的外方经理，此后银行的表面秩序才趋于稳定。懋业银行的批评者和唐默思于是把目光盯在管理层上中方和美方的双重设置上了。更严峻的问题是唐默思或者是其他人是否真的知道怎样可以让银行正常运转。[2]

结果，这些问题造成了唐默思与他在纽约的老板们最初的摩擦。还有一个至关重要的问题就是懋业银行究竟是什么机构。除了不得不对白鲁斯、施栋和韦耿负责，唐默思还被迫要向大通证券的罗伯特·巴尔(Robert Barr)、美国汇兑银行的阿奇博尔德·卡因斯(Archibald Kains)，以及顾问委员会的经理汇报。这些人向唐默思发出源源不断的警告，要遵循保守的银行运营惯例，要保持资产的流动性，要谨慎地为外贸提供金融服务，要涉足所有的外汇交易业务。尤其是，提供银行运营发展的详细

---

① Thomas to Bruce, May 17, June 3, 1920, Feb. 25, 1921; Thomas to Stone, Nov. 19, 30, 1920; Stone to Thomas, Oct. 7, 1920; Thomas to Kains, Nov. 11, 1920; Thomas to Barr, Dec. 30, 1920; Chief of Accounts Department to Stone, Nov. 30, 1920; Eastwick to Thomas, Jan. 11, 1921, Thomas Papers.

② Thomas to Stone, Nov. 19, 1920; Translation of a Circular Letter in Chinese, Oct. 22, 1920; Chief of Accounts to Stone, Nov. 30, 1920, Thomas Papers;平斋:《中美合办》,第 104—105 页。

数据，可是唐默思却无能为力。此外，美国合伙人曾含蓄地提醒唐默思，开办银行的目的是要赚钱。就如同施栋建议唐默思的那样：“无论如何，我们非常热切地希望可以让银行在这里广为人知，建立起最佳的信誉，顺便，我们想看到它真的赚到钱，实实在在的钞票。”

美国的投资人对使唐默思劳心费力的难题是不是有充分的估量，令人生疑。大通国民银行那群人——巴尔、卡因斯，还有韦耿——特别不近人情，而且也没有真心想要与中国人同舟共济。另一方面施栋和白鲁斯则一如既往地对唐默思和合资公司信心百倍。1920 年 9 月，白鲁斯向唐默思保证，合伙人认识到捋顺银行的组织需要时间，而且把银行的大量中国存款视为一个成功的标志。“银行可以与其他的东方银行相竞争，这是一件大事，”白鲁斯接下去说，“我向你保证大家都了解你是一个比其他所有人都胜任的美国人。”三个星期后，施栋再度确认了这一感想：“我们向你祝贺，而且尤其要祝贺我们自己，因为我们明智地选择您作为美方代表出任银行的领导席位。”作为其支持的额外表现，他们将徐恩元安置到顾问委员会中，就如同唐默思曾要求的那样。①

整个 1920 年秋，唐默思泰然自若地接受了美国合伙人的建议和批评。除向纽约抱怨没给他派来合适的人员以外，他从未表达过任何怨恨之辞。唐默思当然也不能责怪他们要求获得最新的、全面的银行运营状态的信息。唐默思是一位意志坚定的商人，一个现实主义者，他深知公司最起码的底线是要把钱赚到手。他承认银行必须加强组织工作，而且他向施栋和白鲁斯保证每个与银行相关的人员都努力工作，要把懋业银行打造成“一个真正的银行”，“一个会赚到钱的银行”。尽管这还需要时间和耐心，唐默思随后还是向施栋断言，“我们正竭尽全力打造一个你和你

---

① Barr to Thomas, Nov. 10, 1920; Stone to Thomas, July 19, Oct. 7, 1920, Jan. 1, 1921; Bruce to Thomas, Sept. 15, 1920, Jan. 4, 1921; Thomas to Stone, Aug. 31, 1920, Thomas Papers. 韦耿对懋业银行的事务变得消极起来，卡因斯在顾问委员会中大体上取代了他。See Hsu to Thomas, Nov. 1, 1920, Thomas Papers. 唐默思的朋友，纽约的银行家希瓦利埃(John Chevalier)认为，尽管唐默思夙兴夜寐，日理万机，美国合伙人却一点也不感激。Chevalier to Thomas, Oct. 12, 1920, Thomas Papers.

同僚都要为之而骄傲,并可以与你在美国所建立的银行并驾齐驱的机构"①。

然而,1920 年 12 月比思和 1921 年 1 月伊斯特威克到任以后,在唐默思和美国合伙人之间制造了巨大的矛盾。比思是一位经验丰富的银行家,曾在加尔各答、香港和上海为印度商贸银行(Mercantile Bank of India)工作,并在上海为其开办了一家分行。而他毋庸置疑地同意西方方式具有先进性的观念,同时他对亚洲人也抱有成见,比思以组织缜密的运营而闻名。1920 年初,他以健康为由,辞去印度商贸银行的职务,并动身前往中国开始自己的外汇生意。② 比思是由美国合伙人作为银行顾问,临时聘用来帮助银行解决问题的,特别是应唐默思提出的缺少西方专家的请求。美国合伙人毫无疑问要比思四处探访,而且要调查懋业银行的事情和唐默思的表现。这些人,特别是大通国民银行的人,由于无法得到银行数据资料,也因为从伊斯特威克、艾伦和其他不同渠道得到了有关唐默思和徐恩元的负面报告而心烦。尽管他们估计到有些非常可怕的传言可能夸大其辞,其中就有一个声称那些分行根本没有任何存款,但是他们还是日甚一日地忧虑他们投资的安全。③

徐恩元曾在纽约见过比思,他劝唐默思在上海要提防此人,对他提出的任何建议都要认真对待。徐恩元对比思直觉地有所保留被证明是正确的。他刚一来就向唐默思发起了挑战,而后又追着上海分行的中国员工不放。比思自认为拥有顾问委员会授予的人事和经营的一切大权。因此,当他得知他的介绍信仅仅称其为顾问,而且位置低于唐默思和其他高级职员之后,极为不满。而且他和艾伦一样脾气暴躁难以控制情绪,对中国人鄙夷不屑。他拒绝去见钱能训总理,声称怕说什么得罪人的话,拒绝

---

① Thomas to Barr, Dec. 30, 1920; Thomas to Stone, Aug. 31, Nov. 19, 1920; Thomas to Bruce, Oct. 20, 1920; Thomas to Abbott, June 24, 1920, Thomas Papers.

② Board minutes, Mercantile Bank (MB) Hist 2308.6 and 2308.7; staff registers, MB Hist 2363 (a), 2364, and 1175; staff reports, MB Hist 435, Midland Bank Archives, Mariner House, London, England. 感谢档案代管人 Sara Kinsey 女士帮我找到这些信息。

③ Kains to Thomas, Sept. 17, 1920; Hsu to Thomas, Nov. 1, 1920; Stone to Thomas, Jan. 1, 1921, Thomas Papers; *Millard's Review*, XIV (Oct. 23, 1920), 416.

去汉口分行,因为那里是德国人担任经理。唐默思也对这个对中国一无所知的外来客的无理侵犯大为光火。于是唐默思请求在纽约的合伙人确认他本人的权责。白鲁斯和施栋迅速发电报给这位协理,申明他仍具有他们的"完全信任",而且是"他们最高权力的全权代表"。[①]

意识到无论是唐默思还是美国合伙人都不能给自己真正的权力,比思要求尽快解职。1921 年 1 月末,他被解雇。然而,比思尖刻的报告已经交给了顾问委员会,而且还给唐默思留了一个副本。在这份报告中,比思针对银行的业务管理,展示了一种毫不掩饰的对中国人和中国模式的憎恶。比思宣称银行存款被人为地放大而且极不可信,上海分行的职员人数过剩而且庸碌无能,唐默思在没有有效防范银行在外汇市场上受挫的情况下,把大量黄金兑换成白银。他也指出,有一种传言,但是还未经确认,说银行是"一个政治机构,目的就是为了借钱给政府"。总而言之,比思断言银行的情况"极为严重"。

更为严重的是,比思的控诉挑战了懋业银行是一个中美合资公司或者将会是这样运作的一个公司的概念。更确切地说,这是一家"没有真正的外方监管"的中国机构。银行账目都用汉语写成,大部分员工又不会英语。比思在给顾问委员会的电报中说:"唐默思盲目乐观,对中国人偏听偏信,我认为这把银行搞得危如累卵。"同时,外国人受雇担任令人羞耻的附属性职位,中国人把他们当成摆设,一个为了获得公众信心必不可少的开销。比思进一步提出公司的章程和管理协议并未保障外资的掌控和有效的监督。美国合伙人因而不得不做出重大的抉择。除非他们指令唐默思做出改变,赋予美国人真正的掌控权,否则就不得不支持一个中国银行,而这个中国银行在比思看来不明智而且危险。比思总结到:"我简直难以置信,此时竟可以把这么大的银行机构放在中国人的手中,中国人的方法与我们的绝不是一回事,尽管目前正在发生巨大的转变,但是合理的

---

① Hsu to Thomas, Nov. 11, 1920; Hsu to Stone, n. d., box 48, Thomas Papers; Thomas to Advisory Board, Feb. 7, 1921; Thomas to Bruce, Mar. 11, 1921; Eastwick to Thomas, Jan. 11, 1921; Tel., Bruce to Thomas Dec. 10, 1920, Jan. 18, 1921; Stone to Thomas, Dec. 13, 1920, Thomas Papers.

银行运营所产生的盈利前景,根本无法降低大家把金钱和信誉放在一家如同中资银行的危在旦夕的合资公司所冒的风险。”①

伊斯特威克于1月末最终成为银行的一员,没过多久,他就成了唐默思和徐恩元最难对付的刺儿头。具有讽刺意味的是,当初徐恩元对伊斯特威克的办事能力相当器重,感觉他会是个志趣相投的同事。但1921年1月,几乎在他刚成为银行一员的时候,他就与比思深有同感。对于哈尔滨分行的混乱,上海分行不能准确计算存款数额,还有所有部门的信息匮乏,他感到非常不安。他告诉唐默思说:“我肯定无论是银行的组织还是政策都必须进行大刀阔斧的改革。”但他私下里向纽约表达他的担心,并未直接挑战唐默思的权威。而且他似乎更乐于与中国人共事,他向徐恩元和唐默思承认关于中国的情况,他还有很多有待了解。他向唐默思通告说:“我们将有能力去协调双方的观点来达成一致,并在总体政策上协商办事。若要就执行这些政策的具体问题达成一致,恐怕还需要时间、耐心和研讨考量。”②

然而,几个星期以后,伊斯特威克开始主动干预银行的运营,而且积极建立自己的权威。由于担心银行对外借款业务失控,伊斯特威克极力主张发布命令,中止所有新的承付款项,直到总部可以更好地监控银行的运作。由于误解了一份由济南来的信息,他因为借款额度超过了分行最高限额而否决了一份假定的贷款。幸运的是,唐默思能够理顺这件事,解释说分行只是报告一个潜在客户值多少的授信额度。他还劝说伊斯特威克,懋业银行紧缩信用额度的努力不应该妨碍健康的贷款。③

更为严重的问题是伊斯特威克针对自己的头衔和在银行中的地位小题大做,也就是那个“银行业务部经理”。从1921年2月开始,他就三番

---

① Beath to Advisory Committee, Dec. 30, 1920; Beath to Thomas, Dec. 30, 1920; Eastwick to Thomas, Jan. 11, 1921, Thomas Papers.

② Eastwick to Thomas, Jan. 11, 1921; unsigned confidential memo [1920], box 47; Hsu to Stone, n. d., box 48, Thomas Papers. See also Power of Attorney to Eastwick, Jan. 1921, box 48, Thomas Papers.

③ Eastwick memo for Thomas, June 9, 1921; Thomas memo for Eastwick, June 15, 1921, Thomas Papers.

五次地威胁说会拒绝接受这个职位。实际上，伊斯特威克发布了一个最后通牒，要求任命他为业务总经理，独立于财务委员会，俨然成为懋业银行的独裁者。毫无疑义，懋业银行需要加强协调和集中管理。他的观点有一些也是很可取的，例如银行业务部的运作受到其他部门的影响和制约，而如果不能对会计处和审计处进行监督的话，他就无法有效地领导业务部门。但是伊斯特威克处心积虑要扩大自己的权力，反映了他对中国人的不信任，而且他逐渐产生了对他们的憎恶，他也怀疑唐默思对银行业务的了解和管理懋业银行的能力，加上他以自我为中心，脾气暴躁，又野心勃勃，越发使他不满于自己要服从中国职员及那位美国协理。

唐默思刚与比思闹得剑拔弩张，伊斯特威克的行径也让他大为光火，后者竟明目张胆地要绕过他的权力。此外，伊斯特威克还要求任命他为银行业务总经理，这个职位并不存在，需要更改管理协议，并获得股东支持。他在中国的经验表明，对于中国人白纸黑字明文写好的东西，再去寻求更改绝非明智之举，因为大多数情况下会带来争吵。此外，美国人曾坚持管理协议附加财务委员会特别条款，曾与他们的法律顾问一起仔细研讨过，宣称对管理协议非常满意。唐默思向伊斯特威克指出，他提出的诸多建设性的改良可以在不更改管理协议和财务委员会这个拥有最高权力机构的情况下予以采用，可以限制贷款，以及采用伊斯特威克认为对于银行正常职能的发挥必不可少的各项改革。徐恩元也因为要对管理协议进行变更而焦虑不安，因为这可能会激起中国投资人对美国人的怨气，当时这种怨气正开始日积月累。到 1921 年 4 月，唐默思汇报说他已经与伊斯特威克就银行业务处的经营事宜达成了谅解。然而唐默思还有一件事要做，就是去劝说顾问委员会不要提出更改管理协议的议题，此时的顾问委员会似乎更倾向于支持伊斯特威克的建议。①

比思和伊斯特威克肯定不是唯一抱怨中国人对待外国员工方式的人，他们或指出了银行在结构和组织上的薄弱之处，或质疑合资公司的真

① 平斋：《中美合办》，第 110—111 页；Thomas to Eastwick, Feb. 22, 1921; Thomas to Bruce, Apr. 15, 1921; Thomas to Stone, Jan. 3, May 4, 1922; Thomas to Hsu, July 28, 1921; Hsu to Thomas, Sept. 19, 1921; Williams to Thomas, Sept. 3, 1921, Thomas Papers.

正性质。比思提出诸如政治性贷款、不合理的业务实践,特别是外汇交易的问题时也并非不着边际。劳理植提醒唐默思说,他是因为银行需要经验丰富的银行业者,才来银行在管理和组织上助一臂之力的。劳理植也抱怨说中国人吩咐他做一些不起眼儿的小事,他还指出他从未打算因为"自己现在担任的次要职位",而从一个重要的远东银行的领导职位辞职。①

其他的批评还来自于那些与其没有利害关系的人。芮恩施曾经为建立这个银行历尽千辛万苦,对懋业银行缺乏效率的组织结构颇为不满,于是就为他本人正在筹建的第二个合资银行制订了一个简单得多的体制。T. W. 奥维拉什(T. W. Overlash)在一份非常重要的送交芮恩施的懋业银行评估报告中,得出了懋业银行基本上是一家中国机构的结论。奥维拉什曾是加利福尼亚的一位银行家,一位国际金融界的权威。1921 年 1 月受雇于懋业银行,负责理顺一团乱麻的哈尔滨分行。他很快就发现中国人对于美国人出面来保护很感兴趣,"应付"而不是学会美国银行的经营方法和效率。尽管如此,奥维拉什还是相信只要有几位宅心仁厚的外国人就可以教授中国人新的方法,而且把中美合作变为事实。1921 年 4 月他向芮恩施报告说,银行最后的成功取决于"基本的健康条文的履行,最佳的美国方法与中国方法的和谐统一,重大决策应该有得力胜任的美国银行业者在场,他们可以自己去适应中国的条件而不被淹没在中国的人海之中"。奥维拉什的处方与唐默思的方法并没有非常明显的差异。不幸的是,奥维拉什又附加道,中国人并不承认由美方来领导的行政团队的必要性。"今天我们有双重的管理,"他强调,"而双重的管理意味着最终的灾难。"②

因而,在 1921 年初,唐默思发现自己受到来自几个方面的攻击。到底有多少攻击直接打击到他已无从知晓,懋业银行又到底有多少问题他能明了也不得而知。唐默思向顾问委员会阐明了自己的主张:他并没有

---

① Lauroesch to Thomas, Jan. 25, 1921, Thomas Papers.

② Reinsch to Chow Tze-chi, Nov. 9, 1920, Overlach to Reinsch, Apr. 27, 1921, Reinsch Papers; *Millard's Review*, XV (Jan. 25, 1921), 386.

因为批评者的反对而阵脚大乱，因为“我知道正确与错误的分别，而且我更清楚地了解中华懋业银行这个我在中国所从事的事业”。而且尽管在12月，白鲁斯和施栋再次让唐默思放心，唐默思还是觉得有必要对批评意见做出反应。比思的傲慢粗鲁已经使懋业银行陷入混乱，使徐恩元痛心疾首。他的行径也使唐默思怨恨难消。唐默思为他在银行组织工作方面取得的成就而骄傲，于是对他在银行管理上的权威受到质疑颇为敏感。伊斯特威克处理得比比思要巧妙得多，然而他索要银行的经营控制权，就把矛头指向了唐默思，也指向了中国人。他要求修改管理协议威胁到整个合资公司的基础。尤其是，比思挑战了中美合作的基本原则，这是唐默思全身心投入的东西。①

因而，唐默思寻求全面地为自己辩护。在一系列向美国合伙人所做的答辩中，唐默思直指比思，当然也有伊斯特威克，他宣称愿意迎来“公平而全面的批评”。但是他抱怨没有做细致检查就做出的批评，这种批评“倾向于是对管理特色的一种责难”。他同时控诉比思有关银行存款的资料是错误的，也不满后者拒绝到北京分行和其他各分行来获取第一手情况的简报。而且，不管是比思还是伊斯特威克对懋业银行未来的前景都过于悲观。唐默思暗示银行需要优化组织管理，他承认他和徐恩元不该光顾着等待伊斯特威克来引进必要的程序和管理。他把责任部分地推到了美国合伙人没给他派来合适的人选，再加上伊斯特威克又迟迟不能到岗。他坚持中国员工对银行是忠心耿耿的，而且他预言十二个月之内，银行的中国员工和其他任何银行相比就会毫不逊色了。唐默思断然否认徐恩元和其他中国官员反对外国人处在有影响力的职位或者是中国人反对“美国人拥有最终决定权”的想法。既然银行的主要客户是中国人，既然懋业银行在中国的环境下开办，银行中的大部分职员是中国人也是顺理成章的事情，在很多场合下用中国的方法办事也是普遍现象。此外，中国人应该经过培训充实到行政岗位上。唐默思进一步强调“中美合作是致力谋划的目标，我相信我们一定可以达到。我宁愿用劳作把它变成现

① Thomas to Advisory Committee, Feb. 7, 1921; Beath to Thomas, Dec. 30, 1920; unsigned memo, Jan. 19, 1921, Thomas Papers.

实,也不愿意像万国宝通银行或友华银行那样仅仅带着这一构想启航”。唐默思并未因向这个目标前进的过程较缓慢而气馁,他宣称“我想把事情做对,而我认为这做得到。”

尤其是,他向美国合伙人保证管理协议没有任何问题,坚持其不必修改。他提醒美国合伙人,银行章程乃是史无前例的,它带来了其他任何金融机构都未曾享有的贸易特权。为一个企业筹集250万美元,徐恩元所达成的成就,是其他任何中国人未曾经做到的。唐默思问他在纽约的老板:“我们有好的章程,有好的管理协议来运营在华的银行,我有500万美金资本的银行存入款,虽然这不是一笔大钱。那么,我们为什么就不能坐在一处,来决策为银行股东的最大利益究竟该做点什么,然后照此进行呢?”

最后,唐默思坚持要求允许他返回美国度夏。他必须去料理些私人事务,而且他感到有必要就银行的前途同顾问委员会进行商谈。他也因为过度劳累而病倒了。在1921年2月,他心力交瘁又罹患流感,不得不停下工作住进医院。他出院没多久就旧病复发了。因而,他的医生建议他离开中国去度夏。这并不意味着他想要隐退。他写信给白鲁斯说:“我对中美合作依旧坚信不疑,再进一步说,未来的十五年或二十年,中国会是一个生意场。”①

徐恩元也为他的美国朋友辩护,并细述了比思所造成危害。徐恩元向施栋汇报说,从比思到任的那一刻起,“他就一直和大家说他代表着美国股权,他会拥有运营整个银行的最高权力,做任何事情,事无巨细都可以置任何人于不顾,也不管过去是怎么做的”。比思在银行激起了轩然大波。上海分行的员工纷纷辞职,还有人正想这样做。有些重要的股东,包括徐恩元的挚友傅筱庵,正筹划出售股份。唐默思和徐恩元本人一直设法遏止这种危险。因为中国人对唐默思特别欣赏,特别尊重,人们给了他鼎力支持。徐恩元向施栋恳求说:“不惜一切代价保护唐默思的威望,对

① Thomas to Advisory Committee, Feb. 4, 7, 1921; Thomas to Bruce, Feb. 25, Apr. 15, 1921; Thomas to Hsu, Feb. 4, 1921, Thomas Papers.

于银行来说至关重要，必不可少。”①

美国合伙人甚至在接到唐默思的公文以前，就已经认识到他正遭遇真正的窘境。与徐恩元在纽约进了广泛的交谈以后，他们更加意识到中国情况的复杂性和紧迫性。施栋将徐恩元带到一边，并对巴尔指责唐默思和徐恩元开办那么多的分行表达了歉意。美国投资人，包括巴尔在内，坦诚布公地向徐恩元和唐默思承认，他们派往中国的人是二流的，缺乏责任感和领导能力。伊斯特威克也算不上是个“重量级的金融家”，他适合做常规工作，但他无法胜任“金融问题”，而且并未成功地使马尼拉银行盈利。他建议徐恩元警示唐默思要细心评估下比思和伊斯特威克所提出的建议，特别是涉及人事关系时。他们进一步希望伊斯特威克，在一定程度上，作为一种礼节尊重他的中国同事。施栋亲自就听信银行存在虚假存款的传言向唐默思道歉。特别是，他们承认任何不和都会从根本上破坏中美合作，也会破坏美国合伙人正竭尽全力来培养的与多国借款团的特殊关系。②

于是，美国合伙人准备满足唐默思的所有要求。他们批准了唐默思的假期，而且再三重申顾问委员会只是想方设法帮上一把。卡因斯和白鲁斯曾告诉徐恩元，他们希望，用不了几年，银行将主要由中国人来经营。施栋建议，中国人和美国人都学习怎样把他们各自最好的方法结合起来。在唐默思离开美国前夕，白鲁斯写信鼓励他：“我们在中国开银行目光是要放长远的，而不是要短期效益。”模仿唐默思的说辞，他宣称：“我们正在开辟中美合作的星火燎原之势，银行要看作是一次投石问路。”唐默思以相同口吻写信给施栋说，他确信他与美国合作人的会谈意味着对银行工作更好的理解。他满心鼓舞地附加道：“我们的中国朋友和我步调一致，和睦融洽，而他们全部的心思也都在按照基本章程来做生意，这个基本章程由你们赋予我们并使其生效。”

在 1921 年夏季期间，唐默思与美国合伙人在纽约开诚布公地把分歧

---

① Hsu to Stone, n. d. , box 48, Thomas Papers.

② Hsu, confidential memo, n. d. , box 47; Barr to Thomas, Nov. 10, 1920; Stone to Thomas, Jan. 1, 1921, Thomas Papers.

摆到了桌面上,双方把责任主要归咎于哈尔滨分行问题和整体业务萧条。眼下唐默思赢得了全面的信任支持。美国投资人同意不去改动管理协议。而后,唐默思返回中国,用爱德华·白鲁斯的话来说:“作为被认可的、全权的美方利益在银行的代表,他获得我们完全的支持。作为我们的代表,他对那些他认为必要的措施具有全部处置权。只要经过与我们的中国同僚协商,他就可以把那些能够完善银行组织、推动银行健康且盈利地运行的措施加以执行。”①

ଓ ଷ ଓ ଷ ଓ ଷ

中国和美国合伙人委派徐恩元和唐默思来完成开办中华懋业银行这个费力不讨好的工作,并把它定位为合资企业。唐默思和徐恩元热切地试图通过这次挑战证实中美合作的生存能力。尽管喧嚣四起,早有迹象表明唐默思和徐恩元将银行置于一个不甚完美、稍显脆弱的基础之上,此外,他们似乎缺少资质和能力来发展和管理银行的组织、人事,以及拓展分行网点,并且综合美国的办事方法与中国的方法,使其顺畅地为发挥银行职能服务。唐默思和徐恩元显而易见犯了几个策略性的错误,由于过分乐观而愈发难以收拾。可以肯定,不能把责任都推给他们,交付到他们手中的银行组织工作既难于处理又矛盾重重。他们也没有得到承诺所给予的专家协助和合格员工。另外,他们有如航行在没有座标的海上,面对着中国和美国投资人不切实际的希望。一个灰心丧气的唐默思曾向施栋吐露心声:“我不仅得使美国股东满意而且取得他们的信任,而且我还得同时取得中国的股东信任,使其满意。”尽管如此,唐默思始终充满自信,认为自己可以解决银行的问题,可以使合资企业取得成功。②

尽管美国合伙人因为懋业银行日甚一日地发展成中国机构而惶恐不安,也对他们投资的安全性感到忧虑,但是他们还是平息了同唐默思的战火,给了他们的“大班”一个新的任命表决。由于1920—1922年的经济衰

① Bruce to Thomas, Jan. 4, Feb. 14, Apr. 14, 1921; Bruce to Thomas and Hsu, Sept. 29, 1921; Stone to Thomas, Mar. 24, Apr. 18, 1921; Thomas to Stone, May 23, 1921; Thomas to Hsu, July 28, 1921; Hsu to Thomas, Sept. 19, 1921, Thomas Papers.

② Thomas to Bruce, Feb. 25, 1921, Thomas Papers.

退中他们自己的问题，加之与中国远隔重洋，美国合伙人别无选择，只能对唐默思和徐恩元做无罪推定。他们也许已经意识到留住唐默思而且支持其观点是非常重要的，唐默思这个人对老板一贯忠诚。但是当唐默思于1921年9月回到中国时，银行的情况看起来惨淡凄凉。徐恩元的健康状况已趋于平稳，但他基本上不处理日常琐事，总部的工作漫无目标，伊斯特威克一如既往地尖刻而且再度威胁要离职。[①] 加之还有一系列更严重的问题开始浮出水面，其中有一些直至此时一直被人们所忽略或大事化小了。懋业银行危机四伏的时刻似乎已渐入眼帘。到1922年初，银行可否继续苟延残喘，中美合作的思想、唐默思的领导地位和信誉已经全然陷入危险中。

---

① Williams to Thomas, Sept. 3, 1921, Thomas Papers.

第四章 困难重重
——懋业银行堆积如山的问题

中华懋业银行的创建和快速扩张展现出成功的表面。然而差不多从开业那天起，它就受到了挑战和错误的重大威胁。1920—1922年世界范围内的严重经济衰退，让人始料未及，而且银行的奠基者们也难以掌控。太平洋拓业公司借款原本的意图是加强美国和懋业银行在中国的地位，但却忽略了国际金融界更大的问题，还有中国的内部问题。有些问题是中国新式银行特有的地方病。还有其他问题，比如向美国汇兑银行购买哈尔滨和马尼拉的分行，还有给中国政府的政治贷款，都源于不同投资人的个人利益。无论困境的来源如何，它们都考验着中华懋业银行的投资者和管理者想要在中国建立一个现代化、高效率、高效益、拓荒式的金融机构的能力。它们还提出了更为严肃的问题，那就是中国20世纪20年代的氛围下中外合资企业，也包括中美合作的梦想是否具有生存的能力。

∞ ∞ ∞

经济衰退开始于1920年春末，以出人意料的速度和强度袭击了美国。早在1920年初，联邦储备委员会就开始对攀升不止的通货膨胀、扶摇直上的商品价格和毫无节制的银行贷款发出了警告，因而引发了严重的信贷萎缩。结果导致了迅速的、传播广泛的、震荡全美和全球经济的金融和商业恐慌。从事对外贸易的生产商、销售商和公司首当其冲成了受害者，不过很快银行业、制造业、交通运输业和零售业也受到影响。成千上万的企业被迫清算破产，而勉强生存下来的也是靠节衣缩食才度过危机。经济萧条在美国国内制造了恐怖和变幻莫测的阴霾。在国外，美国公司要么冻结了它们的海外运营,要么就关闭了分行或下属企业。①

白鲁斯、施栋和韦耿在1920年6月刚一回到美国就为这一经济崩溃及其对商业活动产生的影响所震惊。据传大通国民银行在经济萧条的第一年就向美联储拆借了超过1亿美元。多亏大通国民银行身家丰厚,赞助者和同盟又非常有钱(其中就包括洛克菲勒家族),所以劫后余生;在20世纪20年代,大通国民银行成为一个愈做愈大、越来越强的机构。而太平洋拓业公司的命运就不同了,它成为重要的受害者。由于关联紧密,大通国民银行和懋业银行就不得不与太平洋拓业公司风雨同舟,共同承担时运不济和步步失着的代价。

由于太平洋拓业公司的子公司主要从事原材料进出口生意,因此对于经济紧缩尤其敏感。哈特曼兄弟公司(Hartmann Brothers)持有在价格跳水以前购入的数量可观的羊毛,由于很多买家期望价格下跌,纷纷取消了定单,公司破产的威胁迫在眉睫。由于公司大规模地介入与菲律宾的进出口贸易,太平洋商务公司(Pacific Commercial)因此受到这个国家严重的经济衰退的影响。②

然而,中国却是太平拓业公司招致灭顶之灾的真正原因。席卷全球的经济萧条直到1920年末才影响到中国,并且因为以白银报价的商品价格下降的幅度小于以黄金报价的商品,而得到一定程度的缓和。由于迅速扩张到植物油加工业,太平洋拓业公司无疑损失惨重。它又贷款给湖南矿务局,当地方士绅的压力迫使湖南省推迟许可矿石开采,公司再度亏损20万元。此时,使白鲁斯略感宽慰的是他的在华分公司在铁路和工业

① Stone to Thomas, July 19, 1920; Bruce to Thomas, Sept. 15, 1920, Jan. 4, 1921, Thomas Papers.

② 最开始的恐慌和持续的不景气是在唐默思与美国合伙人的往来信函中反复出现的话题。唐默思试图通过安排太平洋拓业公司获取美国烟草公司在菲律宾的代理权来使其渡过难关。Stone to Thomas, July 19, Oct. 7, 1920; Bruce to Thomas, Sept. 15, 1920, Jan. 4, Feb. 14, 1921; Hsu to Thomas, Nov. 1, 1920; Thomas to Bruce, Aug. 13, 1920, Thomas Papers. On Chase National's broad exposure in China, see George Sokolsky, "Memorandum Concerning A Letter from J. E. Swan To The Minister of Finance Dated November 27, 1930," December 3, 1930, box 25, Arthur N. Young Papers, Hoover Institution. John D. Wilson briefly describes Chase National's expansion in the 1920s in *The Chase: The Chase Manhattan Bank, N. A. 1945-1985*, 9-14.

设备进口上还握有大量订单。结果在最后,慎昌洋行在催收交通部购销款时遭遇了接二连三的阻延和困难。此外,张作霖想从京奉铁路敲诈一笔钱,险些使其无力支付差不多300万元的设备款。①

1920年夏天,太平洋拓业公司通过发行600万美元的股份——尽管有一半保留在担保人手里——得以暂时苟延残喘。太平洋拓业公司注资100万美元给慎昌洋行,加强其财力,并遏止日本人放出的公司即将倒闭的传言。慎昌洋行最后是保住了。但是,三年之内,太平洋拓业公司也不得不破产倒闭,而它给中国的贷款就成了它寿终正寝的主要原因。②

麻烦第一次显现发生在1919年11月26日,当时白鲁斯、施栋和韦耿刚到中国,就得知美国国务院不赞成太平洋拓业公司贷款。华盛顿拒绝为其提供外交支持,官方说法是银行贷款前未曾与国务院协商。然而,太平洋拓业公司在要求获得官方支持上有着强有力的法律上和道义上的理由。除了将美国从尴尬的境况中解脱出来之外,太平洋拓业公司货款从技术上来说是顶替了芝加哥银行的贷款,这笔贷款曾获美国国务院的支持。但在1919年末1920年初,美国国务院有自己的高层政策,而太平洋拓业公司的贷款可能与之相左。芝加哥银行的退出使美国国务院看到推动中国统一,并迫使北京政府接受更为苛刻的外国贷款条件的机会。更重要的是,华盛顿正在进行第二次多国借款团的筹划组织工作,而这一举措是美国20世纪20年代初对华政策的关键。美国财团正与英国、法国和日本财团商议共同对华贷款500万英镑。J. P. 摩根公司不想让这个要谨慎处理的谈判受到干扰,美国国务院对这个立场也深表赞赏。大通国民银行作为财团成员和管理委员会成员,已经承担了这项贷款,给人的感觉是它在独立行事,这让美国财团十分尴尬。

---

① Stone to Thomas, Oct. 7, 1920; Bruce to Thomas, Feb. 14, 1921, Thomas Papers; Stuart Fuller (American Consul General, Tientsin) to SecState, July 19, 1920, DS 393.115AN2/; "Protest Against Sino-American Mining Deal," *Far Eastern Review*, XVI (April 16, 1920), 191; "Pacific Development Corporation Announces New Enterprises for Shanghai," *Millard's Review*, XII (May 20, 1920), 670.

② Bruce to Thomas, Sept. 15, 1920, Jan. 4, 1921, Thomas Papers; "Pacific Development Offers New Stock," *Millard's Review*, XIII (Aug. 7, 1920), 563-64.

另外,英国和法国要求以烟草税和酒税作抵押,可能会对独立贷款提出抗议。日本人对美国人的目标造成了更大的威胁:东京加入多国借款团的附加条件可能会破坏美国消除在华外国势力范围的主要目标。大仓财团也提出要单独对华货款,甚至提出要偿还太平洋拓业公司货款,以换取掌控很被看重的烟酒税。1919 年 12 月,面对艰难而又复杂的情势,美国国务院敦促托马斯·拉蒙特(Thomas Lamont)前往东京,执行说服日本人按美国人开的条件加入多国借款团的使命。

但是,太平洋拓业公司也有自己的人际网络,在华盛顿同样也有势力。其代表是华尔街闻名遐迩的苏利文与克伦威尔法律事务所(Sullivan & Cromwell),包括罗亚尔·维克托(Royal Victor),一位资深的公司合伙人,还有年轻的约翰·弗斯特·福勒斯(John Foster Dullers)。美国国务院领略到太平洋拓业公司主张的力量,此事还得到了美国驻北京代办丁家立(Charles Tenney)的鼎力相助。安福系与日本金融势力同气连枝也让人忧心忡忡,而保持烟酒税的管理权掌握在美国人而不是日本人的手里看起来也至关重要。

因而,太平洋拓业公司的代表就得到了美国国务院的热诚接待,况且公司在美国商务部还有更有话语权的朋友,为首的正是赫伯特·胡佛(Herbert Hoover)。结果在 1921 年之后多国借款团显然已经无路可走,J. P. 摩根已经再次考虑要不要给中国贷款,美国国务院的一些远东专家后悔当初没有给太平洋拓业公司以更有力的援助。而在 1920 年时,美国国务院却坚持其多国借款团政策。解决国务院所面临的进退维谷局面的方法就是劝说太平洋拓业公司将其贷款移交给美国财团。这就可以使美国金融圈的内部摩擦告一段落,还可以确保多国借款团获得烟酒税的担保,这样一来烟酒税就会在美国的共同管理人手中得以重组。[①]

事实上,太平洋拓业公司别无选择,只能将其贷款移交多国借款团。

---

① 有关太平洋拓业公司的贷款协商或可参考 SD file 893.51,尤其是"Summary, Pacific Development Corporation's Five Million Dollar Loan to the Republic of China," 1921, DS 893.51/3759。又见 Lamont to Charles Hayden, Feb. 3, 1920, DS 893/51/2666; Polk to American Embassy, Tokio, Mar. 6, 1920, DS 893.51/2690; Royall Victor to Colby, May 5, 1920, DS

美国国务院实际等同于给太平洋拓业公司下了最后通牒,要么将自己的命运交付给美国财团,要么失去美国的官方支持。J. P. 摩根阻止了海滕·施栋公司和豪赛·斯图亚特公司(Halsey Stuart & Co.)销售中国国库券,而这些国库券是太平洋拓业公司借贷款得来的,这显示了J. P. 摩根对华尔街的影响力。另外,太平洋拓业公司日复一日地开始发觉与经济破产,言而无信的北京政府打交道困难重重。北京继续要弄太平洋拓业公司以对抗日本人,从中渔利。它拒绝按协议任命卫家立作为烟酒专卖局副局长。局长张涛龄与徐恩元一向不和,可能从未打算让卫家立就任。再加上中国人反对一切想要扩大外国对其收入进行控制的努力,当然也包括多国借款团本身。太平洋拓业公司声称,北京政府没有履行安置卫家立的协议,有错在先,威胁要求赔付贷款本金。这只是一种徒劳无益的表态,北京政府早把借来的款项挥霍一空了。太平洋拓业公司要想得到还款,就得由多国借款团把贷款付给入不敷出的北京政府。然而,只有太平洋拓业公司移交其贷款买卖特权和作为抵押保证的对烟酒税的控制权,多国借款团才会解救太平洋拓业公司。这需要美国国务院出面向中国政府施加压力。于是,太平洋拓业公司只得屈服于华盛顿和美国财团的要求。①

1920年4月拉蒙特访华期间,太平洋拓业公司—中华懋业银行人员

893.51/2817。额外的国务院通信可见于 Department of State, *Foreign Relations of the United States*, *1919*, I, 541-42, 545-47, 552-53 and *1920*, I, 624, 627-28 (hereafter referred to as *FRUS* and year)。又见 Lansing to Secretary of the Treasury, Feb. 7, 1920, RG 39 (Treasury Bureau of Accounts), China, I, box 27; Herbert White (vice president, PDC) to Christian Herter, June 11, 1921, "Personal," and attached memo, "Pacific Development Corporation Loan Party to China, 1921," box 457, Hoover Commerce Papers, HPL; "Suggested Cable to Galen Stone," Jan. 22, 1920, box 184, Lamont Papers; Williams to Bruce, Feb. 12, 1920, Thomas Papers。

① "Summary, Pacific Development Corporation's Five Million Dollar Loan," 1921, DS 893.51/3759; MacMurray memo, Feb. 12, 1920, DS 893.51/2666; Crane to SecState, July 11, 1920, DS 893.51/2862; Dulles to Lamont, Oct. 11, 1920, in J. P. Morgan to SecState, Oct. 26, 1920, DS 893.51/3025; cable, Williams to Bruce, Feb. 12, 1920; memo for Lamont Expressing the Views of Bruce, Thomas and Williams, n. d., box 4; Thomas to Allen, Apr. 6, 1920; Copy of Note from U. S. Legation to the Chinese Government, July 1, 1920; Tel., Bruce to Thomas, Oct. 7, 1920, Thomas Papers.

与其交往甚密。白鲁斯、唐默思和卫家立面临两大困境。第一,他们不得不说服拉蒙特,使其相信太平洋拓业公司的买卖特许权为财团开启在华业务提供了最好的机会。第二,他们不得不说服中国人,让他们相信多国借款团是解决中国迫在眉睫的财政问题、重新统一国家、阻止外国干涉的唯一出路。唐默思天真地相信多国借款团可以把中国领上救赎之路,成了国际金融财团的倡导者。拉蒙特没有达成任何商务协议就离开中国,因为中国人不仅拖延对卫家立进行任命,而且对拉蒙特未来贷款的严苛条件进行了抵制,北京令人瞩目地认可了德国湖广铁路债券。此外,拉蒙特与丁家立一起会同白鲁斯致电美国国务院支持太平洋拓业公司贷款。在返回东京的途中,他打造了一份折中方案,使美国、英国、法国和日本银行集团最终于1920年10月建立多国借款团。①

美国国务院现在正式承认了太平洋拓业公司贷款。在1920年夏,北京延长了太平洋拓业公司的特许权,并任命卫家立为烟酒专卖局副局长。尽管美国国务院的施压可能也发挥了作用,但是可能徐恩元、李纯还有其他与懋业银行密切相关的人物插手的意义更大。白鲁斯、唐默思和徐恩元对组织烟酒事务署和利用懋业银行掌管其收入抱有很高期望,可是他们失算了。卫家立行事软弱,推行政策又受到了北京当局和各路军阀的百般阻挠,这伙人吸干了专卖局的收入,而且反对外国人插手管理。②

同时,太平洋拓业公司急切地想出售中国国库券,因为大通国民银行

---

① "Memorandum for Mr. Lamont," n. d., box 4; Bruce to Hsu and Thomas. May 14, 1920, Thomas Papers; Tel., American Embassy, Tokyo, to SecState, May 14, 1920, box 185, Lamont Papers. 关于太平洋拓业公司与财团的关系和就财团协议所做的磋商,见 Warren I. Cohen, *The Chinese Connection: Roger S. Greene, Thomas W. Lamont, and George E. Sokolsky and American-East Asian Relations* (New York, 1978), 57-70, 103-05; Roberta A. Dayer, *Bankers and Diplomats in China 1917-1925: The Anglo-American Relationship* (London, 1981), 77-82。关于第二次借款团的形成所做的基础研究,见 Frederick V. Field, *American Participation in the China Consortiums* (Chicago, 1931), 142-166。

② Summary, "Pacific Development Corporation's Five Million Dollar Loan," 1921, DS 893.51/3759; American Minister to Li Ssu-hao (Minister of Finance), July 2, 1920, in Ruddock to SecState, July 30, 19209, DS 893.51/2957; Tel., Crane to SecState, July 11, 1920, DS 893.51/2862; Colby to American Legation, Peking, July 24, 1920, DS 893.51/2882; Norman Davis to AmLeg, Peking, Oct. 9, 1920, DS 893.51/2982; John Foster Dulles to Davis, July 1, 1920, DS 893.51/2860; Sullivan & Cromwell to SecState, Aug. 31, 1920, DS 893.51/

和海滕·施栋公司已经不愿再持有债券了。可是市场也不愿意接受债券。华尔街的崩盘,J. P. 摩根的反对,中国对清偿德国湖广铁路债券的违约,第一次直奉战争中关于北京的战事报导,早把潜在的买家吓得无影无踪了。面对着差不多确定无疑的破产,太平洋拓业公司同意了拉蒙特苛刻的条款。美国财团不是直接购买这些债券,而是同意持有债券到1920年11月30日,但要求8%的固定利率。作为交换,太平洋拓业公司将其期权和在专卖局的抵押移交给美国财团,而后转交多国借款团。美国财团一次又一次用所谓的延长"最后"六个月来牢牢控制太平洋拓业公司。1921年4月,协议被延长了又一个"最后"六个月,直至1921年12月1日,但是开出的条件更苛刻了,太平洋拓业公司被迫持有100万美元的债券,而美国财团享有出售中国国库券的全部收益。在经过一番努力寻求其他选择无果之后,太平洋拓业公司终于不堪债务重负,轰然倒闭。然而,J. P. 摩根公司和其他的债权人却对它的下属分公司慎昌洋行施以援手。摩根公司可能开出了高价,但是到1929年美国财团还是持有太平洋拓业公司的未清偿的国库券。①

2942; interview, Minister of Finance, Sept. 7,1920 and Tel., Chow Tze Chi to Bruce, Sept. 9, 1920, RG 84, Peking Post file 851, 1920, vol. 27; *FRUS*, *1920*, I, 650, 658-59; memo of conversation between Norman Davis and Chinese Minister, July 1, 19320, Norman Davis Papers, Library of Congress, Washington, D. C.; Tel., Williams, Hsu and Thomas to Bruce, Aug. 5, 1920; Thomas to Stone, Aug. 31, 1920; Chow Tze Chi to Hsu En-yuan, Sept. 23, 1920, Thomas Papers.

① J. P. Morgan to PDC, Aug. 4, 1920, Morgan to Dulles, Oct. 11, 1920, Bruce to Lamont, Nov. 26, 1920, J. P. Morgan to Dulles, Feb. 14, 1921, Herbert H. White to Hoover, Apr. 30, June 11, 1921, with attached memo, folder, "Pacific Development Loan Party to China, 1921," box 457, Hoover Commerce Papers, HPL; Dulles to Colby, July 20, 1920, and Dulles to Davis, July 20, 1920, DS 893.51/2895; J. P. Morgan to SecState, Apr. 5, 1923, DS 893.51/4246; Bruce to Thomas, Apr. 14, 1921, Thomas Papers. Lamont to Sokolsky, Jan. 24, 1929, Lamont Papers; "Pacific Development Reorganization Plan Reported Progressing," *Journal of Commerce*, Oct. 10, 1922; *Wall Street Journal*, Oct. 11, Dec. 15, 1922. 平心而论,应该说明的是,拉蒙特在美国财团内遭遇很大阻力,反对接管太平洋拓业公司的贷款,尤其是Kuhn, Loeb。见 Memorandum, July 9, 1920, "China 1920-38 and undated," Lewis Strauss Papers, HPL。

经济的萧条，特别是太平洋拓业公司的问题在多方面给懋业银行造成了负面影响。第一，它们迫使美国人推迟了合资银行美国部分的组建时间。懋业银行的创建者们原打算建立一个国际运营网络，由纽约和伦敦两处来指导管理，为贸易提供财务支持并组织主要在远东的投资活动。银行的这些特色因素始终没有落实，懋业银行业完全成了以中方为基础的银行机构。①

第二，它们加剧了美国合伙人对懋业银行安全性的忧虑，并使他们对银行事务的干预日甚一日。考虑美国的情况之后，白鲁斯和施栋建议唐默思在放款时要确保更高的安全度，而且要盯紧美国的价格走势。由于担心白银价格的急剧下滑，施栋还建议为银价高位时办理的房地产贷款建立房地产贷款准备金。当然美国合伙人的关切也确实是合理的。像中国绝大多数银行一样，懋业银行也深受贸易下滑、商业亏损、战后经济调整，特别是整个20世纪20年代白银的价格波动和（逐渐从第一次世界大战不切实际的高价位）总体下滑的影响。但是汇丰银行和万国宝通银行在华分理处在20世纪20年代早期依然是有钱可赚的。懋业银行的主要问题有其他的来源。②

第三，太平洋拓业公司和慎昌洋行的重重困境在美国给懋业银行抹了黑。更重要的是，它们使银行在中国的地位更加尴尬。一些中国股东在获悉了慎昌洋行的问题之后，敦促徐恩元公开懋业银行在多大程度上卷入其中。幸运的是，问题并不严重。因此，1920年秋天，慎昌洋行收到交通部进口铁路设备的票据，但唐默思拒绝贴现。唐默思带着歉疚向白鲁斯解释说，在银行能够以15%的利率放款时却只按8%的贴现率贴现这些票据，中国股东非得气得发疯不可。③

第四，在1921年4月美国财团要求太平洋拓业公司持有100万美元

---

① Stone to Thomas, July 19, 1920, Thomas Papers.

② Bruce to Thomas, Sept. 15, 1920; Stone to Thomas, Oct. 7, 1920; Thomas to Stone, Nov. 19, 1920, Thomas Papers. See also King, *The Hongkong Bank Between the Wars*, *passim*, especially, 3-4, 69-70, 75, 122-28; Cleveland, *Citibank*, 122-23.

③ Hsu to Thomas, Nov. 1, 1920; Thomas to Hsu, Nov. 5, 1920; Thomas to Bruce, Nov. 5, 15, 1921, Thomas Papers.

的中国债券时,中华懋业银行、大通国民银行和海滕·施栋公司每家被迫出资30万美元给太平洋拓业公司。在授权这笔借款时,顾问委员会根本没有同懋业银行的领导层进行协商,干脆从纽约的银行账户上提走了现款。白鲁斯声称这种紧急行动是防止太平洋拓业公司瞬间倒闭所必需的。他辩解说,正是太平洋拓业公司贷款给中国,所以懋业银行才获得了烟酒专卖局这个客户。顾问委员会单方面的自作主张使中国股东大为恼火。由于随后太平洋拓业公司就倒闭了,贷款也就成了一笔无头账。①

最后一点是,太平洋拓业公司的问题迫使懋业银行的管理层趟了多国借款团和中国政局这潭浑水,涉水很深却徒劳无功。当绝大多数中国人认为与多国借款团这个国际金融辛迪加有什么瓜葛就会受到诅咒时,唐默思却需要力挺它。这也意味着唐默思不得去结交弗雷德里克·W.史蒂文斯,他是美国财团的代表,于1920年12月来华。史蒂文斯是他的一位旧友,任何时候,唐默思总是要充当一位中国事务专家,而且要慷慨地尽地主之谊。不过唐默思和他的同僚们所需要的正是史蒂文斯友好的援手。除了靠着与多国借款团的关系寻找商机以外,他们还得让史蒂文斯相信烟酒专卖局可以成功地重组,而其税收也可以支撑庞大的外国借款,从而将太平洋拓业公司救出苦海。他们也期望史蒂文斯能够说服摩根公司对太平洋拓业公司网开一面。②

结果,唐默思、徐恩元、卫家立还有其他与懋业银行相关的人员与北京当局就半年期太平洋拓业公司债券的利息支付和续订太平洋拓业公司的专卖权以获得更多贷款问题展开无尽无休的谈判协商。懋业银行还因

① Bruce to Thomas, Apr. 14, 1921, Thomas Papers; J. P. Morgan to SecState, Apr. 5, 1923, DS 893.51/4246.

② Thomas to Bruce, Nov. 29, 1920, Mar. 10, Apr. 15, May 16, 1921; Tel. Thomas and Hsu to Bruce, Apr. 18, 1921; Bruce to Thomas, Feb. 14, 1921; Thomas to Jeffress, Feb. 23, 1921; Williams to Thomas, Aug. 11, 1921; Thomas to Stevens, Nov. 5, Dec. 14, 16, 1920, Jan. 16, 1921, Feb. 14, 1922; Stevens to Thomas, Dec. 6, 1920, Feb. 9, 1922, Thomas Papers; Thomas to Stevens, Apr. 29, 1922, box 71, Stanley K. Hornbeck Papers, Hoover Institution; Thomas to Egan, Oct. 18, 1921, Egan Papers. 懋业银行派出一个大型代表团,其中还包括傅筱庵,在史蒂文斯第一次抵沪时就与他展开会晤。徐恩元和傅筱庵诚挚款待了史蒂文斯。Hsu and Fu also entertained him royally. *Shen pao*, Dec. 24, 29, 1920.

担当为多国借款团和其他外国贷款提供便利的中间人而成了不受欢迎的角色。由于懋业银行不得不拒绝财政窘迫的军阀政府漫无边际的现金垫付要求,他们的这些努力大多数徒劳无功,而且常常引起困窘的局面。懋业银行时不时想方设法要把太平洋拓业公司的债券兑成现款,但是通常情况下,他们只能到收一些到期的利息。太平洋拓业公司律师反对部分性地付款,因为这样做就是鼓励中国人的言而无信,而且迫使太平洋拓业公司为补足利息差额而疲于奔命,而目前这些利息已全数归属于美国财团。

此外,不定期而且不全部地清偿太平洋拓业公司的贷款也使芝加哥大陆商业信托储蓄银行对懋业银行在中国的特权地位产生了质疑,他们的借款也被拖欠。这是极为不幸的,因为其协理约翰·T.阿葆特是唐默思、懋业银行以及中国的好朋友。在太平洋拓业公司努力获取多国借款团用于清偿芝加哥银行和太平洋拓业公司贷款的一笔款项时,他也是该公司的盟友。在经历了几个月的焦虑不安之后,阿葆特直接询问唐默思,太平洋拓业公司因为与懋业银行相关而得到优待和懋业银行预付了太平洋拓业公司利息的传言是否属实。阿葆特指出两家的贷款用了相同的税做担保,想当然地认为唐默思及其同事会和他“五五分账”。唐默思直截了当地否认了懋业银行预付了利息,否认为财政部操纵了外汇交易。但是他并不否认徐恩元安排了盐务稽查员来负责1922年春天的利息支付。然而他还是向阿葆特保证懋业银行绝对值得信赖,可以“给你们一个公平的待遇,而且要尽我们所能把你的利息收入保管好”。

在1921年秋天,所有多国借款团用以归还太平洋拓业公司和芝加哥银行债务的借款和清偿德国湖广铁路债务未支付利息的希望全部化作泡影,这使美国在金融和外交上对中国的反感进一步加强。北京政府和各省官员转而盯上了中国的银行界,导致了在这整个十年里国内贷款的数量与日俱增。①

---

① 上述讨论基于如下的大量文件:Thomas to Bruce, July 30, Nov. 29, 1920; Thomas to George Allen, Oct. 15, 1921; Chow Tze Chi to Hsu, Sept. 23, 1920; Williams to Thomas, Aug. 11, 1921; Thomas to Egan, Aug. 11, 1921; Egan to Thomas, Nov. 18, 1921; Thomas to John G. Anderson, Dec. 14, 1921; Thomas to Abbott, Feb. 23, May 12, 1922; Abbott to

太平洋拓业公司的问题,特别是其1919年的贷款结果成了懋业银行的负担,一个难以用简单的一分一厘来计算的损失。银行的方方面面都对贷款表达了追悔莫及之意,也把这个挫败归结于美国财团,他们开出的条件太苛刻了。白鲁斯承认他涉足"中国贷款业务"实在是犯了弥天大错。唐默思虽然也承认这一事实,但仍然百折不挠地坚信中国最后一定会还清所有的债务。这段插曲让一些美国的外交和金融界人士对懋业银行和太平洋拓业公司—慎昌洋行闻而生厌。雷·阿瑟顿(Ray Atherton),美国驻伦敦公使馆参赞,担心多国借款团与懋业银行搅在一起会受到牵连。伊根随后也警告拉蒙特和徐恩元保持一定距离,这种事对懋业银行在中国的地位也是一种损伤,而且也滋生了中国股东的愤怒,特别是懋业银行被迫去解救太平洋拓业公司,结果借出的钱血本无归。反过来,唐默思建议,因为徐恩元办事忠心耿耿,银行才获得一些利息支付和更大的贷款特权,应当予以资金奖励,美国合伙人闻罢气得目瞪口呆。白鲁斯辩解说太平洋拓业公司贷款就是为了银行的收益,还有挽救徐恩元的个人名声。懋业银行与太平洋拓业公司的联系是否影响到银行插手政府贷款已经无从知晓。但是毫无疑问这件事使懋业银行加速卷入中国的政治,而且强化了银行作为中国机构的特点。[1]

美国合伙人1920年初还在中国的时候,阿尔伯特·韦耿曾暗示美国汇兑银行有意将马尼拉和哈尔滨的办事机构卖给中华懋业银行。最初,这件事对双方来说似乎都是一个有利可图的交易。美国汇兑银行从此可

Thomas, Apr. 3, 1922; Tel., Meyer to Thomas, Apr. 12, 1922; Confidential memo, n. d. [1920], box 47; Telegram from Hsu, received Oct. 29, [1920], box 48; Memo, "Continental and Commercial Trust Loan and PDC Loan," n. d., box 47; Tel. from Shanghai to Thomas, Apr. 7, 1922, box 48; Thomas to Tyndall Wei, Apr. 8, 1922, box 48, Thomas Papers; Lamont to Inouye, Mar. 20, 1922, box 186, Lamont Papers; Thomas to Minister of Finance, May 2, 1922, and attachment, in Schurman to SecState, May 4, 1922, DS 893.51/3858; Ruddock to SecState, Mar. 7, 1922, and attachments, DS 893.51/3806; "Memorandum by J. J. A. [Abbott]," n. d., DS 893.51/3717。

① Bruce to Thomas, Jan. 4, Feb. 14, 1921, Apr. 10, 1922; Thomas to Bruce, Mar. 10, May 16, Oct. 25, 1921, Thomas Papers; Atherton to MacMurray, Nov. 19, 1921, MacMurray Papers; Egan to Lamont, Dec. 24, 1924, box 183, Lamont Papers.

以不必为两个远在亚洲的分行多费心思，而懋业银行业可以在其系统中增加两个分支机构。既然懋业银行考虑要把业务拓展到东南亚，马尼拉似乎是个理想的基地。由于战乱和俄国十月革命，哈尔滨在20世纪20年代有成千上万难民涌入，包括大量的商人，他们聚集在中国东北这个铁路枢纽上，把这里变成了一个熙熙攘攘的商业中心。

唐默思和徐恩元急于建立懋业银行的分行，要施栋去协商购买美国汇兑银行的亚洲运营机构，根本没有细致查验其实际状况。施栋刚一回到美国，就得知汇兑银行对哈尔滨分行和马尼拉分行实际的资本投入微乎其微，对这个交易也就产生了疑问。他还听说哈尔滨分行的贷款抵押不足，而且其存款也无法弥补这一缺口，分行不得不从美国汇兑银行拆借。施栋更加惊讶的是其价格，美国汇兑银行为这两个分行的标价，竟分别高达85万美元。唐默思无视这些警告。他承认这个价格是高了，而且用15万美元购买商业信誉也真是太奢侈了。但是他解释说这巨额花费包括了从零开始开办分行的费用，还要考虑到银行信誉可以轻而易举地抵消分行的账面耗损。另外，美国汇兑银行和大通国民银行也向中华懋业银行支付了预付款。唐默思和徐恩元于是告诉施栋可以继续协议。收购于1920年9月结束，懋业银行自1920年6月30日营业结束时起开始接收两个分行。①

尽管韦耿、卡因斯和巴尔对哈尔滨分行有多糟一无所知，不过非常清楚他们把一个“鸡肋”丢给了懋业银行。第一个麻烦的迹象来自于马尼拉，在那里，伊斯特威克对分行管理不善，经营不当。大宗商品价格的急剧下跌暴露了伊斯特威克曾允许银行进行危险的贷款。此外，菲律宾政府由于岛内的金融和外汇交易问题迁怒于外国银行。这样一来，菲律宾政府是否允许懋业银行在马尼拉营业或者是继续使用美国汇兑银行的营业执照，让人疑虑重重。因而，伊斯特威克建议推迟对外宣布银行易主的时间，直到得到执照为止。②

---

① Thomas to Bruce, May 17, 1920; Stone to Thomas, July 19, 1920; Thomas to Hsu, Aug. 9, 1920; Thomas to Stone, Aug. 31, 1920, Thomas Papers; 平斋:《中美合办》,第102页; "Harbin," *Millard's Review*, III (Dec. 8,1917), 46-47.

② Kains to Thomas Sept. 17, 1920; Stone to Thomas, Oct. 7, 1920; Bruce to Thomas, Feb. 14, 1921; Thomas to Bruce, Apr. 15, 1921, Thomas Papers.

由于唐默思和徐恩元都全神贯注于银行和分行的组织筹建，也就无暇顾及调查哈尔滨分行的情况。卡因斯向他们打了保票，分行经理迈克尔·布米诺维奇(Michael Buminovitch)博士是第一流的人物，唐默思经过一次短暂迅捷的访问以后，对其印象深刻。于是，不顾施栋的警告，他们只看表面不看本质，听信了布米诺维奇保证的分行业务一直蒸蒸日上、银行发放的基本都是高利息的活期贷款，以及到1920年9月时分行还盈利。因而，唐默思告诉美国合伙人和他的许多朋友，哈尔滨分行在布米诺维奇的英明领导下繁荣兴旺，他预言哈尔滨分行在懋业银行的所有分行中肯定能做得最大最成功。[①]

武弗森(Wulfsohn)诉讼案是第一个向懋业银行表明哈尔滨分行存在严重问题的警告。伊斯特威克警告唐默思说他从三个渠道得到的消息表明哈尔滨分行处于极度可怕的危难之中，而且布米诺维奇也是浪得虚名的无能之辈。他极力主张对哈尔滨分行事件进行细致全面的检查。在以后的几周里，懋业银行的灾难已近在眼前了，而且明确无误变得越来越清楚。分行的账簿混乱不堪而且无法辨认；银行贷款的担保不是一文不值就是子虚乌有。另外，西伯利亚贸易是哈尔滨分行客户主要业务的基础，由于俄国内战而完全陷于停顿。用于担保的货物在哈尔滨堆积如山，其价格更是一路狂跌。有一些货物甚至以任何价位都难以卖出。布米诺维奇除了不胜任以外还是一个奸诈小人。他专门干造假舞弊的勾当，而且传说他批准的贷款，要抽百分之十的好处费。结果他的许多违法行为都得对簿公堂。直到最后，他因为多起犯罪案件遭到起诉。[②]

---

① Kains to Thomas, Sept. 17, 1920; Stone to Thomas, Oct. 7, 1920; Thomas to Hsu, Nov. 5, 1920; Thomas to Kains, Nov. 10, 1920; Thomas to Stone, Nov. 20, 1920; Thomas to Bruce, Feb. 25, 1921, Thomas Papers; Arnold, "The Situation in Harbin," Oct. 25, 1920, RG 84, Peking Post file 610, 1920, vol. 11.

② Thomas to Kains, Nov. 15, 1920; Thomas to Arthur Bassett, Nov. 19, 1920; Thomas to El Marquess de Dosfuentes (Spanish Legation), Jan. 7, 1921; Y. Chen to Thomas, Feb. 17, 1921, Simmang, Clarke, Luther Jee and Overlach to Thomas, Feb. 21, 1921; Thomas to Bruce, Feb. 25, 1921; Tel., CABC to Advisory Committee, Mar. 28, 1921; Thomas to Stone, May 23, 1921; Memorandum for Major Eastwick, June 3, 1921; Eastwick to Advisory Committee, June 25, 1921; "Memorandum for Mr. Shoop, Re Harbin Cases," Oct. 24, 1921, Thomas Papers.

懋业银行总部派出由外国人和中国人组成的大批人马，去确定问题达到多么严重的程度，而且要恢复银行的正常业务运营。由于布米诺维奇管理不善，欺上瞒下，全部的损失究竟有多大，能否探究清楚让人充满疑虑。估计损失可达50—200万元。懋业银行的员工又开始劳心费力地处理那些用于抵押担保的货物，还要为某些特定贷款增加担保，哈尔滨分行的清理过程将会漫长而痛苦。

与此同时，哈尔滨分行的状况触发了懋业银行与美国汇兑银行的重大矛盾。鉴于哈尔滨分行和马尼拉分行的透支数额已经大大超出了懋业银行协议支付的款项，唐默思和徐恩元要求美国汇兑银行和美国合伙人赶快拿钱解决这个问题。此外，在购买协议的条款中，允许懋业银行拒绝支付在1920年6月30日之前做出的、未经懋业银行同意的贷款。

由于哈尔滨分行账目记录混乱不堪，加上布米诺维奇胡作非为，懋业银行与美国汇兑银行就由哈斯金斯买卖行(Haskins & Sell)所做审计的有效性以及拒付的和有条件支付的贷款额度唇枪舌剑。懋业银行假定的数字差不多是美国汇兑银行数字的两倍。因为急切地希望解决问题，美国汇兑银行提议如果懋业银行能将哈尔滨分行的全部贷款接下来，就会补偿懋业银行的全部损失和花销。由于哈尔滨分行的混乱，以及这个插曲所引起的痛苦感受和内部纷争，问题的解决拖延了数年之久。①

与此同时，懋业银行由于哈尔滨分行的瓜葛而成为几个法律案件的当事方。在这些案件当中，最重要、最具有潜在破坏力的要属错综复杂的武弗森案件。武弗森公司是总部设在纽约的一家皮草行，曾在西伯利亚采购了五千张银狐皮。1919年6月，由日本支持的俄国白军将领格里高里·塞米诺夫将军(General Grigori Semenov)与布尔什维克在东西伯利亚作战，在海参崴截获这批皮货，还有大量的私人财产和黄金。他后来逃到了东北。武弗森公司于是转而求助美国国务院，要求返还其财物。由于

---

① Draft telegram, Jan. 18, 1921; tel., CABC to Advisory Committee, Mar. 28, 1921; cable, American Foreign Banking Corporation, June 16, 1921; Thomas to Bruce, Apr. 15, 1921; Thomas to Stone, May 23, 1921; John Allen (AFBC) to Eastwick, May 27, 1921; Eastwick to Advisory Committee in America, June 25, 1921; Eastwick to Thomas, June 25, 1921; Thomas to Chinese American Bank of Commerce, Aug. 19, 1921, Thomas Papers.

当时苏联已经放弃了对华的治外法权,美国国务院建议武弗森向在中国东北新建的中国新式法庭起诉来寻求赔偿。美国国务院授意美国驻哈尔滨总领事道格拉斯·詹金斯(Douglas Jenkins)来帮助武弗森并依据美国对华条约的特权作为顾问列席,以便为他提供指导。

1920年10月,懋业银行哈尔滨分行从西伯利亚买入了200俄国普特(1普特=36镑)的黄金,价值约合85万元(¥),极有可能是从塞米诺夫手中买来的。美国合伙人特别警告银行不要买俄国的黄金。然而,懋业银行还是一意孤行把买卖给做了,因为成交的价格特别低。借助与中国财政部的关系,银行想方设法把布米诺维奇和黄金从俄国边境武装护送到了哈尔滨。曼弗雷德·武弗森一直在东北料理公司的业务,从美国领事馆获悉懋业银行的黄金采购事宜。他还发现塞米诺夫组织有一个银行账号,户头的名字为巴克谢夫将军(General Bakshief),在哈尔滨分行有近40万元(¥)的存款。于是,武弗森起诉要求弥补他的损失,他估计价值40万元(¥)。按照詹金斯的建议,他也申请扣押懋业银行的两宗财产,理由是银行做了塞米诺夫的资金保管员:一宗是200普特的黄金,另一宗则是银行户头。使事件进一步复杂的是,这些债权人向塞米诺夫发起了至少一起诉讼,这些人试图查封巴克谢夫的账户。[①]

武弗森案件引起了懋业银行极大的不安。假如银行败诉,将面临巨额的负债。就算可以打赢官司,分行在很长一段时间之内与此相关的财产都有被查没的危险。由于担心银行不能在辩护中胜诉,唐默思邀请老友阿瑟·巴西特(Arthur Bassett)前往哈尔滨,代表懋业银行与正在那里筹建的中国法院接洽。巴西特曾长期担任英美烟草公司驻华律师,对于中国的司法程序和治外法权业务精湛,造诣深厚。不幸的是,巴西特当时分身乏术。更添乱的是,懋业银行的中国律师经验不足,银行的俄国律

① 武弗森事件可参见国务院档案361.1153W95,主要事件的讨论在律师事务所的两份备忘录中,Dec. 10, 1921,/30 and Jan. 31, 1922,/111. See also tel., Crane to SecState, Aug. 22, 1920 DS 361.1153W95/11 and Nov. 6, 1920, /17; Ruddock to Pontius, Nov. 17, 1920/20; Thomas to Crane, Nov. 13, 1920,/22; Solicitor to Phillips, Dec. 12, 1923,/142; tel., Crane to American Consulate, Harbin, Oct. 28, 1920; Thomas to Kains, Nov. 10, 1920, Thomas Papers. 塞米诺夫声称武弗森的皮草总价值为14万元(¥)。

师又不会说汉语。派往哈尔滨去为哈尔滨分行解围的人也十分沮丧,因为布米诺维奇根本不为准备辩护提供准确的信息。他们给唐默思写信说:“这个案子让我们所有的人都心力交瘁。”①

最令人感到不安的情况来自于武弗森开始得到美国政府代表的正面支持,特别是哈尔滨领事馆。这样就有使银行与美国政府直接对抗的危险,也同样意味着武弗森可能不会愿意达成和解。为了解决问题,银行在美和在华官员首先坚称银行处于美国的保护之下。然而当局一施压,银行官员就被迫承认银行是中国公司。事实上,詹金斯注意到哈尔滨分行在由美国汇兑银行易手到懋业银行以后,还不合时宜地挂着美国国旗。唐默思也十分尴尬,下令哈尔滨分行立即更换旗帜。

唐默思和美国合伙人而后又改变了战略。他们主张既然美国人持有懋业银行百分之五十的股份(实际上由于私下操盘控制了大部分的股份),银行中的美国利益使他们有权获得美国政府的支持。施栋在会晤美国国务院的弗雷德·迪林(Fred Dearing)时坚持他的观点,最低限度上,美国政府应该在美国人与美国人的利益冲突中保持中立。美国当局没有立刻加以否认。威利斯·派克(Willys Peck)极力主张双方以哈尔滨分行存储的黄金达成妥协。唐默思于是对事态产生了乐观情绪,并继续联络他在美国驻北京公使馆的朋友。但美国政府不能对单纯的美国人利益和在中国公司中的美国人利益的区别视而不见。因而,美国国务院最初倾向于支持武弗森。②

武弗森没有被美国股东们众所周知的影响力吓住。他下定决心把官

---

① Bassett to Thomas, Nov. 15, 22, 1920; Thomas to Bassett, Nov. 17, 1920; Simmang, et. al., to Thomas, Feb. 21, 1921; H. K. Lin to Thomas, Feb. 23, 1921; Eastwick to Lin, June 20, 1920 [*sic.*, 1921]; Thomas to Stone, May 23, 1921, Thomas Papers.

② Thomas to Crane, Nov. 13, 1920, DS 361.1153W95/22; Memo by Office of the Solicitor, Dec. 10, 1921, /30; Tel., Hughes to AmerLeg, Peking, Dec. 13, 1921,/30; Dearing to Stone, Dec. 13, 1921,/31a; Dearing, memo for Nielsen, Dec. 9, 1921,/32; Stone to Dearing, Jan. 5, 1922 and enclosure,/42; Thomas to Crane, July 21, 1920, RG 84, Peking Post file 851.6, vol. 27; Jenkins to Thomas, Mar. 31, 1921; Thomas to Clarke and Dorliac, June 3,, 1921; Tel., Hsu to Advisory Committee, Oct. 11, 1921; Shoop Memo: Re. Harbin Case, Oct. 24, 1921; Thomas to MacMurray, Oct. 17, 1922; Thomas to Hsu, Oct. 25, 1922, Thomas Papers; Ray Atherton to MacMurray, Nov. 19, 1921, MacMurray Papers.

司打到底，讨回自己的损失。曼弗雷德·武弗森一直反复与美国驻京使馆和驻哈尔滨领事馆沟通，他的公司则寻求纽约市的国会议员艾萨克·西格尔(Issac Segel)的帮助，西格尔要求美国国务院站在武弗森一方，站到银行的对立面。他还转达了武弗森的抱怨，说美国公使馆由于与唐默思交往甚密而对银行表示支持，而且懋业银行正使用不正当手段来影响中国的法庭。①

1921年，中国地方法院裁定，武弗森公司有权从懋业银行巴克谢夫账户上获得20.3万元(¥)(外加诉讼费)。懋业银行作出反应表示这点无法实现，因为其他债权人已经查封了这个账户。美国驻哈尔滨领事馆于是提出一个和解方案：懋业银行可以以詹金斯领事的名义通过一个用于支持塞米诺夫的日本账户向武弗森让渡20.3万元(¥)。懋业银行同意这一安排，只要武弗森解除对俄国黄金的扣押令。武弗森予以拒绝。他估价他被窃取的皮毛总价值达40万元(¥)，他认为他已经掐住了银行的脖子；后来，他又要价说只要懋业银行再多付他10万元(¥)，他便可以停下这场官司。他又起草了一份新的案卷要求获得俄国黄金的所有权，同时他要求中国法院判给他这20.3万元(¥)的利息。武弗森指出他准备把官司拉到北京的最高法院。他也要求案件在中国的混合法庭举行听证。②

懋业银行现在下定决心要采取强硬立场。其法律辩护团由于麦克斯·叔普(Max Shoop)的到达而得到了加强，叔普指挥了全局的战略。叔普在做马尼拉太平洋商务公司顾问之前，曾在苏利文与克伦威尔法律事务所工作多年。唐默思和徐恩元一直在敦促美国合伙人为懋业银行寻找美国律师。叔普现受雇于懋业银行、太平洋拓业公司，还有慎昌洋行，大家共同承担其费用，在中国代表他们所有的、各不相同的利益。懋业银行也在加强他们同中国司法部门人员的联系，而且开始利用银行的政治关

① M. Wulfsohn & Co to Isaac Siegel, Nov. 16, 1921, DS 361.1153W95/42, Dec. 28, 1921, /111; Siegel to Department of State, Dec. 23, 1921,/34; G. C. Hanson to SecState, Feb. 3, 1923, and enclosures,/117. Thomas to J. B. Lee, June 12, 1922, Thomas Papers.

② M. Wulfsohn & Co. to Siegel, Nov. 16, DS 361.1153W95/26, Dec. 28, 1921,/111.

系。在1921年,徐恩元说服司法部顾问、负责东北司法的梁慈灏加入懋业银行一方。在早些时候,钱能训总理求哈尔滨道尹董士恩帮忙解除对俄国黄金的扣押。但是由于东北处于张作霖的统治之下,即便不算是独立王国,也可以说是个自治地区,懋业银行对北京政府的政治影响力在那里毫无用武之地。重要的是,懋业银行只要武弗森不取消扣押令,就拒绝执行法院的判决向他支付现款。懋业银行的管理层逐渐意识到武弗森之所以毫不动摇地坚持着,就是因为有美国政府在后面撑腰。于是,唐默思和其他人一起重启了确保美国政府中立的步骤。①

武弗森案件在哈尔滨法院和北京法院进行了听证,一直拖到了1923年,由于双方互不相让,并各自诉诸不同的裁决。尽管对武弗森有利的初审判决最终得到了一所混合法庭的支持,但1922和1923年间的其他判决则有利于懋业银行。懋业银行获得的有利判决是否与其政治关系有关仍然成疑。美国国务院的法律意见书就武弗森案件的事实真相含混不清;事实似乎表明在扣押令发出以前,黄金的所有权就已经转给了懋业银行。美国国务院猜测懋业银行隐瞒了至关重要的信息,而且对懋业银行拖欠在一审判决中裁定给武弗森的钱也十分恼火。但是美国国务院被武弗森无休止的要求和诉讼程序搞得心烦意乱,拒绝支持他对预期收益的诉求。唐默思会晤了马慕瑞(MacMurry),时任国务院远东事务署主任,确信美国国务院将对银行中的美国权益进行支持。懋业银行最后在1923年3月13日将欠武弗森的钱移交给他,而后这位皮草商被留下孤身继续他的战斗。②

---

① Bruce to Thomas, Feb. 7, 1921; Thomas to Eastwick, June 4, 1921; "Memorandum by Mr. Shoop Re Harbin Cases," Oct. 24, 1921; Shoop to Thomas, Oct. 25, 1921; Shoop, "Statement of Present Position and Argument," Nov. 14, 1921; Hsu to Advisory Committee, Oct. 11, 1922; Thomas to Hsu, Oct. 25, 1922, Thomas Papers; Hanson to SecState, Feb. 3, 1923, DS 361.1153W95/117. See Gavan McCormack, *Chang Tso-lin in Northeast China, 1911-1928* (Stanford, 1977).

② Hanson to SecState, Jan. 9, Feb. 2, and enclosures, Feb. 26, Mar. 3, 13, July 14, 1923, DS 361.1153W95/104, /118, 115, /132, /127, /142; Schurman to SecState, Mar. 10, 23, 1923, /136, /131; Wulfsohn to State Department, Mar. 16, 1923, /130; Memo, Solicitor's Office, Dec. 8, 1923, /142; Solicitor to Phillips, Dec. 12, 1923, /142; Thomas to Hsu, Oct. 25, 1922, Thomas Papers.

懋业银行在武弗森案件中的直接责任很小。然而，购买马尼拉分行和哈尔滨分行，就像太平洋拓业公司贷款一样，是一个代价极为高昂的不幸遭遇。首先，两个分行的累计损失超过了最初两年所有其他分行亏损的总和，银行的资产负债平衡遭受重创。很有可能哈尔滨分行的总损失状况从来没有完全确定，而且也没有列入资产负债表。并且，银行不得不承担大量的诉讼费，以及派往哈尔滨分行的众多人员的高额费用。第二，哈尔滨分行的问题引起了唐默思、银行高层，还有投资者无穷无尽的担忧，使人们把注意力离开了懋业银行那些更加迫在眉睫的问题。第三，与美国汇兑银行的交易引起了中美合伙人之间极大的关系紧张和愤怒之情；中国人觉得大通国民银行可能与其他美国人合谋，搞些事情哄骗银行。这个交易在美国合伙人之间也制造了敌意。第四，懋业银行因为购买马尼拉分行和哈尔滨分行而欠美国汇兑银行的债务在数年之中始终是种威胁。[①] 最后，武弗森讼案强化了这样一个事实，懋业银行是一家中国机构。美国投资人发现他们被套在动荡不安的中国，无法使用他们在中国的政治关系，还被剥离了美国的保护，更糟糕的是实际上站在美国政府的对立面，这些更加强化了美国投资人的恐慌。

另一方面，事态本可能更糟。中国的司法程序，尽管对于美国律师来说既复杂又匪夷所思，但对于懋业银行来说已经很适应了。美国合伙人闻名遐迩，唐默思又有好多亲朋故旧，这样就使得华盛顿的美国国务院和北京的美国公使馆对懋业银行都有所耳闻。懋业银行的美方和中方领导层在银行的存续期间仍继续与这些政府代理和个人保持联系，而且声称美国人的财政参与为银行营造了与美国的特殊关系。由于美国国务院认为，美国投资者在合资公司中的利益与这个中国公司密不可分，这就开了一个危险的先例。就是当懋业银行与中国当局发生矛盾时，美国政府能做什么，要做什么，也并不是十分明确。同样让人忧虑的是，懋业银行可能已发现自己在中国政治形势的沉

① 这笔债务的清偿使唐默思大为焦虑。Thomas to T. F. Chen, Apr. 1, 16, 1921, Thomas Papers.

浮中站错了位置。①

ଓଃ ଓଃ ଓଃ

美国合伙人及其所雇西方员工、还有——从理论上说——中国合伙人都希望中华懋业银行遵循理性的、保守的银行运营规则开办下去。这就意味着要尽可能保持银行资本原封不动,而节俭地使用启动资金。所有人都认为应当建立和保持大量的储备金,所有贷款都应该有足够的抵押担保(主要为短期和活期形式),而定期贷款要以定期存款来抵偿。总部把资金按份拨付给各个分行,但从 1920 年秋天开始,各分行就得交纳 6%—8% 的利息,这取决于它们在运营资本中所占的份额以及黄金和白银的账户额。这就设计成了一个既可以保障银行资本,又可以拿钱支付汇兑交易成本的系统模式。

美国合伙人也在美国留存了超过 100 万美元的保证金。这笔钱中的一部分原打算要充当在美国开展业务的启动资本。尽管这件事从未真的落实过,但是美国合伙人还是继续坚持要保有数量可观的资本,并在美国建立巨大的现金余额。其实,美国人原本就想将资本金全部以黄金储备的形式留存在美国,使用银行的存款为在华贷款提供资金。就如同刘大钧曾经指出的那样,这是所有外国银行在中国的惯例。美国投资者提出,这些方法将使懋业银行在美国金融业界的心目中增加信誉和声望。与此同时,由于把资本和现金余额存放在他们自己机构中,也使他们对自己投资安全性的忧虑有所缓解。②

从各种各样的表面现象上看,中华懋业银行在其开始的前两年里,似乎还是一个成功的、坚实可靠的金融机构。它涵盖广泛的许可证允许其实际上从事任何有关银行业务的经营种类,包括基本银行业务、商业业

---

① Bruce to Thomas, Feb. 14, 1921; Thomas to Bruce, Feb. 25, Apr. 15, 1921, Jan. 14, 1922; Tel., CABC to Advisory Committee, Mar. 28, 1921; Thomas to Stone, May 23, 1921, Jan. 3, 1922, Thomas Papers.

② "List of Interest Rate on Working Capital and Current Account with the Head Office by the Branches," Nov. 26, 1920; Thomas to Chase National, June 30, 1920; Thomas to Simmang, July 6, 1920; Stone to Thomas, Oct. 7, 1920; Advisory Committee to Thomas, Jan. 24, 1921; Bruce to Thomas, Feb. 14, 1921, Thomas Papers; Lieu, *Foreign Investments in China*, 86.

务、存储业务和投资业务。在做广告时，懋业银行为了提高业务量，说自己可以从事国内及国外外汇交易、长短期贷款、定期存款和经常账户、国内外商业票据贴现、有息债券、金银和金银币经营。在最初，它强调要与美国主要的金融利率挂钩。① 懋业银行与中国银行还有大多数老牌外资银行，包括汇丰银行、华俄道胜银行、中法实业银行、印度支那银行、国民城市银行和主要的日本在华银行相比相形见绌。但是由于它有 500 万美元的实收资本，因而在 20 世纪 20 年代，实际上比中国当时所有的新式银行都资金雄厚。其资本也超过一战以后其他在华建立的外资和中外合资银行。（表 1）②

---

① *China Yearbook 1924-25* (Tientsin, 1924), 720; advertisements, *Millard's Review*, XV (Dec. 11, 1920), 99, *CWR* (formerly *Millard's Review*), VIII (Mar. 8, 1924), 77, XXXII (May 2, 1925), 264; *China Press*, Jan. 11, 30, Feb. 14, 1925, *North China Daily News*, Nov. 2, 1923.

② 为了对比，下面列出 1921 年数家外资和合资银行已缴资本，单位是该国货币。1 美元大致相当于中国银元（墨西哥银元）两元。

汇丰银行 20000000 港元
印度支那银行 68400000 法郎
中法实业银行 40000000 法郎
华俄道胜银行 55000000 卢布
横滨正金银行 100000000 日元
台湾银行 52500000 日元
朝鲜银行 50000000 日元
汇业银行（中日合资）5000000 日元
万国宝通银行 5000000 美元
友华银行 4000000 美元
汇兴银行 4000000 美元
公平东方银行 2000000 美元

数据来自 Frederic E. Lee, *Currency, Banking and Finance in China*, 73, 85-101, 180-83; *China Year Book, 1921-2*, 317-19。这些数据存在一定的不符之处，因为银行盈利有时被充入银行资本，因此本金就发生了变化。另参见 Bank of China, *An Analysis of the Accounts of the Principal Chinese Banks, 1932*, reprinted in Ramon H. Myers, ed., *China During the Interregnum 1911-1949: The Economy and Society* (New York, 1982)，以及用广告列出的主要银行资本、储备金和分行信息，见 *China Press*, Jan. 3, 1922 和"Modern Banking Institutions in China," *CWR*, XXX (Sept. 13, 1924), 64-65 所做的调查。

表1　中国银行和中外合资银行的资本总额,1921年

银行通称	实收资本(墨西哥元)
中国银行	12279800
交通银行	6500000
浙江实业银行	710300
中富银行	1500000
(芝加哥)大陆银行	1000000
浙江实业银行	2500000
上海商业储蓄银行	1000000
中意银行	1200000或4000000里拉
中挪银行	2500000
懋业银行	10000000

资料来源:弗雷德里克·E.李(Frederic. E. Lee):《中国的货币、银行和金融》(*Currency,Banking,and Finance in China*),第73、85—101、180—183页;《中国年鉴1921—1922年》(*China Yearbook,1921-2*),第317—319页;《中国主要银行的账目分析》(*An Analysis of the Accounts of the Principle Chinese Banks*),1932年,第13页;《中国报》(*China Press*)1923年1月3日;《中国的新式银行机构》("Modern Banking Institutions in China"),《密勒氏评论报》,第30期(1924年9月13日),64—65页。

同时,存款额也在不断攀升,1921年据说已达1456万元。懋业银行的资产负债表似乎也是健康的(参见附录中选取的懋业银行资产负债表)。懋业银行称开办第一年的净利润为334504美元,尽管后来经哈斯金斯查账后数额减至288984.45美元。整个1921年盈利总额为166042.50美元。坚持由美国合伙人制定的严格、保守的指导方针,懋业银行留出了百分之二十作为储备金,另拿出百分之十五作为未分发的红利,还剔除了几个百分点作为股东权益。经懋业银行总部计算,1920和1921年合并损益后还盈利37329.44美元。根据银行异乎寻常的表现,唐默思对未来的乐观也溢于言表。他热情洋溢地向白鲁斯呼喊:"我想我们将使中华懋业银行变得非比寻常,我们秉承逐步建立对它的信心的观念,携手工作,同样要为它

在纽约、在英国打响名声。”①

但是，表象与现实之间还是有道难以逾越的鸿沟。懋业银行内部的信函和备忘录，还有街谈巷议的证据，却讲述了一个恶疾缠身的银行的故事。美国合伙人和银行高管们还是一直抱怨他们无法判断银行实际的财务状况，因为各分行和总部提供的信息资料不仅无从理解而且时有时无。也不清楚会计处使用了什么标准算出了盈利和亏损。例如，从表面上看，好像这一时期所有的贷款都用于支持良性资产，可是又有中国政府和一些私人客户不能如期偿还贷款利息。在任何情况下，也不能完全相信资产负债表和损益报告单。它们极有可能来自无端猜想、胡编乱造或者是造假舞弊。考虑到20世纪80年代会计事务所评估美国银行和公司状况的那些拙劣记录，20世纪20年代的外部审计员同样为懋业银行的报表提供证明便没什么可大惊小怪的了。尽管审计员可能疏忽大意，但是他们能用得上的也就是银行这些混乱不堪的数据。因此，在看这个合资企业（“中美合办”）的历史时，即便不引用详细数字，也能发现中华懋业银行在开办的头两年（1920年和1921年）就亏损了200万墨西哥元的判断可能更接近事实真相。更加可信的1922年的损益报告书显示出赤字为125万美元（约250万墨西哥元）。

这并不意味着唐默思和徐恩元参与了一个要愚弄股东和公众的大阴谋。唐默思一直努力把情况好的方面展示出来，但实际上在银行的信息资料上他受到银行职员们的左右。如果对中华懋业银行的一些方面做更细致的考察，就能发现这个机构的本质和它是怎样运行的。②

---

① N. T. Woo, “Statement of Percentage of Loans to Capital and Fixed Deposits”, May 30, 1921; “Approximate Figures of Profit & Loss for First Term Ending”, June 30, 1921; Thomas to Bruce, Apr. 15, 1921; Thomas to Hsu, July 22, 1921; Bruce to Thomas, Sept. 29, 1921, boxes 6-7; “A Memorandum Re Profits of Our Bank,” n. d., box 48, Thomas Papers; Frederic Lee, “A Survey of Currency, Banking and Finance in China,” DS 893.516/182; Lee, *Currency, Banking and Finance in China*, 86-88.

② Beath to Advisory Board and Beath to Thomas, Dec. 30, 1920; Eastwick to Thomas, Jan. 11, June 21, 1921; “Report of Assets and Liabilities as of July 31, 1921,” Aug. 25, 1921; “A Memorandum Re-Profits of Our Bank,” box 48; Thomas to Chinese American Bank., Aug. 31, 1921; N. Peter Rathvon to Thomas, Oct. 21, 1921; Eastwick and Freeman to Thomas, Nov. 8, 1921; “Resolutions for the Finance Committee,” May 18, 1922; Shen to Thomas, Oct. 5, 1928.

唐默思，还有其他与银行相关的所有人，都把吸引存款当作重中之重。既然中国的新式银行易于资本不足，所以存款就成为提高其稳固程度和受欢迎程度最重要的方法。由于美国合伙人坚决主张保留大量的资本作为储备金，存款的增长对于懋业银行扩展贷款和投资，从而对于收入和利润，变得生死攸关。由于美国的投资人声名卓著，再加上许多中国股东也都是煊赫一时的人物，懋业银行期望中国的商家和普通百姓可以云集到懋业银行，成为其储户和客户。唐默思同样也相信，一开始就进行有力的宣传，再加上始终如一地强调文明和高效的服务，一定可以吸引大量客户。因而，虽然大通银行上海分理处的开办使得美国在华开办的银行已达6家，唐默思也没有感到忧虑。他写信给斯特吉斯（W. J. Sturgis）说："银行越多生意就越多，我们正努力使我们的银行受到欢迎，让中外客户接踵而至。"①

然而，结果却令人大失所望。唐默思向自己数量众多的中外友人兜揽生意。英美烟草公司答应把每天北京收益的三分之一存入懋业银行。芝加哥大陆商业信托储蓄银行和几个其他外国公司也开了户。尽管其他在华外资银行给的利息较低，但是唐默思也不得不承认无法把外国公司从那里拉过来。后来他向施栋声称，他本来可以让许多商行成为客户，但在银行没有很好地组织以前，一直无法着手。进一步说，大部分中国客户都是小储户，因为大商家更乐于和外国银行、本国银行或者是更有信誉的中国新式银行做生意。在中国广大的内地吸引白银

评估懋业银行账簿的困难和由于中美双方账目核算的过程不同造成的复杂性，在伊斯特威克致唐默思的信中有明确说明。June 21, 1921, "Report and Analysis: General Balance Sheet as of the Close of Business December 31st, 1920, and Consolidated Statement of Income and Expenses for the Year Ending December 31st, 1920, and Consolidated," Thomas Papers. See P'ing-chai, "Chung-mei ho-pan," 109.

① Thomas to Abbott, Mar. 15, 1920; Thomas to W. J. Sturgis, May 20, 1920; Thomas to Advisory Committee, Mar. 8, 1921; Thomas to Bruce, Apr. 15, 1921, Thomas Papers; Thomas, "Selling and Civilization: Some Principles of an Open Sesame to Big Business Success in the East," *Asia*, XXII (1923), 896-99; "Banking in China Shows Rapid Shift to New Ideas," *China Press*, May 13, 1923.

储蓄的计划也从来没有落到实处。①

表 2　1921 与 1922 年间懋业银行与一部分中国新式银行的储蓄对比(以墨西哥元计)

银行通称	1921	1922
中国银行	176199968	不详
交通银行	115963700	不详
浙江实业	8027979	8129697
中南银行	6818144	6507932
中富银行	5116550	5510864
浙江兴业	16688879	49622485
上海商业储蓄银行	13438780	12339902
懋业银行	14132598	9171220

资料来源:弗雷德里克·李,《中国的货币、银行和金融》,第 87 页;中华懋业银行,《简明资产负债总表》,第 50 档案柜,唐默思档案文件;《中国主要银行的账目分析》,1932 年,第 17 页;《中华报》,1923 年 5 月 13 日。就懋业银行来说当时已将美金按 1∶2 比例换成了中国(墨西哥)银元。

进一步的分析表明,唐默思关于银行存款的声明要么是可疑的,要么就是被曲解了。与几个运营良好的中国新式银行相比,按照其资本比率,懋业银行的存款并不算多。许多中国新式银行资本更少却吸引了更多的存款(表 2)。比思明确无误地指出了懋业银行的存款由于遵循了一般中国银行的通行惯例,用高息来揽储,从而恶性膨胀了。这一点在华北是千真万确的。比思也质疑是否应该把其他银行的存款也计入懋业银行。有一个让人更为烦恼的断言,暗示在懋业银行里有些个人和银行的存款其实代表着他们的股份。这等于说,要么是银行存款总额夸大了,要么就是股份的认捐额夸大了。无论如何,懋业银行的存款在 1921 年达到一个短

① Thomas to Harrison Hartigan (BAT, Chentow), Jan. 24, 1920; Thomas to Gerard Swope, Jan. 24, 1920; Thomas to James A. Farrell, Apr. 6, 1920; Thomas to Stone, Nov. 19, 1920, Mar. 4, 1922; Thomas to Wiggin, Dec. 30, 1920; Cobbs to Thomas, Feb. 5, 1920, Thomas Papers.

暂的峰值。1923年,当懋业银行的财务状况逐渐恶化广为人知以后,其存款一路狂跌到500万元左右。在其后不久,开始实质性的恢复,1926年存款状况达到顶峰。①

与此同时,懋业银行还要面对巨额日常开销,这消耗了大量银行资本。尽管唐默思和徐恩元在购买办公用地时非廉勿取,在租用楼盘时也力求优惠,但是银行用地还是占用了120万元的资金。徐恩元估算开业头一年的工资和各项花销高达80万元的天文数字。这个问题大都可以归结为人员超编,费用账户过于大手大脚,按中国"政治性银行"的通行惯例办事,还有就是双重管理的配置,再加上懋业银行独有的外国员工的高薪(表3)。为了和中国人在盈利前只拿低工资的传统协调一致,徐恩元每月只领1100元。但是就他为银行所做的特殊贡献,美国合伙人同意另外给他一笔数额差不多的钱作为"奖金"。那就意味着总理钱能训也应当获得同样待遇。唐默思和伊斯特威克奢侈地领取25000美元的薪酬,同时还有费用账户和文秘人员费用。为吸引和留住外国员工,银行发现有必要照中国标准慷慨地给他们发放补贴。②

表3　部分中国新式银行的花费与资本比率对比,1922年

银行通称	比率(%)
中南银行	4.0
浙江实业	64.0

① T. Z. Sun to Thomas, Mar. 30, 1920; Beath to Advisory and to Thomas, Dec. 30, 1920; Woo, "Statement of Percentage of Loans to Capital and Fixed Deposits," May 30, 1921; Eastwick to Thomas, "Report and Analysis of General Balance Sheet," July 21, 1921, Thomas Papers; Lee, Draft, "A Survey of Currency, Banking and Finance in China," DS 893.516/182; "Banking in China Shows Rapid Shift to New Ideas," *China Press*, May 13, 1923.

② Lee, "A Survey of Currency, Banking and Finance in China," Nov. 1, 1922, DS 893.516/182; Bruce to Thomas, May 10, 1920; Thomas to Bruce, June 17, 1920, Jan. 14, 1922; Thomas to Abbott, June 24, 1920; Stone to Thomas and Hsu, Nov. 1, 1921; "Monthly Remuneration of the American and Foreign Staff at the Head Office," and attached "Statement on Monthly Salaries and Allowances" [1921]; "Report of General Expenses, January to April 1921"; "Minutes of a Meeting of the Finance Committee of the Chinese American Bank of Commerce, Apr. 29, 1921"; Lauroesch to Finance Committee, May 11, 1922, Thomas Papers;平斋:《中美合办》,第103页。

（续　表）

银行通称	比率(%)
中富银行	11.5
浙江兴业银行	15.0
上海商业储蓄银行	5.5
懋业银行	7.9

资料来源:《中国报》1923 年 5 月 13 日。

懋业银行在处理自己的纸币发行权上也过于保守,以致不但没有收益,还白搭进去不少钱。银行慢步缓行,而且慎之又慎地进入这一业务领域。第一批纸币仅在北京和天津发行,得到公众认可以后才推广到其他分行。而哈尔滨分行,就像其他私营银行一样,从来没有发行过纸币,因为奉系军阀张作霖统治东三省,完全控制着他统治区域内的货币。美国合伙人坚决主张,而且中国投资者也同意,纸币必须完全可兑换成白银,并且要有百分之百的白银储备金。他们对每个分行的纸币发行额度和配额都推行严格的限制。因而,懋业银行认为发行纸币完全是为了方便客户。这就意味着懋业银行还要在印制纸币(在美国印制)、储存和管理上耗费金钱。另一方面,懋业银行基本躲过了 20 世纪 20 年代中国频繁的财政恐慌和银行挤兑中的大规模回赎和撤资。许多中国新式银行和大量外资银行,其中包括友华银行和中法实业银行,在这种经济恐慌中损失惨重。①

有许多因素,包括在投机活动中的无能和大意,造成了懋业银行在外汇交易中的巨额花费和大量亏空,据估算仅 1921 年一年损失就多达 500—600000 元。部分问题先天性地来自于银行资本以黄金方式留存。美国投资人无条件坚持银行的黄金资本必须一直得到保护,而且黄金储

① Tel., Thomas to Advisory Committee, Apr. 21, 1921; American Advisory Committee to Chinese American Bank of Commerce, Apr. 21, 1921; "Minutes of a Meeting of the Finance Committee of the Chinese American Bank of Commerce," Apr. 29, 1921; Thomas to Fisher Yu, Feb. 17, 1926, Thomas Papers; "The Chinese American Bank of Commerce," undated memorandum, box 16, Thomas Papers. 汇丰银行经营纸币的方式与其相似,同样也招致了亏损。King, *The Hongkong Bank between the Wars*, 62.

备金必须集中在纽约。唐默思的计划是在黄金比白银的比价高时购入白银并送往中国以备经营之需,而在相反时购进黄金运往纽约。然而这些操作将本可以用于在中国发放贷款的资金套牢了。而且,懋业银行试图在汇款业务上一显身手,并开展外汇和本地货币的兑换业务。懋业银行在这个业务领域里所占的份额一直很少,因为外国银行,特别是汇丰银行一直在这个领域中独占鳌头。与此同时,中国的本地银行则控制着国内货币市场。再者懋业银行也缺乏具备这种能力的人来操盘。另外许多懋业银行的高管和中国的银行业者都相信汇丰银行和少数几个其他外资银行垄断了远东的金银和货币市场。尽管一些大的外国银行可能通过大宗交易对它们施加一些影响,并且相对于更小的玩家来说,大银行具有优势但这一说法值得怀疑。懋业银行也有自己特殊的苦衷:它是一家中资机构,因而外国银行协会将其拒之门外,又因为它还有外国老板,中国银行公会也不接纳它。

尽管面对这样的现实,美国合伙人中有些人,特别是韦耿,觉得银行应当进一步开拓外汇市场;其他人,包括唐默思在内,觉得应当加强银行在中国银行业界的表现和声望。自然而然,懋业银行被迫一直从事险象环生而又反复无常的金银和外汇交易。而且还要肩负起更高的使命,就是买进和卖出黄金、白银和货币期货。估计每年其成本占懋业银行黄金资本总额的百分之二十。尽管美国合伙人反反复复地提醒,唐默思和其他一些外方经理还是会忽略在外汇市场中为银行资本提供保障。而在某些时候,就算是有名的老手耿爱德(Eduard Kann)也会在外汇运作中失手。而有些中外员工在白银和外汇投机中操盘就更是危险。美国合伙人和唐默思曾明确反对这一活动,因为这是个赔钱的买卖。尽管如此,有些经理还是不顾这一禁令,因为他们认为这样能使银行迅速获利,要不然,就是像胡庆培事件那样,涉足投机德国马克,目的是中饱私囊。①

懋业银行实际上所有为盈利而调配资本和资源的努力都功败垂成。

---

① Hsu to Thomas, Nov. 1, 1920, box 47; Thomas to Bruce, Apr. 15, 1920, Jan. 14, 1922; Stone to Thomas, Oct. 7, 1920; Thomas to Stone, Nov. 19, 1920; Volger and Wei Chung Chi to CABC Head Office, Nov. 12, 1920; telegrams between Hankow Branch and Peking office of CABC, Dec. 11, 1920; "Instruction to Branches and Sub-Branches, n. d., box 48; Williams to

尽管懋业银行与亚洲、美洲和欧洲超过一百家银行建立了联系，但却从来没有为对外贸易提供过资金，这些业务一直掌握在那些更大的外国银行手中。汇丰银行或者是万国宝通银行那样的银行实力雄厚，经验丰富，有稳固的客户，在货币市场占垄断地位，懋业银行难以与之分庭抗礼。另外，到 1922 年为止，懋业银行在外国的商业圈里已是声名不佳。[①]

懋业银行本来要在中国的贸易和工业发展上大展拳脚，同样也没有什么骄人的战绩。唐默思、中国人，最明显的是伊斯特威克希望能加强工业贷款。但施栋总体上认为，为当地贸易提供资金具有更大的商机。不过两种努力都未获成功。懋业银行的确在大城市为一些商家做过贷款，其贷款从 1920 年秋开始以每年 20% 的速度增长。但是后续进展却因为中国本地银行持续控制内地贸易而举步维艰。而后到 1920 年底，中国开始感受到了全球经济萧条的影响。1920 到 1921 年的大饥荒，再加上 1923 年的兵乱，使商业市场的信心进一步受到打击。与此同时，工业的发展也放缓了脚步，甚至上海也是如此。艾利森·爱德华兹（B. Allison Edwards，慎昌洋行）提出建议，在银行中新建一个股票和债券经营部，但是这一建议由于商业下滑也被搁置，当然也与懋业银行与日俱增的问题有直接关系。施栋和白鲁斯也曾一时冲动，想要开办一家独立的投资公司，懋业银行可以作为一个投资方，不过后来也被忘到九霄云外了。懋业银行 20 世纪 20 年代在《北华捷报》上刊载股票报价，但令人怀疑也许只

Thomas, Aug. 11, 1921; Thomas to Chinese American Bank, Aug. 31, 1921; Thomas to Eastwick, Sept. 1, 1921; Lauroesch to Finance Committee, May 11, 1922; "Recommendations To Be Submitted To the General Meeting of Share-Holders To Be Held In Peking, May 28, 1922"; S. K. Shen [?] to Thomas, June 21, 1922, Thomas Papers; P'ing Chai, 平斋:《中美合办》，第 105、109—110 页；唐默思离开银行以后，曾警告反对从事外汇的投机业务，在外汇交易中投机的小银行一旦持仓，大银行立刻就会知晓，为了保护自身利益做出反应。参见 Thomas to Shen, July 19, Nov. 17, 1924, Thomas Papers。力量强大的香港汇丰银行在应对银价下滑时也困难重重。King, *The Hongkong Bank Between the Wars*, 3-4, 68-70, 82, 122-28.

① C. Lauroesch to Finance Committee, May 11, 1922, Thomas Papers.

是故作姿态地表示对该领域的兴趣而已。①

懋业银行总是把"投资"放在资产负债表上(参见附录)。关于它们的构成并没有一个完整、详尽的细目。在1921年所开列的85万美元之中,有25万美元用于高折扣购买中国财政部公债和债券。这里面有一些,特别是以盐政盈利作担保的公债确实曾给懋业银行带来了可观的回报。其余的,由于中国政府拖延利息支付或者干脆拖欠不还,就变得分文不值。还有很大一笔钱投在了房地产上,这是中国新式银行共同的嗜好。对于在黄金对白银的比价处于高位时,购入房地产的安全性问题,施栋曾表达过关切。唐默思,作为一位在华房地产投资的专家,常常想方设法使其确信投资房地产万无一失,前景一片光明。②

在这种情况下,懋业银行的资本主要用在了两个方面:在其他银行的储蓄和政府贷款。两项投资的预额回报都应该非常高。但是事实证明,这两种投资的风险都大得出奇。

在1921年,银行一半以上的资本,大约有850万美元,由在其他机构的存款,或给其他银行的贷款和透支款组成。懋业银行有一部分业务是与外国银行做的,但绝大多数的生意则是与中国的新式银行、本地银行和现金交易所进行的。事实上,天津分行和济南分行的资本都是以这个方

---

① Eastwick to Thomas, June 21, 1921; Thomas to Bruce, Mar. 10, Oct. 25, 1921, Jan. 14, 1922; B. Allison Edwards to Thomas, Jan. 13, Feb. 25, Apr. 18, 1921; Thomas to Edwards, Apr. 23, 1921; Thomas to K. P. Chen, Oct. 28, 1921, Thomas Papers;平斋:《中美合办》,第105页。See issues of the *North China Herald*, 1921.要了解懋业银行的客户、商业贷款的种类及其透支额度,参见"A List of Unpaid Loans and Overdrafts of Shanghai Branch (No. 8), Hankow Branch (No. 9), Tsinan Branch (No. 10), Head Office (No. 11), Peiping Branch (No. 12), Tientsin Branch (No. 13)", box 25, Young Papers。芮恩施对懋业银行在发展实业方面的表现大失所望,导致了他想与周自齐、李森龄(Li Sumling,据英文回译。——译者注)创办第二家中美合作银行。但时值大萧条时期,芮恩施和他的关系伙伴无法使美国人对这个计划感兴趣。Reinsch to Hsu Singloh, Dec. 8, [1920?]; Reinsch to Chow Tze-chi, Nov. 9, 1920; Reinsch to Harry N. Merrick, Jan. 5, 1921, Reinsch Papers.

② Eastwick to Thomas, June 21, 1921; Stone to Thomas, Oct. 7, 1920; Thomas to Stone, Nov. 19, 1920, Thomas Papers; Frederic Lee, "A Survey of Currency, Finance and Banking in China," 153-55, DS 893.516/182; Baen Elmer Lee, "Modern Banking Reforms in China," 160-62.关于被当作投资的抵押物的种类,可参考20世纪30年代阿瑟·N.杨格收集的资料。参见"Chinese American Bank of Commerce: Investments," Nos. 6, 10, box 25, Young Papers。

式投资的。与此大同小异的是,汉口银行也大量地投资重庆现金交易所,还有它们自己城市的交易所。甚至就连上海分行也以此来开展它的大部分业务。懋业银行资本的调度模式反映了中国新式银行的基本情况,而且这样的运作也是有利可图的。在1921年,给中国本地银行的存款和贷款每月赚到1.6%的、极具诱惑力的利润。然而,根据伊斯特威克和弗里曼(Freemen)在1921年夏天的调查显示,懋业银行以低利息把数额巨大的资金存入了那些最初在懋业银行购买股份的银行。

由于中国经济形势的恶化和中国新式银行的高破产率,这些活动具有极大的风险。当1921年夏天中法实业银行终止支付其纸币并最后破产,这点变得众目昭彰。这一主要机构的倒闭引起整个中国银行业界的强烈震动,包括国民城市银行、美丰银行、中华汇业银行都受到了影响。这件事也使中国人对外资银行的信心大为下降,同时又对外资银行发行纸币的特权更加敌视。当美国合伙人得知懋业银行在这家倒闭的法国银行中至少有15万美元的存款时,也惊得目瞪口呆。上海分行肯定早已得知中法实业银行遭遇困境的情况,在其停止支付的十天以前就要求其将一部分结余转移给懋业银行在巴黎的机构。然而中法实业银行最后没能支付。不知什么原因,上海分行也没有把这个疑点报告给懋业银行总部,而北京分行在这家法国银行也存有大量存款。中法实业银行的倒闭导致了一定数额的亏损。但是总的来说,懋业银行还是在这一风暴中顺利地挺了过来。懋业银行欠中法实业银行的数量可观的债务被取消了,懋业银行还获得了原来中法实业银行的一些客户。此外,中国银行公会、中国银行和中国财政部都出面干预,保障中法实业银行纸币的支付。[1]

在1921年秋,伊斯特威克和弗里曼对银行状况做了一次全面分析,

---

[1] Frederic Lee, "A Survey of Currency, Banking and Finance in China," DS 893.516/182; Eastwick to Thomas, June 21, 1921; Yi Chen to Thomas, July 4, 1921; Williams to Thomas, July 8, Sept. 3, 1921; Shen to Thomas, July 12, 1921; Hsu to Thomas, July 15, 1921; Thomas to Hsu, July 22, 1921, Thomas Papers; clipping, "Report in Native Papers Starts Run on Asia Bank's Local Office," *North China Star*, July 7, 1921, RG 84, Tientsin Post file 851.6, 1921, vol. 44; 让在中国的储户大为惊愕的是,中法实业银行利用了法国法律的一个漏洞,逃避清偿其债权人的债务,反而参与开发了1922年北京有轨电车系统项目。*The Times* (London), June 19, 1922.

并建议银行立即大幅削减在其他银行的存款数额,而且银行总部要对各分行资金的分配调度加强管理。由于中国的经济形势和北京政府面临的财政危机,他们预计 1922 年初问题将十分严峻。他们预料春节将加重中国各银行的负担,这个时候中国人通常撤回资金并结算账户。因而,他们极力主张懋业银行要增加现金头寸,尽管这意味着要少赚些钱。这个建议是不是真的贯彻执行了也不十分清楚。但是,懋业银行确实在 1921 年 11 月 19 日中国各银行所经历的严重挤兑的浩劫中虎口余生。①

然而,涉足中国的政府贷款,确实成了压在中华懋业银行身上的梦魇。这样做也强化了中国投资者中政治因素的主导,使得美国人的管理支配形同乌有,并使懋业银行逐渐演变为一个中国的新式银行。除了一小部分例外,给政府贷款的决策是由总部作出的,贷款直接由总部或北京和天津分行来发放。涉足中国政府贷款的这些中方管理人员做了不计其数的违规行为,根本没有留存足够的记录和凭证,而且在 1921 年以后,就更加明目张胆地违反银行的规章制度。② 胡庆培,懋业银行北京分行的经理,通过批准这类贷款而获取佣金。

想要说清在 1919 年到 1923 年间,银行所做的政府贷款的确切总额是不大可能了。两年以后,由沈成栻牵头的一个特别委员会做了一次翔实的调查,在 1925 年提出一份报告,政府贷款及其逐年产生的利息总额约为 600 万元。20 世纪 30 年代中期,中国财政部特别顾问阿瑟 · N. 杨格(Arthur. N. Young)收集了中国政府未偿还债务的信息,表明政府欠懋业银行 820 万美元之巨。这些数字不包括已经偿付了的和作为呆账最后勾销了的。而且凭据也不完整,此外,一旦收到了利息,一些贷款也就转

---

① Eastwick and Freeman to Thomas, Nov. 8, 1921, Thomas Papers. 美国合资方对于中华懋业银行将存款存入中国的小银行很不高兴。Tel., Stone to Hsu, May 21, 1922, Thomas Papers.

② P'ing-chai, "Chung-mei ho-pan," 105; Williams to Stone, Aug. 24,1925; Circular Letter [by Shen Chi-fu], Sept. 8, 1925, Thomas Papers; Memorandum, "Certain Developments in Connection with the Status of the Chinese American Bank of Commerce," Oct. 31, 1922, in Schurman to SecState, Nov. 1, 1922, RG 84, Peking Post file 851.6, 1922, vol. 44; "Chinese-American Bank of Commerce: Government Loans," "Chinese-American Bank of Commerce: Government Loans," No. 7, and "Chinese American Bank of Commerce: Condensed Statement of Government Loans," No. 11, box 25, Young Papers.

成了投资。①

通过对现有数据的重建,可以得出如下中华懋业银行给政府贷款的部分历史。1919 年 10 月,在银行没有正式营业以前,懋业银行就向中国财政部贷款 45 万美元,这就是臭名昭著的“金元贷款”。非常明显这是对于参与银行的政客或者希望批准银行许可而付出的报酬。银行开业后不久,北京分行和天津分行就为平绥铁路进行了一系列的贷款,总值 85 万元,以铁路公司债券做担保。1920 年夏天,当交通部继续大肆借款时,懋业银行又从其 200 万元的债券中购买了不知多大额度的一笔。而且它还直接贷款给交通部白银 5 万两,以交通银行的股份做担保。在 1920 年 10 月到 1922 年 6 月期间,银行提供给财政部的大额贷款就有三次,小的不计其数(有些贷款实际是给交通部的),总计超过 100 万元。其中有两笔是新华储蓄银行和华意银行参与来做的。与此同时,北京政府中的各部受迫于毫无指望的财政部,为了给自己筹集经费,想方设法协商一些小额贷款,特别是从外国银行那里。懋业银行有一大笔贷款是借给教育部的,还有些相对小额的贷款是贷给司法部和京师警察厅的。懋业银行还承担了相当大一部分 1920 年中国东方铁路的短期贷款。②

---

① Shen Chi-fu to Stone, Sept. 9, 1925, Thomas Papers; *Shen pao* Dec. 18, 1920, Sept 2, 1923; “Chinese American Bank of Commerce: Government Loans,” “Chinese American Bank of Commerce: Government Loans,” No. 7, and “Chinese American Bank of Commerce: Condensed Statement of Government Loans, No. 11”; “Chinese American Bank of Commerce: Investments,” Nos. 6, 10, box 25, Young Papers; Frederic E. Lee, “A Survey of Currency, Banking and Finance in China, DS 893.516/182. See also King, *The Hongkong Bank Between the Wars*, 83.

② 懋业银行贷款的梗概来自于如下资源:Williams to Stone, Aug. 24, 1925; Williams to Thomas, Sept. 3, 1921; Yi Chen to Thomas, Sept. 21, 1921, Thomas Papers; *Shen-pao*, Dec. 18, 1920, Sept. 2, 1923; “Outstanding Loans of China,” n. d., “Abstract of Inadequately Secured Domestic Loans of the Ministry of Finance, July 1, 1929,” and “Outstanding Loans of China,” including loan from Chinese American Bank of Commerce, $268,000, 1922,” “Loan from Sin Hwa Commercial and Savings Bank and Chinese-American Bank of Commerce,” “Loan from Cheng I (Italian Bank for China),” box 19, Young Papers; “Chinese American Bank of Commerce: Government Loans,” No. 7, “Chinese American Bank of Commerce: Government Loans,” and “Chinese American Bank of Commerce: Condensed Statement of Government Loans,” box 25, Young Papers。懋业银行很有可能在 1921 年给财政部的 9600 万元还债贷款中也贡献了一份,而此时多国借款团和外国贷款的可能性几乎消失了。这一次发行的债券折扣很低,而且由于银行业公会很大程度上控制了政府的金融,使债券的条件十分

政治的“义务”在懋业银行参与政府贷款中起了主要作用。但是由于缺少其他赚钱的生意，再加上中国政府贷款的担保收益十分诱人，也导致进入这一领域。例如，已经囊中羞涩的北京政府，每月还得按1.6—2.0%的利率来还债。随后的拖欠还款导致了每月 10%—12% 的约定回报。但是懋业银行很少能按时收到利息，如果有的话；而且只能收回较早些时候贷款的一小部分本金。从这一点上说，它比许多其他中国的债权人要幸运得多。

在最后，这些政府贷款成了懋业银行的灾难，成了对合资公司资源最主要的消耗。这些贷款使美国合伙人火冒三丈，使银行的投资人相互猜疑，恶言相向。这些贷款耗尽了银行高管们的心神，他们要不厌其烦地与政府官员们讨价还价，希望能偿付利息和本金、退还借款，或者是使用随机应变、不那么光明正大的办法，以期至少可以部分偿付。窍门就是用外国银行代理的中国税款来保障偿付，那代表着“实实在在的钱”。懋业银行使用这一招偶尔会获得成功。实际上，它参与了华意银行贷款，因为这项贷款由汇丰银行用盐税盈余来偿付。懋业银行在这笔贷款中持有的份额有 15 万元，但其中只有 7 万元为新注入资金，另外 8 万元将作为未支付利息返还给银行。然而，这个过程只不过让懋业银行更多地卷入到中国混乱而腐败的政治世界。①

对懋业银行早期历史的回顾暴露出，到 1922 年初，它已经陷入严重的困境之中。银行管理不善，事情的处理完全没有章法。银行没有任何方向，四下漂流，毫无目标而且危机四伏。懋业银行在许多方面都暴露出了问题。银行还得忍受它在外国银行界、中国商界和金融界日益被搞臭

严厉。价格颇具吸引力的债券刺激许多中国银行参与，对中国政府贷款与中国新式银行这一主题的探讨见 Nathan, *Peking Politics, 1918-1933*, 74-90 and Fairbank, ed., *The Cambridge History of China*, vol. 12, 268-71, 783-84。

① Eastwick to Thomas, June 21, 1921; Williams to Thomas, Sept. 3, 1921; Thomas to Stone, May 4, 1922; Tel., Stone to Hsu, May 21, 1922, Thomas Papers; Memorandum, “Certain Developments in Connection with the Status of the Chinese American Bank of Commerce,” Oct. 31, 1922, in Schurman to SecState, Nov. 1, 1922, Peking Post file 851.6, 1922, v. 44. 对屡次出现的懋业银行的政府贷款事件将在后续章节中大篇幅讨论。

的名声。非常清楚,这个试验性的合资企业的创立者们曾经抱有的希望和雄心也消退了。全球的经济衰退、太平洋拓业公司的特殊问题、匆匆忙忙地购进马尼拉分行和哈尔滨分行加重了它的苦难。尤其是懋业银行无法将其资源调配到合理的、有利可图的方式上去。由于美国合伙人与银行官员们就有关银行应当专注于哪个领域的业务难于达成一致,因此在某种程度上说懋业银行竭尽全力要进军银行业的所有领域。但是银行的资本可谓捉襟见肘,又缺少高效地涵盖所有领域的专门技能。中国和美国合伙人的要求和各自的利益也把银行拖向那些高风险的业务里。

但就算领导层可以达成种种共识,事情的结局会不会有所不同也令人生疑。中国既存的经济和金融系统限制了银行的金融活动。懋业银行不具有既有的外资银行的实力,却有着许多中国银行都有的弱点。于是,它就跌落到一个灰暗的世界,成为一个横跨中外银行业的“杂种”合资企业。可是不管是外国还是中国的银行同业公会都把它拒之门外,这既有象征意义又具有实际意义。直到20世纪20年代初,部分地由于环境(中国的银行环境),部分地源于蓄意(中国银行官员的主动性),懋业银行的运作全然是一个中国新式银行了。考虑到中国新式银行在一战后的所经历的沧桑风雨,这绝不是一个鼓舞人心的进步。[①]

---

① 对于1922年初懋业银行危险处境令人警醒的回顾可参见C. Lauroesch to Finance Committee, May 11, 1922, Thomas Papers, and the general critical analysis in P'ing-chai, "Chung-mei ho-pan," *passim*。

第五章　何去何从
——十字路口的合资公司

1922年的春夏之时，愈演愈烈的中美合作伙伴之间的纷争浮出表面，造成了使合资公司走向崩溃瓦解的威胁。曾几何时，日渐增长的紧张关系被表面的成就、对中美合作的倡导，乃至唐默思与徐恩元起决定作用的努力所掩盖。然而，中美懋业银行必须面对严峻的问题并停止银行资源的消耗。对未来的发展方向、政策，还有助长猜忌和放大敌意的特性，要做出艰苦的决定。这样的两难之境，对中美双方的合作伙伴在客观上都产生了挑战。它们不仅尖锐地暴露出文化价值观的分歧、处事方法的差异，对于这个他们共同确立的新制度体系，双方理念的迥乎不同也日渐突显。

同时，不管是美方还是中方的合伙人，特别是中方的小投资者，在提出争议、要求改革或保护其利益方面态度愈加坚决、寸步不让。唐默思和徐恩元经常陷入这些明争暗斗之中，处境十分尴尬。在这个过程中，两人能否控制各自的支持者、跨越日益扩大的鸿沟并保持对合资企业前景的一致意见，便备受质疑。结果导致了唐默思与徐恩元的联盟和友谊在一些关键事件中屡屡受到考验。唐默思被各种各样的你争我夺搞得心力交瘁，而且对美国合伙人的支持也难以确定，开始把从银行隐退提上日程。徐恩元每况愈下的健康状况以及逐渐脱离银行事务使事情更加复杂。于是，在他们为了争夺对银行的控制权而按各自的打算推进时，美方和中方的投资人开始重新审视他们与合资公司的关系。

ᔕ ᔓ ᔕ ᔓ ᔕ ᔓ

一系列由耿爱德（Edward Kann）、劳理植（C. S. Lauroesch）、麦克

斯·叔普(Max Shoop)以及彼得·拉斯峰(Peter Rathron)所提议的内部研究和推荐政策,还有伊斯特威克和弗里曼的持续评估,迫使中美合作银行的领导层把目光聚焦在合资公司出现的问题和未来的走势。外国专家提议中美合作银行终止政府贷款,并清算资产负债表,尽快勾销项目呆账。他们强烈建议最高决策层集中银行的有限资源到选定的领域,并有效地组织自身,以便开展这项业务。耿爱德与劳理植建议将银行流动资产统筹起来并集中于上海,允许各分支机构以透支的方式为合理需求提取款项。他们同时赞同把所有国际汇兑集中到上海。在任何情况下,除了马尼拉分行以外,各分支机构必须把各个分立账户合并到纽约的某个单独账户上。劳理植要求关闭哈尔滨分行并在香港增设新的分支机构,他感到这样对于控制银行的国际汇兑和套利将是至关重要的。尽管意识到“混血”银行的弱势地位,劳理植还是认为中华懋业银行必须在国际汇兑上留一手。他也想让中华懋业银行涉足工业、商业的融资,但必须由总部来控制各分行的活动。

而叔普的建议更加富于远见,不过也充满争议。叔普要求管理上有更多的外国监管,总部集权管理,取消各分行的中美双重经理制,而且要创建银行总经理职位。最后两项建议似乎要修改管理协议,叔普认为应该任用伊斯特威克为银行总经理兼银行业务部经理。为了应对不可避免的反对,叔普希望让伊斯特威克,以及一位讲英语的中国协理在财务委员会的监管下工作。叔普也想任命劳理植为首席观察员,因为北京分行搞得一塌糊涂,他要选派一个外国人来协助中国经理。①

唐默思非常器重耿爱德和劳理植,对他们的许多建议给予支持,这一点也得到了J. B. 李(J. B. Lee)的赞同和认可。他是一位英国银行家、中华懋业银行的友人和顾问。唐默思原则上同意把国际汇兑和某些其他业务集中到上海。由于对北京政治气候的不适应,他已然动员中国银行界的领袖人物支持自己把执行部迁到上海。中国银行上海分行的经理宋汉章为他提供了支持,“上海乃中国之纽约,各大银行总部齐聚于此,且商业

① Kann, memorandum, “Concentration of Foreign Business at Shanghai,” Jan. 16, 1922; Shoop to Thomas, Apr. 8, 1922; Lauroesch to Finance Committee, May 11, 1922, Thomas Papers.

气息纯正可闻”。[①]

然而,唐默思在一些重要观点上与他们大相径庭,而且他似乎对缩小懋业银行的业务范围持反对的观点。尽管唐默思承认中国已经因为债务而不堪重负,他还是乐观而又天真地坚信懋业银行的政府贷款一定可以得到清偿。唐默思期望懋业银行可以进入优质的工业贷款领域和一些前景可观的商业业务,特别是把业务拓展到市场富于活力的天津和汉口。他没有像耿爱德和劳理植那样对懋业银行参与外汇业务持悲观态度。他解释说,中国银行公会把懋业银行排除在外的唯一原因,就是中国银行业者不能容忍中国和日本合资银行也进入公会。而且,外国银行协会最终不得不容纳中方机构,因为它们必然要去处理日益增长的外汇业务。[②]

叔普的远见卓识则是另一回事。这位美方协理同意银行业务部门的核心应有效地组织,而且他支持废除分行的双重权力制。但是他坚持主张任何大的改革,特别是银行业务部门的重组,应该遵循管理协议。伊斯特威克持续游说施压以推动建立总经理职位,结果除了引起中方的反感之外毫无用处。唐默思在 1921 年夏天就曾劝说美方,指出中方,特别是徐恩元,反对任何对管理协议的修改。尽管外国专家不断建议,唐默思都力排众议,一直在支持中方立场。[③]

与此同时,中方包括徐恩元,明确地表达了对银行业务特色及其未来发展方向的观点。于是在 1922 年 5 月,一群意见相左的持股人准备了一份建议清单,他们计划将其提交到股东大会,其中包括从削减中华懋业银行的费用、兑换黄金到宣布分红并重新打造财务委员会等关键问题。[④]

---

① Thomas to Kann, May 30, 1921; Thomas to Banking Department, June 15, 1921; Sung Han-chang to Thomas, Apr. 13, 1922; Thomas to Finance Committee, June 20, 1922; Thomas to Stone, May 10, Oct. 2, 1922; Lee to Thomas, July 5, 1922; Thomas to Lee, Aug. 26, 1922, Thomas Papers.

② Thomas to Bruce, Jan. 14, 1922; Thomas to Stone, May 23, 1922; "Memorandum Prepared for N. Peter Rathvon," Feb. 6, 1922; Memorandum [by Thomas], May 24, 1922; Thomas to Lee, June 17, Aug. 26, 1922, Thomas Papers. 李可能带头提议建立伦敦办事处。

③ Shoop to Thomas, Apr. 8, 1922; Thomas to Stone, May 23, 1921, May 4, 1922; Thomas to Hsu, July 28, 1921; Hsu to Thomas, Sept. 19, 1921, Thomas Papers.

④ Thomas to Lee, Aug. 26, 1922; "Recommendations to Be Submitted to the General Meeting of Share-Holders to be Held in Peking, May 28, 1922," Thomas Papers.

有关中华懋业银行的未来发展的争论现在也一并夹杂在其中。在这当中,融入了通情达理的和解、富有建设性的解决办法,当然也不乏相互的质疑和尖锐的分歧。对主要问题的回顾提供了对懋业银行事态的理解,同时也表现了中美双方各自的牢骚不满和各种回应,它们在 1922 年季春和夏天的剧烈对抗中达到高潮。

管理的重组和集中

截至 1922 年年初,中美双方投资人之间,以及懋业银行管理高层中终于达成共识,即银行必须实现运营合理化和建立其优先发展的重点。分行的半独立状态,总部蔓生的混乱局面和管理不善已然是灾难性的,极不可靠。1920 年秋,总部下发了划一的规章制度,强化了对分支机构的掌控。财务委员会把定期贷款的限额定在 5 万元,禁止分行把这些款项提供给政府部门和雇员。然而其成效却迟迟难来,懋业银行还远未涉及在中国银行的存款、对投资的掌控、政府贷款的回收等关键性议题。

1921 年 6 月,包括劳理植、胡庆培和黄明道在内,组建了一个委员会,计划把分行的贷款、抵押和投资集中到财务委员会手中,在这个过程中还要做一个全面的调查。他们希望这一举措可以减少开支,加强掌控并能够使财务委员会就还款问题直接与北京政府展开磋商。这种努力一度被胡庆培破坏了。把必要的信息收集起来和启动收回政府债务要花费几年的时间。①

当美方得知懋业银行大规模向政府敞开放贷,立刻介入事态。愤怒的顾问委员会于是要求银行撤出这一业务。1922 年年初,财务委员会完全禁止政府的后续借款,下令全部现有贷款和投资必须尽快收回,而且财务委员会以表决形式结束了在中国小银行储存资金的惯例。财务委员会同时发布了一项政策声明,宣布懋业银行基本从事地区商业事务,促进和

---

① Memorandum Prepared for N. Peter Rathvon, Feb. 6, 1922; Thomas to Lee, June 12, 1922, Thomas Papers; P'ing-chai, "Chung-mei ho-pan," 104-05.

培养中国和其他国家，特别是美国的商务往来。①

然而，这些举措并不总是能达到期待的结果。它们易于在政策方面使中外雇员中广泛存在的分歧更加明显，并助长了分行的怨恨与反抗。分行坚持辩称认为像中国这样的大国，各地条件差异很大，政策应当相对灵活，富于弹性。作为对于财务委员会超级权威进行回击的一部分，持异议的中国股东支持给予分行更大的、相机而动的弹性，原因是“应该抓住稍纵即逝的机会”。事实上，很多外国员工都忌妒地保护自己分行的自主权益，指出每个分行都持有股份，和总部一样在纽约开设的账户。各分行于是继续力争，它们的武器就是对总部的指令视而不见。②

最高领导层对管理员工无能为力，在大家心目中最糟糕的例子，就是北京分行的中方经理对高层的桀骜不驯。尽管美国合伙人与中方高层的共识，以及财务委员会对新政府的借款禁令，1922 年 6 月，胡庆培仍批准了对交通银行的贷款。银行官员随后发现胡庆培在账簿上记录下中国政府为贷款所提供担保的价格竟为其市价的两倍。在财务委员会上，伊斯特威克和彼得·拉斯峰希望将胡庆培解职，此时唐默思回美旅行，由他们代行唐默思的职权。钱能训总理反对这个提案并退出会议，进而使得任何行动都不能实施。财务委员会的美方成员对中方这一伎俩与对未将胡庆培扫地出门一样怒火冲天。但是，徐恩元向唐默思和美国的合伙人解释，中方领导层感觉胡庆培有必要继续留任，因为他正在协助海关筹集新的国债借款用以偿还太平洋拓业公司的贷款。此外，胡庆培与徐恩元关系密切，他还被李纯的家族所“保护”。虽然李纯在 1920 年 10 月自杀，但其家族却在银行中保持强有力的影响，还在 1922 年秋尝试购入大通的

① “Translation of Circular in Chinese, Oct. 22, 1920”; Thomas to Eastwick, Sept. 1, 1921; “Proposed Alterations of the Rules Governing Time Loans,” n. d., box 48; “Instructions to Branches and Sub-Branches,” n. d., box 48; “Memorandum Prepared for N. Peter Rathvon,” Feb. 6, 1922; tel., Stone to Hsu, May 21, 1922, Thomas Papers.

② Volger to Thomas, May 31, 1921; Thomas to Eastwick, Sept. 1, 1921; Kann, Memorandum on Concentration of Foreign Business at Shanghai, Jan. 16, 1922; Lauroesch to Finance Committee, May 11, 1922; “Recommendations To Be Submitted To the General Meeting of Shareholders to Be Held in Peking, May 28, 1922,” Thomas Papers; P'ing-chai, “Chung-mei ho-pan,” 104-05.

股份。

唐默思对钱能训的行为深表遗憾,因为适值美国纽约方面正在对银行前景做出评估,这就加大了美方对中方的顾虑。于是唐默思要求顾问委员会指示拉斯峰对任何报复性行为保持克制。既然无法解雇或调走胡庆培,唐默思和沈成栻建议钱能训和徐恩元让他忙碌于劳理植借款委员会的工作中无暇他顾。值得玩味的是,胡庆培在购买大通股份谈判失败后旋即被扫地出门,尽管他似乎很快就复职了。[①]

中华懋业银行在政府贷款上的"惊人之举"是美国合伙人面临一个更大问题的征兆:对于银行的财政状况,他们一直无法获得及时可靠的信息。由于信息匮乏,美方对他们投资的安全性忧心忡忡,而且他们对指挥和掌控合资企业也感到无望。纽约与中国业务中心的距离使问题进一步恶化,特别是在那个信息还不大通畅的时代。跨太平洋的电报不但价格昂贵,而且常常靠不住,收到的信息被断章取义,而速记码不好制作,粗陋而且错词漏字。

美国合伙人认为唐默思已在1921年夏季以前清理了报告系统的问题。然而1921年秋天,拉斯峰却向唐默思诉苦说,他没有任何精确信息对分行的情况做出判断,因为他无法获得有关分行贷款未偿还或透支总额信息的描述。伊斯特威克和弗里曼谴责中方未能向他们提供详细的信息,并宣称执行部现行的运行机制有碍于财务委员会详查银行业务。他们要求唐默思作为美国在中方的全权代表,采取必要的行动以扭转不利的形势。作为回应,唐默思否认有人正试图扣留情报。他解释说目前的困难是由银行内部工作人员的会计核算不一致引起的。但既然目前已经采用各种形式达成了协议,唐默思就向美国合伙人保证说信息从各分行传递到总部再转到纽约应该可以畅通无阻。伊斯特威克和弗里曼暗示中国人并不那么天真,并且明确地把他们的怀疑传到美国合伙人耳朵里。

① P'ing-chai, "Chung-mei ho-pan," 107; Cable from Hsu, Aug. 3, 1922; Thomas and Shen to Hsu, Aug. 4, 1922; S. K. Shen to Thomas, Mar. 26, 1924, Thomas Papers; Memorandum, "Certain Developments in Connection with the Status of the Chinese American Bank of Commerce," Oct. 31, 1922, in Schurman to SecState, Nov. 1, 1922, RG 84, Peking Post file 851.6, 1922, vol. 44.

在1922年中美对抗中,美国人把这种不满当成一个主要议题。①

正值中美合伙人即将为合资企业何去何从最后摊牌,而唐默思也提出了辞呈的时候,有限改革所表现的不足之处鼓舞了叔普接受伊斯特威克接二连三的把权力集中到总行经理手中的要求。沈成栻在徐恩元患病期间,在董事会和财务委员会中代其行事,具有讽刺意味的是,他竟支持叔普的建议;但是没有后台老板的同意,他不愿在表决中加以支持。然而唐默思立场强硬,措辞强硬地对施栋说:"银行的理念,根据我的理解,就是中美合作,我还是认为这是个不错的理念,然而为了能将其付诸实施,银行中的美国工作人员应当依据管理协议工作,并依照其条款坚持执行。在实现它的过程中,就要同中国人同心同德步调一致。让中国人遵守管理协议,并不存在很大的困难。"当美国合伙人意识到如果修改管理协议就会威胁到财务委员会,他们再次听从了唐默思的裁断。②

1922年中华懋业银行没有大的人事重组。但是在一项主要政策决议中,懋业银行原则上决定尽早将执行部移至上海。钱能训和徐恩元,还有他们与北京政府千丝万缕的关联,最初坚决抵制,要留在首都。然而徐恩元一病不起,难以在这个问题上坚持强硬的立场,特别是美方获悉,胡庆培放贷不顾后果的鲁莽和草率,与他和北京政府的内外勾结有关。更有商业气质的沈成栻也认为应当从北京的政治氛围中解脱出来。尽管就唐默思个人而言决心将总部转至上海,但有些时候因考虑到徐而立场暧昧。尽管如此,到1922年6月,他向财务委员会建议将执行部门和会计处迁至上海,但仍将总部留在北京。为了安抚病中的徐恩元,还要顾及照管政府借款,美方同意一个精简的总部机构——总理、协理、一部分秘书人员和骨干人员要留守北京,年度股东大会也还要在这里召开。作为上海行政主管部门的一部分,大家原则上同意了新建总经理职位——由美国人担任,并由一个中方副手辅佐之。尽管执行起来要循序渐进,但美方

---

① Rathvon to Thomas, Oct. 21, 1921; Eastwick and Freeman to Thomas, Nov. 8, 1921; Tel., Advisory Committee to CABC, Dec. 15, 1921; Thomas to Bruce, Jan. 14, 1922; Thomas to Hsu, Apr. 28, 1922; Tel., Stone to Hsu, May 19, 1921, Thomas Papers.

② Shoop to Thomas, Apr. 8, 1922; Thomas to Hsu, Apr. 28, 1922; Thomas to Stone, May 4, 1922, Thomas Papers.

的坚持再一次压倒了徐恩元的反对。①

外汇和银行资本的转化

外汇操作上的花销和亏损重压在中华懋业银行身上,使中美双方的持股人都备感苦恼。但中方的愤慨更为强烈,因为懋业银行必须要花一大笔钱去远期保护其黄金资本。令中方更为恼火的是美国合伙人要求,一部分黄金资本,最初是100万美元,加上新增储量,全部存在了纽约。这部分资金存在美国合伙人的银行机构中,他们可以获得3%的利息。中方认为最保守的投资在中国也可以获利8%—12%。雪上加霜的是,美国银行还以透支为由向懋业银行索取7%的费用。顾问委员会每年也要收1.5万元作为"劳务费"和雇佣伦敦的代理,可是这位代理显而易见花了绝大部分精力给美国汇兑银行代理业务。从中方的角度来看,美国机构如果不是真的欺骗中方合伙人的话,就是在利用他们赚钱。经过总部不计其数的申诉,顾问委员会取消了收费,美国汇兑银行同意按比例分摊伦敦代理的花费。然而这些微不足道的次要让步,并没有削弱中方坚持将这些资金兑换为白银,这可能会迫使资本和储备金从纽约转移到上海,从而降低美方的影响力,加强合资企业的中国色彩。②

这一提议在懋业银行内部讨论一年有余。一些中国持股人努力试图在1921年5月的年度股东大会上通过有关转移的表决。由于美国投资者的强烈反对,这一倡议遭到否决,理由是这个提案没有在规定允许时间提交到董事会。然而股东们同意责成唐默思承担这项任务,和纽约的美

① 平斋:《中美合办》,第107—109页;Thomas to Bruce, Jan. 11, 1922; Thomas to Stone, May 10, 1922; Thomas to Finance Committee, June 20, 1922; Shen to Thomas, Oct. 5, 1928, Thomas Papers。

② Tsung F. Chen to Thomas, Dec. 21, 1920; "Minutes of an Ordinary General Meeting of the Shareholders of the Chinese American Bank of Commerce, May 31, 1921"; "Memorandum for N. Peter Rathvon," Feb. 6, 1922; "Recommendations To Be Submitted To The General Meeting of Shareholders To Be Held in Peking, May 28, 1922," Thomas Papers;平斋,《中美合办》,第104页。

国投资者打交道。①

唐默思认为转移的意义重大,因为懋业银行只在中国运营,银行可以在外汇交易中省下钱。为了减轻对美方的冲击,徐恩元非常明智地建议目前只将一半的资本转化为白银。美国合伙人面对的是影响力的下降(他们的投资不可能再全部资本化为黄金),对资本掌控的能力下降,可能要遭遇因为白银价格跳水带来的大幅资本贬值。美国合伙人原则上同意进行改变,但在咨询顾问委员会之后决定将兑换的比例、时间交给财务委员会确定。许多中国投资人,特别是对立派股东,认为美国人拖沓耽搁,要求把全部资本换成白银。最后,股东们同意银行一半的资本以不低于1金元换2银元的价格进行兑换。

具有讽刺意味的是,1919年一度不得不购入金元入股的中国股东,眼睁睁地看着短期内因金银比价中金价下降而导致更大的损失。为了满足双方的利益,唐默思和徐恩元设定2.2—2.5墨西哥银元兑换1美国金元的目标价格。飘忽不定的汇价,加之中美银行职员的犹豫不决,把事情一直拖延到1923年。从长远的角度看,这件事所产生的影响最终是极为深远的。这是银行中国化的关键一步,也为最终全部黄金资本转为白银奠定了基础。②

马尼拉、哈尔滨分行与透支行为

马尼拉分行和哈尔滨分行严重的亏损和数不胜数的问题让懋业银行

---

① "Minutes of an Ordinary General Meeting of the Shareholders of the Chinese American Bank of Commerce, May 31, 1921"; "Recommendations To Be Submitted to the General Meeting of Shareholders To Be Held in Peking, May 28, 1922"; Thomas to Kann, June 7, 1922, Thomas Papers.

② 这个转变需要对公司章程进行更改。经过这个转变,懋业银行资本增加为1250万元:750万元黄金和500万元白银,有750万元实缴款。懋业银行的股份每股价值75元黄金加50元白银。用这个办法,因银行一次性弥补了很大部分来自太平洋拓业公司和政府贷款的损失。平斋:《中美合办》,第104、109—110页; Thomas to Kann, June 7, 1921; Thomas to Hsu, Sept. 2, 9, 1921; Horace Reed to Thomas, Apr. 27, 1922; Memorandum Prepared for N. Peter Rathvon, Feb. 6, 1922; Thomas to Lee, June 8, 12, Aug. 26, 1922; Thomas to Stone, May 10, 1922; [?] to Y. Chen, June 20, 1922; Lee to Thomas, May 3, 1922; "Recommendations To Be Submitted to the General Meeting of Share-Holders To Be Held in Peking, May 28, 1922"; Minutes of an Ordinary Meeting of the Stockholders of the Chinese American Bank of Commerce, June 4, 1922, Thomas Papers。

备感苦恼,内部也相互猜忌,疑虑重重。很多中国人认为奸诈的美国人已经让懋业银行肩负起必输无疑的担子。雪上加霜的是美国汇兑银行给懋业银行施压,要其交纳15万美元,为分行有名无实的商业信誉买单。当唐默思、徐恩元、施栋、白鲁斯和伊斯特威克获知他们真实的处境之后,他们的恼怒程度不亚于那些中国人。为了减轻他们的疑虑,唐默思和徐恩元承诺将全力寻求一种"恰如其分和足够的调整"。①

马尼拉和哈尔滨分行的问题进而逐步升级为懋业银行从美国合伙人纽约的银行中透支权限的争端。部分问题完全出于双方在懋业银行的可透支额度上没有详尽准确的共识。这也源于懋业银行总部和分行中的银行官员的幻想,他们认为财大气粗的美国银行对透支是不会加以限制的。徐恩元1920年秋访问纽约时,对于提出这一问题犹豫不决。徐恩元完全意识到美国人对更严重的萧条和经济拮据忧心忡忡。此外,受唐默思支持,美国人力主懋业银行建立盈余,并加强在美国的信用。不过,早在徐恩元离开美国以前,美国人就暗示他们的机构允许透支的额度可达懋业银行在纽约储备金的4至5倍。不过还是有许多问题悬而未决。而最为重要的是,总部对于懋业银行是否必须先用光在纽约的存款和储备金之后才能透支,或是懋业银行到底能否动用在纽约的存款还不能确定。

美国合伙人在得知1920年年底透支额膨胀到两百万元之后变得警觉而愤怒,因而未作出任何清楚的指示。相反,他们却要求透支的使用要大幅削减。作为回应,唐默思和徐恩元将透支原因归结为马尼拉分行和哈尔滨分行发现的巨大问题。他们指出,懋业银行是在美国汇兑银行对分配给其的70万美元之外的透支负责的情况下,才购买了分行。最后,唐默思向美国合伙人发出了支持懋业银行的最后通牒。否则,他们的机构,还有美国财团和多国借款团将要承担这些举动的后果,而美国在华威信也会"永久地声名狼藉"。归根结底他提醒这些人,"施栋、韦耿和白鲁斯诸位先生首肯将其大名以及其银行、企业的大名,在与懋业银行有关的

① Eastwick to American Advisory Committee in America, May 28, 1921; Thomas to Stone, Jan. 3, 1921, Thomas Papers. See Bruce to Thomas, Feb. 14, 1921, Thomas Papers. 哈尔滨和马尼拉的问题也可参考第四章的引注。

媒体宣传中自由地引用”。实际上唐默思和徐恩元所说的，除了为了哈尔滨和马尼拉分行，没有其他透支行为的说法是站不住脚的。时值懋业银行财务形势的恶化，其他分行也都用透支的办法来保证资本的流动性。

美国合伙人的处境变得十分尴尬。当他们感到在中国的懋业银行正不负责任地任意妄为，而就在此时他们知道世界范围内的金融机构正面临头寸紧张，而美国汇兑银行却使懋业银行背负了不良贷款和一大摊问题。白鲁斯曾被委派来对整个事件进行弥补，他向唐默思提出，现在人人自危，美国人正竭尽全力表示善意，以使双方共同努力削减透支和贷款。他让这位美方协理放心，“我们在华的银行业应该把目光放长远些，而不是做一锤子买卖，我们正在做的是在中美合作上开拓新路，银行业应被视为一个尝试”。唐默思用同样的方法予以回应，承诺懋业银行将不遗余力地减少透支并重建在美的信用。①

可是，透支和购买分行的问题并没有消失。它们留下了让人难过的后遗症，因为哈尔滨的问题逐步升级，还有美国汇兑银行态度强硬，毫不妥协，要求懋业银行全额支付购入款。由劳理植等人提出出售或关闭哈尔滨分行，以此作为一种省钱和资源回收的途径。而唐默思就算会考虑卖掉马尼拉分行，也不愿放弃哈尔滨分行。他注意到在哈尔滨很少有外国的竞争，他预言那里最终必定是最富商机的赢利之所。而且好多官司没了结之前，懋业银行也根本不可能全身而退。哈尔滨与马尼拉的命运抉择，加上懋业银行亏欠美国汇兑银行的借款处理被搁置了，要等新的管理层来替代唐默思再议。②

---

① 平斋，《中美合办》，第 104 页；Stone to Thomas, Oct. 7, 1920; Hsu to Thomas, Nov. 1, 1920; Tsung F. Chen to Thomas, Dec. 21, 1920; Tel. to American Foreign Banking Corporation, Dec. 29, 1920; Thomas telegram, Jan. 18, 1921, boxes 5, 48; Tel., Advisory Committee to Thomas, Jan. 24, 1921; Bruce to Thomas, Feb. 14, 1921; Thomas to Bruce, Apr. 15, 1921; Thomas to T. F. Chen, Apr. 16, 1921, Thomas Papers.

② Thomas to T. F. Chen, Apr. 16, 1921; “Memorandum Prepared for N. Peter Rathvon,” Feb. 6, 1922; Memorandum [by Thomas], May 24, 1922; “Minutes of an Adjourned General Meeting of the Shareholders of the Chinese American Bank of Commerce,” June 16, 1922, Thomas Papers. 有关哈尔滨分行和马尼拉分行所导致的懋业银行与美国汇兑银行的矛盾，将在第六章中做进一步的讨论。

节流与裁员

懋业银行减少扶摇直上的日常花销和运营费用的努力导致出现巨大的分歧,皆因为它涉及人事问题、中国人和美国人生意习惯和文化价值观的差异,还有外国对合资公司的监管和控制。中国人在这些问题上穷追不舍。当第一个经营年度核算显示花销竟达80万元时,徐恩元敲响了警报。1921年9月,他向唐默思指出,总部在1921年头6个月的花销就有17.4万美元之巨。他坚持认为这些花销必须削减。他写信给这位朋友说:"于此于彼,我都需要你的精诚合作,也本当如此,刚起步的银行尚难维系如此之巨的花销。"1920年秋,徐恩元出访美国时,向美国合伙人提出的恳求也如出一辙。劳理植在他的报告中倡议削减花销大约60%。美国合伙人对此表现得漠不关心,但考虑到银行的收益,他们也被迫同意,毕竟节约势在必行。尽管这件事并不是一个要优先考虑的事情,不过唐默思还是支持徐恩元所作的努力。作为一种姿态,他提出取消他每月1100元的津贴,并且拒绝了银行为他报销1921年的旅美费用。①

就在兑换金银储备以及马尼拉和哈尔滨问题的解决可以潜在地省下费用的同时,中国人又把注意力集中到削减外国雇员工资和减少外国雇员数量上来了。他们长久以来一直觉得备受歧视。外国人,哪怕是秘书,与职位相同的中国人的收入都是天壤之别。外国人的工资由顾问委员会制定并用黄金支付,而中国人的却用白银支付。此外,中国人经营生意,给管理人员的薪酬不是很高,但如果赚钱就会分红。美国人对经营却抱有与之迥异的看法,他们倾向于以高薪启用资深雇员,此外,他们坚持认为不付高薪就无法吸引有经验的银行业者到企业中来。徐恩元和许多中国员工同意这种观点,但他们反驳说懋业银行少些外国人同样可以维持,

① Hsu to Thomas, Nov. 1, 1920, Sept. 19, 1921; Lauroesch to Finance Committee, May 11, 1922; Thomas to Stone, Jan. 3, 1922; "Minutes of an Adjourned Meeting of the Shareholders of the Chinese American Bank of Commerce," June 16, 1922, Thomas Papers.

特别是许多外国人一无所知又无所事事。①

顾问委员会狡猾地雇佣N. 彼得·拉斯峰(N. Peter Rathron)负责调查懋业银行的各种事件,并竟然厚颜无耻地向银行索要劳务费,这让中国人的神经绷得更紧了。罗伯特·巴尔(Robert Barr)构想调查要秘密进行,并在唐默思1921年访美之时使其成为不知内情的共谋。唐默思推荐拉斯峰到北京办事处,而且交代他们拉斯峰的使命是去西伯利亚执行任务。在与唐默思的交谈过程中,拉斯峰表达了对更多地了解银行运营的浓厚兴趣,并且他"志愿"为美国股东获取资料。随后他给唐默思和总部撰写了备忘录,而且他很有可能向在纽约的美国人提供了更为详尽的报告。1922年夏末,当唐默思得到顾问委员会的命令离职后,拉斯峰随即取代他在董事会和财务委员会中的位置。中方对其合法的代表权一直拒绝承认,坚决拒绝与之交涉事务。同时,中方得知大通国民银行已经付给拉斯峰6600美元,这笔钱记入懋业银行纽约账户的借方中。徐恩元对唐默思的这些美国同事深恶痛绝,对唐默思本人也大失所望。因为怀疑这是一个早已串通好的阴谋,徐恩元恳求唐默思"就此事与我们在纽约之友人叙谈并将款重归于银行,若你我互信仍在"。

唐默思仍然一无所知。美国合伙人此时更加任意胡为,中国人的满腹怨气情有可原。在另一方面,徐恩元也置管理协议于不顾,变通规定,在自己患病期间任命沈成栻代其行事。同时中国人在总部和分行安插了一大批自己的亲朋好友,还有一群流氓地痞。此外,中国人并没有完全意识到美国人在雇佣才能卓越的资深银行业者方面所面临的种

---

① 平斋声称外国速记员当时每月工资在300—400美元之间,实际上夸大了他们的工资水准,大部分人的实收工资均在225—250美元之间。平斋:《中美合办》,第103、110—111页;"Monthly Remuneration of the American and Foreign Staff of the Head Office," Statement of Monthly Salaries and Allowances, and "Salaries and Allowances for March, 1921," Tables A, B, C, box 7; "Recommendations to Be Submitted to the General Meeting of the Shareholders to be held in Peking, May 28, 1922", Thomas Papers. Also see. "Minutes of an Adjourned General Meeting of the Shareholders of the Chinese American Bank of Commerce," June 16, 1922, box 48, Thomas Papers。

种困境。[1]

裁员于1921年拉开了帷幕。解雇了许多中国人的同时，主要的裁员针对外国人。有些人，像T. W. 奥维拉什，遭到解雇是因为哈尔滨分行已经不再需要他们，其他人不是因为无能，就是因为根本不适合工作。于是外国员工的质疑之声此起彼伏，说中国人利用银行的巨额开支问题减少外国员工，扶持中国员工。当中方总理钱能训和徐恩元在未与美方磋商的情况下任命了吴希之为监察部的主任，美国人当中有几位甚至认为中方在填补一个主要职员空缺上"快得厚颜无耻"。他们对这件事的关注异乎寻常，原因就是在总部的四个部门中有三个在中国人的掌握之中。卫家立和其他人始终抱有一种想法，即银行业务部和监察部应由美方掌控，而秘书处和会计部由中方掌管。既然唐默思尚在美国，他们向徐恩元提出了这个问题，但徐恩元矢口否认有这种共识。同样令人不安的是财务委员会被置之不顾，中方总理和协理可以在无视美方观点的情况下自行决定部门的主管，这就开了个可怕的先例。[2]

这些发展，再加上比思早些时候指责中华懋业银行正被规划成一个纯中国的机构，激发了美方对中方处置外国员工和中方动机的强烈关切。作为回应，唐默思基本上为徐恩元和中国人辩护，并试图安抚美方的不安。他反复重申，银行既然在中国开办，就应当培养中国人的现代银行意识，减少外国员工的数量。唐默思进一步坚持个人观点，指出中方并不反对让美国人做银行的经理。美国合伙人并未对这种逻辑争吵不休。他们再次承认没能招到有能力的外国雇员，他们也同意应将无用之辈排除出去，并且他们对银行中一些精明强干的中国人也表示首肯。

---

① Williams to Thomas, July 8, Aug. 11, 1921; S. K. Shen to Thomas, July 12, 1921; Rathvon to Thomas, Oct. 21, 1921; Hsu to Thomas, July 20, 1922; Thomas to S. K. Shen, Mar. 19, 1923, Thomas Papers; Memorandum, "Certain Developments in Connection with the Status of the Chinese American Bank of Commerce," Oct. 31, 1922, in Schurman to SecState, Nov. 1, 1922, RG 84, Peking Post file 851.6, vol. 44.

② Hsu to Freeman, July 14, 1921; Williams to Thomas, Aug. 11, 1921, Thomas Papers; Memorandum, "Certain Developments in Connection with the Status of the Chinese American Bank of Commerce," Oct. 31, 1922, in Schurman to SecState, Nov. 1, 1922, RG 84, Peking Post file 851.6, 1922, vol. 44.

然而白鲁斯始终坚持懋业银行中美国人是不可或缺的，唯有如此才能防止恶劣的中国式经营。进而他说，“我特别期望我们可以实现在银行中由美国人组成的机构来对银行的基本运营和管理进行理性的和建设性的决策的基本理念，而这些无论对中国银行还是交通银行都无疑是绊脚石”。①

中国人想要解雇伊斯特威克已经毫无悬念了。中方频繁地提出员工冗余的议题并要减少开支，他们已经不再掩饰对他的反感。伊斯特威克意图管理银行并修改管理协议，他在中国人面前的狂妄傲慢、日渐增长的敌意，一开始拒受其职而后又高踞其位，然后再反复地威胁要辞职，火上浇油般地触怒了中国人。他的行径会导致银行的四分五裂、人心涣散。由于伊斯特威克的去留还是个未知数，懋业银行任用弗里曼和劳理植代行其责。中国人认为伊斯特威克是一个荣誉职员，不配领受那么惊人的薪俸。他们觉得伊斯特威克是在做美国汇兑银行马尼拉分行经理经历惨痛失败以后，纽约的银行家们硬塞给懋业银行的。

到1921年年末，中方已经下决心要把他清除出去了。1921年10月唐默思返回中国与中国人联起手来，因为伊斯特威克一直抱怨财务委员会效率低下，并旧事重提，以辞职相威胁，搞得总部内部一塌糊涂。他们计划任命弗里曼为银行业务部经理，因为他对中国财务一窍不通，就由新任用的劳理植担任他的助理。1921年11月30日，唐默思和徐恩元给纽约发电报要伊斯特威克在12月末离职，理由是他拒绝接受协定好的职位，而且他对远东银行事务也缺乏足够的了解。他们认为解雇伊斯特威克可以加强银行的团队精神，从而提升总部的运作能力。美国合伙人当即否决了这个提议。他们担心银行里没有自己的心腹管理人在财务委员会和董事会代他们说话，他们对掌控银行就会无能为力。同样的忧虑使施栋坚决要求伊斯特威克打消辞职的念头，忠心耿耿地为懋业银行效力。这种利害冲突在1922年中美双方对懋业银行

---

① Thomas to Bruce, Feb. 25, 1921; Bruce to Thomas and Hsu, Sept. 29,1921, Thomas Papers.

的控制权之争中再度浮出水面。①

唐默思于是提出辞呈。1922 年 1 月 3 日他向施栋请辞道,他已然忠心耿耿地完成了使命,促成了中美的合作,并将银行带入运营正轨。他对于懋业银行来说可有可无,银行可以省下一份薪水了。他提醒施栋说,他不是个银行家,伊斯特威克、弗里曼,还有劳理植可以胜任工作,管理银行。他承认中国人不喜欢伊斯特威克,但可以与弗里曼和劳理植合作。既然无论如何不去损害银行是他的"责任",他就应当殚精竭虑,为弥合中方与伊斯特威克的裂痕做些补救工作,并保证在卸任之前将银行置于一个健康的基础之上。

当时唐默思是不是真的下定决心要辞职是令人怀疑的。这一决定在 6 个月后才做出。可以肯定的是他早已被行内的明争暗斗搞得心力交瘁。伊斯特威克和弗里曼三番五次带着麻烦和疑虑造访他,而中国人也是如此。唐默思对施栋抱怨说:"我夹在当中,实际上是两头受气。"另一方面,唐默思并未把自己辞职的事与多病的徐恩元进行讨论。此时徐早年罹患的肺结核旧病复发,马上要被送往菲律宾的碧瑶市进行额外的休息和恢复治疗。唐默思是不可能要离开银行而不与他的朋友和一些亲信商量的。最后,唐默思还是想确保合资企业的成功,保护自己的声誉。于是唐默思把决定权交到了美国合伙人手中。但在这个重要关头,他们不愿意让他离开。②

顾问委员会反而在 1922 年 2 月将弗里曼解职,由叔普取代他在财务委员会和董事会中的位置。在接下来的几个月中,作为北京和纽约讨论和决策的结果,懋业银行制定了额外的削减花费的措施。家庭差旅补助取消了,徐恩元、钱能训、唐默思和伊斯特威克的工资减半给付。徐恩元和钱能训最后也默认了大幅裁减中国员工的办法,而这些人与他们二人

---

① Williams to Thomas, Sept. 3, 1921; Eastwick and Freeman to Thomas, Nov. 8, 1921; telegrams, Thomas and Hsu to Stone, Nov. 30, Dec. 9, 1921; tel., Advisory Committee in America to CABC, Dec. 15, 1921; Thomas to Hsu, Apr. 28, 1922, Thomas Papers;平斋:《中美合办》,第 110—111 页;Lee, Draft, "A Survey of Currency, Banking and Finance in China," 1922, DS 893.516/182.

② Thomas to Stone, Jan. 3, 1922; Thomas to Abbott, Feb. 23, 1922, Thomas Papers.

在政治上往往有千丝万缕的联系。徐恩元把上海分行的协理沈成栻调到北京。沈成栻与劳理植一道雷厉风行地在总部执行人事重组。他们把四个部合并为两个——业务部和秘书处。在此期间,他们解雇了许多不胜职的员工和一些做政治幕僚的中国员工,并计划将一些新的组织转移到上海筹划中的执行部。①

然而在1922年夏季,沈成栻敦促中方与纽约的美国合伙人交涉,力争解雇伊斯特威克。伊斯特威克的新助理克劳德·C.福克(Claude C. Foulk)可以取代他出任银行业务部经理。福克曾在国民城市银行任职,并且深受中国人的喜爱。但美国合伙人部分地出于对懋业银行中决策权的考虑,在保留伊斯特威克这个问题上毫不让步。伊斯特威克在这个位置上坚持到1922年底,直到唐默思辞去职务以及美国投资人完全放弃了主导银行的努力。②

股息的分配

股息的宣布变成令中美双方争吵不休、分崩离析的重要议题,也成为对双方控制权的考验。第一轮交锋发生在1921年。唐默思警告顾问委员会中方会把问题提交5月召开的年度股东大会。美国投资人的立场是,如果不建立新的章程,创立足够的储备基金,就没有办法去按股份分红。这与美国司空见惯、厉行保守的经营策略完全一致。他们同时指出哈尔滨分行的预计损失可能把所有上报的收入一笔勾销。另外,美国人认为通过建立盈余和储备金,他们可以保证在纽约的储备金安全无恙。

从西方的观点来看,这种立场很好理解,但从中国人的视角来看就复

---

① Advisory Committee to Thomas, Feb. 24, 1922; Thomas to Advisory Committee, Mar. 6, 1922; Lee to Thomas, May 3, 1922; Thomas to Finance Committee, June 20, 1922, Thomas Papers;平斋:《中美合办》,第107—109页。

② Minutes of a Meeting of the Advisory Committee in America of CABC, Aug. 15, 1922, box 48, Thomas Papers;平斋:《中美合办》,第111页;Memo, "Certain Developments in Connection with the Status of the Chinese American Bank of Commerce, Oct. 31, 1922, in Schurman to SecState, Nov. 1, 1922, RG 84, Peking Post file 851.6, 1922, vol. 44.

杂得多了。中国人区分辨别“权利”(“优先的”或“官方的”利益)与分红的关系。前者,一般已经白纸黑字写在了公司条款和商务合同之中,被认为是投资理所当然的可靠回报,内置于商业活动的花销,无论盈利与否都旱涝保收。股份分红只有银行或公司赚钱才能分配。懋业银行的公司章程,像中国许多现代银行一样,没有“权利”条款。但是中国股东,特别是持股量少于100股的股东,他们期望银行通过妥善经营而获得分红,哪怕少一点。额外的压力来自于懋业银行报告了赢利,而且每家中国的银行在1920年都曾公布股份的红利。

还有其他的考虑。如果银行当局宣布没有股份分红,公众会就此判断懋业银行根本不赚钱。实际上哈尔滨分行和马尼拉分行在外汇操盘上的亏空早已被宣扬得满城风雨了。此外,如同伊斯特威克向美国合伙人报告那样,如果“此时”不宣布股份分红,肯定会为亲日派所利用,会被那些认为中美合作不切实际的人用以证实他们的观点,即懋业银行是一个失败的主意。结果,经过广泛的讨论,财务委员会一致建议董事会宣布为每股资本付3%的股息红利,“用以维护懋业银行的声誉和公众信心”。伊斯特威克向财务委员会解释说,“尽管我们是一家中美合资银行,但我们首先是一家中国银行”。①

美国合伙人拒绝改变他们的立场。在一份日期为1921年5月18日的电文中,他们暗示对银行状况的疑虑并诉诸管理协议第76条。这一条款项规定,除非银行盈利,银行的任何官员都不得宣布分红。顾问委员会极力主张中国人将“美国的银行策略与中国的法律相结合”,并且对他们谆谆教诲说“商业的成功包含信誉的加强,而绝非对股东的短期回报”。②

作为美国合伙人的代理,唐默思也得承认自己必须听命于美方,他要财务委员会遵从纽约的愿望。徐恩元极不情愿地与他协调一致。尽管徐

---

① Eastwick to Chairman, Advisory Committee in America, May 28, 1921, Thomas Papers. 伊斯特威克附了一份清单来说明所支付的“权利”和分红。许多西方观察家认为中国的银行股份分红付得过高,它们本应用这些钱建立更多的储备金。参见 David Arakie, “Banking in China Shows Rapid Shift to New Ideas,” *China Press*, May 13, 1923。

② 关于股份分红的电报往来,可见于 Eastwick to Chairman, Advisory Committee in America, May 28, 1921, Thomas Papers。见管理协议复本,box 50, Thomas Papers。

恩元很不情愿地赞同美国人的主张,但他感到不公布股息分红会在中国商界毁掉银行的声誉。现在的问题把总理钱能训推到了大众的一边。由于钱能训地位显赫,如果没有股息红利可分,他面对中国股东将无地自容。他于是拒绝主持股东大会或是出席财务委员会就分红召开的会议。北京分行协理陈宗蕃建议,财务委员会只表决推迟1920年股息发放,而且将纯利润带入下一年的报表中,如此一来就打破了僵局。钱能训接受了这个用心良苦的折中方案,并主持了批准财务委员会议题的董事会。徐恩元与北京和天津的大股东进行了商谈,力陈这个决议乃是不得已而求其次。1921年5月31日的股东大会毫无争议地批准了资产负债表和盈亏报告书。股份红利只字未提。①

但是股息红利这个议题并未就此销声匿迹。唐默思向美国人传达了中国人对红利看得多么的重要。他进而建议无论盈利与否,每股给2元的股息分红。美国合伙人拒绝了他的建议,再度坚持在1922年没有股份分红,就算是在将来,若没有顾问委员会的事先许可,也不会有。这样一来,中国股东又要动员力量为分红据理力争了。②

美国人的防守与管理协议

尽管美国投资人在公开场合为中美合作欢呼喝彩,但他们一直对向中国投资和按中国法律运营感到紧张。于是他们建构了一系列的防范措施来保障其利益并确保对懋业银行的掌控。创始于1920年夏的顾问委员会是根据美国合伙人的意图和观点设计的。短暂的蜜月期一过,银行内部的矛盾突现出来,顾问委员会的重要性于是与日俱增。因而在美国汇兑银行的指导下,美国人解决了自己的分歧,向唐默思发布了指令,团

① Eastwick to Chairman, Advisory Committee in America, May 28, 1921; "Minutes of an Ordinary General Meeting of the Shareholders of the Chinese American Bank of Commerce, May 31, 1921," Thomas Papers.

② "Memorandum Prepared for N. Peter Rathvon," Feb. 6, 1922; Horace Reed to Thomas, Apr. 27, 1922; "Recommendations to be Submitted to the General Meeting of the Shareholders to be Held in Peking, May 28, 1922," Thomas Papers.

结一致,合力对抗中国人。

辅助顾问委员会的是中美投资公司(Chinese-American Investment Company),由苏利文和克伦威尔法律事务所在1920年秋策划建立的表决权信托人,用盖伦·施栋的话说,是用以"保证美国所占的多数股份可以相应地确保控制银行的多数资本"。这样也可以提升美国人的股票的价值。由此,美国合伙人开始在懋业银行中用股权信托证交换股份,在一对一的基础上,就实现了股份可以转手卖给美国的其他投资人。中美投资公司就这样使美国合伙人逐渐加强而占了上风,因为中国股东中包括许多小股东,他们在董事会上没有投票权。①

第三个工具就是由美国控制的财务委员会,通过管理协议,它被授权成为最高的管理机构,可以否决董事会制定的政策。坚持管理协议是美国参与合资的一个条件,对美方控制银行至关重要。然而这个美国武器也面临诸多问题。管理协议的合法性备受争议,因为它凌驾于政府核准的公司条款之上。第二,伊斯特威克要求变更管理协议也使中国人感到不安,也令局势更加微妙复杂。最后,财务委员会因未达到法定3人而不能发挥作用,其中最少要有一个美国人和一个中国人。于是被指派留在中国的美国人要有足够数量就变得至关重要,其中也包括伊斯特威克。

中国人被顾问委员会气得火冒三丈,他们不与中国人商讨就胡乱任命,不了解中国的情况就指手画脚,乱下指令。中方尤其愤愤不平的是美方单方面决议出资为太平洋拓业公司解围,使懋业银行大举负债。1922年,意见不合的中国股东建议美方放弃顾问委员会,如果遭拒就设立一个

---

① Stone to Thomas, July 22, 1920, Dec. 24, 1925; Bruce to Thomas, Jan. 8, 1921; Minutes of the First Annual Meeting of the Stockholders of the Chinese-American Investment Company, Oct. 26, 1921, Thomas Papers. 美国汇兑银行的J. H. 艾伦被选举为投资公司董事长。大通国民银行股份被以美国汇兑银行和哈里·哈格里夫斯的名义进行替换,有2000股指定给太平洋拓业公司的股份现归属老拓殖信托公司。美国人持有的股份如下:美国汇兑银行10000股,哈里·哈格里夫斯6667股,老拓殖信托公司2000股,太平洋拓业公司14666股,盖伦·施栋16367股,苏利文与克伦威尔律所的律师维克托200股。唐默思尽管没有被列在投资公司的年度会议笔录上,但他实际拥有300股,而且他还暗地里为美国人从中国人手中购买股份(特别是为施栋家族)。芮恩施也在懋业银行买过股份。

中方自己的委员会。①

更重要的是,中方从来不安于财务委员会的存在,当中美矛盾升级,他们就开始挑战管理协议。徐恩元就是第一批表现出对管理协议不屑一顾的人之一。由于徐恩元每况愈下的健康状况,1921 年夏天,他不得不到北京西山碧云寺去调理。为了避开开会的紧张气氛,他指派沈成栻代替自己出席董事会和财务委员会会议。伊斯特威克和其他一些美国人向徐恩元发难,说根据管理协议和公司章程的规定,他只有不在国内时才能指派他人代替。病魔缠身再加上怒气冲天,徐恩元对美国人大加责难,他宣称白鲁斯曾向他承诺过,在他有生之年,财务委员会只能“形式上地”运作。当银行的中国律师宣布美方在规则上是正确的,他用另外的方法显示自己的愤怒,他暗示自己要东渡日本去度假。在唐默思去美国未归期间,沈成栻和伊斯特威克谁来主持会议的问题也爆发出来。既然钱能训很少参加财务委员会召开的会议,那么法定人数是否可以达到令人生疑。

在纽约的美国合伙人怒气难消,唐默思更是心痛不已。唐默思承认银行官员必须遵守公司条款和管理协议,不过考虑到徐恩元卧病在床,就需要构建一个途径使沈成栻能代他履行协理职责。在唐默思出国在外的余下时间里,在北京的中国人(由沈代徐)和美国人在未召集董事会和财务委员会正式会议的情况下,回避了合法性,自行解决了迫切问题。唐默思返华下定决心要修复双方的关系,并竭尽全力为懋业银行谋福祉。此时,徐恩元也头脑冷静下来,双方都力图尽其所能来掩盖分歧,并将双方都重新纳入管理协议的框架下。②

然而财务委员会已然无法按部就班地正常运作。徐恩元的病情经过一段轻微的好转以后,1921 年秋,由于在与阿葆特和史蒂文斯进行贷款谈判时操劳过度,再度恶化。到 12 月,他已接近病危,他的医生抱着一线

---

① 平斋:《中美合办》,第 103 页;“Recommendations to be Submitted to the General Meeting of Share-Holders to be Held in Peking, May 28, 1922,” Thomas Papers。

② Williams to Thomas, July 8, Aug. 11, 1922; Shen to Thomas, July 12, 1921; Thomas to Williams, Aug. 19, 1921; Thomas to Shen, Aug. 18, 1921; Thomas to Hsu, Aug. 21, 23, 1921; Thomas to Stone, Jan. 3, 1922, Thomas Papers.

希望把他送到菲律宾的碧瑶市进行治疗。[1] 徐恩元缺席会议时，钱能训也蓄意缺席，使财务委员会的会议失去效力。关于中国人的对策，加之中国人要解雇伊斯特威克的种种努力，这些流言促使美国人从1921年12月到1922年5月连发了几道最后通牒：财务委员会的美方人员投票必须是铁板一块；美国合伙人对任命财务委员会人员具有毋庸置疑的权力；美国合伙人只有在掌控银行实权的情况下，才会继续留在公司之中。顾问委员会在电报中称，"我们在银行中的投资取决于美国人通过财务委员会对银行的掌控"，"除非这一原则可以遵循，否则我们不在乎是否继续将投资维系下去"。1922年5月，美国合伙人同时向唐默思和徐恩元下达了命令，只要徐恩元没有生命危险，二人要在7月抵达美国，重新对形势进行评估，然后做出是否停业并清理投资的决定。[2]

唐默思发现当合资公司的未来处于生死攸关的紧要关头时，自己夹在中方和美方投资人中间左右为难。一方面他承受着美国合伙人的压力，执行其命令，保护其立场；另一方面，唐默思不得不去面对满腔怒气的中国人，对于他们的观点和感受极为同情。唐默思和徐恩元在1922年4月的私下交锋，进一步加深了他的困境，几乎把他们的个人交情推到了崩溃的边缘。

徐恩元从菲律宾回国，在发给沈成栻的电文中，他要求唐默思解释1921年12月美国的最后通牒。唐默思消除他朋友的疑虑，说他完全忠于银行，若他认为一项提议有悖于银行利益，"我必否之"。他仍然重申要坚持服从管理协议和美国掌控原则，这一点他明白徐恩元会毫无保留地接受。如果他的假设是正确的，徐恩元会签署函件重新确认对于管理协议的承诺，"管控问题就十拿九稳了"。作为回应，徐恩元承诺，未来自己会依照和美方的协议行事："我的看法是创始人应支持条款，不能允许任何人让银行变得适于他的口味。"[3]

---

① Thomas to Stone, Jan. 7, 1922; Thomas to Abbott, Feb. 23, 1922, Thomas Papers.

② Tel., Advisory Committee to CABC, Dec. 15, 1921; Thomas to Hsu, Apr. 28, 1922; tel., Stone to Hsu, May 19, 1922, Thomas Papers.

③ Thomas to Hsu, Apr. 28, 1922; Hsu to Thomas, May 20, 1922, Thomas Papers.

徐恩元是否签了这份给顾问委员会的函件现在不得而知。然而唐默思还是再三重申对管理协议和美国掌控的忠心耿耿。他对误解提出道歉并提醒美国合伙人，正是伊斯特威克招致了这所有的麻烦。他向施栋表达了自己的忠贞不贰，并指出中国人会按协议办事，尽管“中国人做生意的方法还是受传统观念限制，但需要时间才能根除这一点并且引进新的系统和方法。一旦中国人看到新的方法奏效了，他们就会吸收采纳”。[①]

唐默思欢迎返美的邀请，他感到这为他提供了一个把提出的问题摆到桌面上开诚布公地讨论的机会。这也使他有机会亲自提交辞呈。唐默思这次是认真的。除了他感到失去了上司对自己的信任之外，他已经被懋业银行的问题和无休止的内斗搞得心力交瘁。“从1888年我就一直生活在美国之外的国家，我觉得我需要休个假，因为我一生中还没有休过假”，他向施栋吐露心声，“现在这个时候我真该退了，我的确想这么做。”现在的工作团队完全有能力运营银行。但是他建议应该寻找合适人选来替换伊斯特威克，因为中国人跟他合不来。唐默思也极力主张允许沈成栻代替徐恩元来美国，并接受他作为永久的代理人选。尽管徐恩元的病情经过菲律宾之旅已经大有好转，但是想要恢复健康恐怕要再用一年时间来调理。徐恩元的健康状况严重地干扰了银行的决策过程。因而一段时间以来，唐默思一直努力打造沈成栻的声望。他强调说，沈成栻不仅才能卓越，而且可以代徐恩元说话，可以代表中方的观点。在徐恩元发电报表明沈成栻得到他全部信任之后，美国合伙人接纳了他。[②]

ও ও ও

到1922年6月，中国投资人与美国投资人彼此形成的负面印象，以及相互之间的猜忌，已不可胜数。对中国人来说，美国人心胸狭窄而且贪得无厌，他们煞费苦心、绞尽脑汁从银行赚到的利润中为自己榨出每一个美元，而且还要占中国合伙人的便宜。他们表现得对中国同僚缺少信任，

---

① Thomas to Stone, May 23, 1922, Thomas Papers.

② Thomas to Stone, May 4, May 23, 1922, two letters; Forsythe Sherfesee to Thomas, Mar. 30, 1922; Tel., Advisory Committee to Thomas, Shoop and Eastwick, June 3, 1922; Hsu to Shen, June 9, 1922, Thomas Papers.

完全不顾中国的传统，无视中国人的处世方法。毕竟美国人在中国是“客人”，中国人才是生意的源泉。美国人的行为不仅傲慢无礼有伤情感，而且有些无理取闹难以理解，究其根源就是因为他们的投资代表了那些美国富人集团的巨额钞票。对美国人而言，中国人落后而又效率低下，简直不可救药，而且也不肯多学些先进的文化理念。中国人责任感不强，更危险的是把生意和政治搅和在一起，为其政治同盟奔走胜过为公司谋利。而且中国人表面一套，背后一套，工于心计，不可信任，他们故意向合伙人隐瞒信息，狡诈地绕开成法，甚至去破坏自己的郑重承诺——管理协议。①

在中国人和美国人观念分歧及对对方不断增长的愤怒之外，还存在着合资公司的掌控权和制度何去何从的问题。这两个斗争最终通过两出戏表现出来：第一出是北京股东会议；第二出是美国人在纽约所做的夏季评估。

唐默思预料到1922年6月会有一次暴风骤雨式的股东大会。他能够感受到中国人的满腔不平，有人提前警告他那些意见相左的股东，主要是小投资人，要提出的议案。尤其重要的是，有两个至关重要的议题要摊牌：宣布股息红利和美国对财务委员会的掌控权。与此同时，美国合伙人也拿出了自己的计划：他们要求股东会议上只批准财务报告和重新选举替换那些任期届满的董事。②

唐默思主持会议，尽管他有足够多的表决权来通过正式的议程，他还是非常明智地给中国人机会来开诚布公地大发牢骚。中国人从银行的巨额开销和股息分红开始讨论。作为回应，伊斯特威克和叔普，对中国人的敏感表现出了异乎寻常的理解，指出宣布股息红利是个悬而未决的话题，美国人不同意宣布完全出于忠实可靠的银行原则，而且财务委员会已经

---

① 平斋：《中美合办》，第104页，概括了中国人对美国人的态度。

② 年度股东大会原计划5月28日召开，但是美国股东的代理人没有准时抵达，所以不得不推迟。“Memorandum Prepared for N. Peter Rathvon,” Feb. 6, 1922; “Recommendations To Be Submitted To The General Meeting of Share-Holders To Be Held In Peking, May 28, 1922”; Thomas to Lee, June 12, 1922; Minutes of Adjourned Ordinary General Meetings of the Shareholders of the Chinese American Bank of Commerce, June 4, 11, 16, 1922, box 48, Thomas Papers.

投票通过要把它顺延到明年。在讨论过程中，几个中国人提出了对财务委员会权力的不满和对管理协议合法性的质疑。懋业银行的中国律师S. K. 林博士回应说管理协议已经由财政部许可，而且于1919年12月11日在股东大会上写入了官方记录。唐默思同意推迟对银行报告审核投票，以利于中方的一个委员会和银行管理层一起评估它。在休会以前，股东们投票通过了一系列将资本转化为白银的方案，重新选举唐默思和张秘亭为董事。①

6月16日，当股东重新被召集后，中方的委员会呈递了几份内容详尽的备忘录，其内容超出了股份红利这一问题，他们呈交了一份对美国管理和掌控的批评书。一份建议指出要修正公司章程，使中方或美方可持股超过50%。

唐默思已经受够了。他要求就一个批准财务报告书的动议进行表决，以使利润可以进一步积累。中国人发现美国人可以强制通过任何他们想要的决议。唐默思不仅握有5万股美国股份的代理权，他还可以行使郑伯昭名下2800股的权力，这个人是他的朋友，英美烟草公司在中国最大的分销商。许多中国股东，其中就包括钱能训，在美国人的动议正式表决开始以前就离开会场。美国人在这次斗争中大获全胜，但是在中美合作的经历中它所产生的影响却是极富破坏性的。②

1922年7月2日，唐默思与沈成栻动身前往美国。由于此时美国合伙人正在考虑是否继续参与公司的合资，因而他们都明白此行对银行来说生死攸关。他们一到纽约就和美国合伙人一起加入到对懋业银行的评估中，这个评估强度很大，无所不包。唐默思向徐恩元报告说，这次讨论显示出极大的困境，美国人宣泄他们的不满，他们关注被冻结的政府贷款，伊斯特威克和拉斯峰的处置方案，还有中国人履行管理协议的情况。

然而，直到8月中旬，与会者才在交涉各种各样的议题上取得进展，

---

① Minutes of an adjourned Ordinary General Meeting of the Shareholders of the Chinese American Bank of Commerce, June 4, 1922, box 48; Thomas to Lee, June 8, 1922, Thomas Papers.

② 郑伯昭实际上受盖伦·施栋及其家族之托，为其保管2500股。Thomas to Bruce, May 17, 1920; Thomas to Lee, June 12, 1922; Minutes of CABC Shareholders meeting, June 16, 1922, box 48; Thomas to American Advisory Committee, June 19, 1922, Thomas Papers.

并把银行纳入具有建设意义的轨道。他们重申懋业银行业务只限于商务贷款,坚决禁止官方贷款,并且鼓足干劲,全力以赴回笼未偿付的贷款款项。他们正式批准了将银行执行部迁至上海并且实施裁员。美国投资人同意降低工资水平,所有员工工资以白银给付,银行获利即兑现股份分红,减少美国汇兑银行的服务费。但是大通国民银行和美国汇兑银行不愿意作出让步,修改马尼拉分行和哈尔滨分行的交易条款,对于沈成栻承诺懋业银行将清偿法定债务,他们也不屑一顾。

唐默思也提出了一个长期困扰银行的问题,就是徐恩元的健康状况。他建议钱能训做董事长,徐恩元做总理,由沈成栻做中方协理。通过这样的人事安排,沈成栻就能够处理日常工作事务,而且也借此被吸纳进财务委员会。沈成栻给美国人留下很好的印象,甚至是生性多疑的巴尔也不例外,他们一致同意由他来代替徐恩元。沈成栻重申了徐恩元允诺奉行管理协议的表态也取悦了美国人,使其心满意足。但是美国人在决定是否继续合资企业的过程中,推迟了唐默思关于中方领导层变化的提议。但在整个会议过程中,唐默思都锲而不舍地通过全力消除怒气和探寻懋业银行的出路来维系银行的存在。他给徐恩元的电报中说:“你尽可以相信我会同我的中国同僚站在一起,而且我会继续全心全意努力推动中美合作全面成功,使我们为之骄傲,我所需要的就是他们和你的全力支持。”①

经过联合会议以及内部讨论,美国人给中国人开列了三个选项:由美方买断中方的股份;中方出资买断美方股份;银行停业清盘。第三个方案中方和美方都不会接受,因为这个选项意味着投资就算不会全打水漂,也所剩无多。中方探讨了买断美方股份的可能性,但是他们无力出资,就

---

① “Minutes of Advisory Committee,” Aug. 15, 1922, box 48; “Proposed Changes for Management of Chinese American Bank,” n. d., box 48; cable, and earlier draft, Thomas to Hsu, Aug. 18, 1922; Thomas to Abbott, Sept. 24, 1922; Thomas, handwritten memorandum, Oct. 1, 1922; S. K. Shen to Thomas, Jan. 6, 1927, Thomas Papers. Memorandum, “Certain Developments in Connection with the Status of the Chinese American Bank of Commerce,” Oct. 31, 1922, RG 84, Peking Post file 851.6, box 44.

只好由美方来接手。通过重新审视银行的问题和黯淡的前景，美国人决定不再追加承付款项。实际上，大通国民银行已经对懋业银行的合资心灰意冷，表明退意。为了打破这种前景黯淡的僵持不下，唐默思建议双方都保留原有股份，并竭尽全力去打造一个新的开端。①

此时，李纯的哥哥，李馨将军，愿意出资购买美方三分之一股权，用以扩大其家族的股本额度。大通国民银行在这时迫不及待地抓紧机会卖出股份，草签了协议之后就立即安排解散中美投资公司。当中方得知李馨出价购买，立即将伊斯特威克和拉斯峰解职。其他的美国投资者表示，起码目前他们愿意继续留在合资公司。唐默思和中方都希望施栋可以发挥建设性的作用。唐默思致信给施栋说："我期望在银行的管理运营中我们是可以团结一致、心情舒畅的大家庭，我们所从事的事业充满伟大的机遇和成功的希望，我满怀信心，只要我们通力合作，互相扶持，我们拥抱的必将是令人欣慰的累累果实。"②

在没有任何解释的情况下，李馨出人意料地取消了股份购买，这个消息不胫而走，在中国商界中引起了轩然大波。同时，伴随中国经济形势的每况愈下，懋业银行的财务状况也急剧恶化。恰逢此时，大通国民银行和美国汇兑银行向懋业银行施压，要其偿还因为购买哈尔滨分行和马尼拉分行所欠下的债务。面临要立即筹款100万元的需求，徐恩元呼吁彼此通力合作，竭其所能共同伸出"救援之手"。有趣的是，国务院和在京公使馆因美国人参与创立了银行都表达了对此的关切，极力想要避免银行倒闭。

---

① Thomas handwritten memo, Oct. 1, 1922, box 9; Thomas to Stone, Oct. 2, 1922; Bruce to Thomas, Jan. 29, 1923, Thomas Papers; Frederic Lee, Draft, "A Survey of Currency, Banking and Finance in China," DS 893.516/182.

② Schurman to SecState, Nov. 1, 1922, DS 393.1153C44/1; Memorandum, "Certain Developments in Connection with the Status of the Chinese American Bank of Commerce," Oct. 31, 1922, in Schurman to SecState, Nov. 1, 1922, RG 84, Peking Post file, 851.6; Thomas to Hsu, Oct. 1, 1922; Stone to Thomas, Oct. 20, 1922; Thomas to Stone,, Oct. 26, 1922; "Minutes of a Special Meeting of the Board of Directors of the Chinese American Investment Company," Oct. 25, 1922; Thomas to Horace Reed, Oct. 26, 1922, Thomas Papers. 在中国，人们纷纷传言，说美国人把在华的所有股份都卖给了中国人，中国人又把这些股份转卖给德国或者奥地利的资本家。C. C. Hanson (Harbin) to Schurman, Dec. 29, 1922, Peking Post file 851.6, 1922, vol. 44.

美国合资方指出自己这一方面不会伸出援手。大通被气得火冒三丈,正在考虑如何了结另外一次中国失信所导致的交易失败。太平洋拓业公司被其债权人束缚,后者可能以任何合理的价格出售股份。施栋现在坐到了顾问委员会主席的交椅上,也不愿意再进一步追加资本。白鲁斯质询唐默思他所拼凑的投资集团是否能够介入,否则银行必然要清盘。唐默思承认公司倒闭对于美国利益和中美合作会是一个巨大的灾难,但还是拒绝了任何直接的经济援助。①

事实上,懋业银行的管理运作早已不是唐默思分内之事了。1922 年 9 月 9 日,唐默思向顾问委员会递交了辞呈,辞去了自己美方协理、董事、财务委员会成员的职务。他请求尽快解除自己的一切职务。1922 年 11 月 21 日,唐默思与罗伯特・蓝辛(Robert Lansing)的表妹多萝希・Q. 里德(Dorothy Q. Read)在这位前国务卿的家中结为伉俪。他们的爱情传奇始于 1920 年,多萝希作为公使柯兰(Charles R. Crane)妻子的社交秘书来访中国。唐默思带着他的新娘回到中国了解他与银行之间的事务,并开始新的事业。但唐默思无疑计划回到美国去。面对新的危机和许许多多的变幻莫测,美国合伙人希望唐默思可以推迟其决定,中方强烈要求他继续留任。1923 年 1 月中旬,对等待美方的决议已不耐烦的唐默思坚决辞职。②

然而唐默思依然保留其股份,一直紧随懋业银行的发展步伐,始终如一地不断向银行伸出援助之手。他与盖伦・施栋有书信往来并偶有时间共同商议一些事情。盖伦・施栋是银行中美方的唯一积极参与者。他与

---

① Memorandum, "Certain Developments in Connection with the Status of the Chinese American Bank of Commerce," RG 84, Peking Post file 851.6; Hornbeck Memorandum, "Chinese American Bank of Commerce, Feb. 7, 1923, DS 393.115C44/2; Hsu to Thomas, Jan. 6, 1923; Thomas to Stone, Nov. 24, 1922; Bruce to Thomas, Jan. 29, 1923; Thomas to Bruce, Jan. 31, 1923, Thomas Papers.

② Thomas to Stone, Aug. 24, Sept. 9, Oct. 2, 1922; Hsu to Thomas, Aug. 18, 1922, Jan. 6, 1923; Thomas to Finance Committee and Board of Directors, Chinese American Bank of Commerce, Jan. 16, 1923; Thomas to Bruce, Jan. 31, 1923; Thomas to Allen, Feb. 7, 1923, Thomas Papers. See also "Interview with Mrs. Dorothy Thomas," by Betty Young and Dorothy Brock, box 1, Thomas Papers.

徐恩元、沈成栻,还有一些其他的中国官方人士一直保持着紧密的联系。唐默思做他们的知心密友,经常为他们提供建议,但始终小心翼翼地避开干预银行的管理事务。①

唐默思并未对中国经济前景失去信心。他在从银行辞职后,投资国际纺织公司(Universal Textiles Co.)和孔雀影业(Peacock Motion Picture Company)公司,这些公司都是由他来帮忙策划组织的。唐默思一家在1923年年末返回美国,之后不久多萝希生下他们的第一个孩子。尽管唐默思时常提起想到中国的念头,但他从未再回到中国,在这块土地上他曾经以一位美国商人的身份开创了自己的事业。②

☙ ❧ ☙ ❧ ☙ ❧

唐默思的辞职,以及中美双方重塑懋业银行的努力为整个银行历史的第一阶段画上了句号。在这一时期,中华懋业银行,理论上由美国掌控和管理运营,被认为通过把美国的商务网络及其专业技术与中国的政治、经济及其地方商业条件结合起来,开辟了一条东亚银行业界的新路。唐默思时代以令人沮丧的音符曲终人散了。无论是期待的目标,还是预期的赢利都没有达到,甚至更糟,银行现在前途渺茫,面临破产的危机。

唐默思本人则为银行不尽如人意的表现黯然神伤,而自己雄心勃勃想用懋业银行创建中美商业经济合作的梦想就此烟消云散。他的自传体文献提到懋业银行之处微乎其微。唐默思的回忆录——《东方烟草商的拓荒者》(*A Pioneer Tobacco Merchant in the Orient*),在懋业银行最后被清算以前出版,曾提及他在组建公司中所起的作用,他陈述道:"它依然苟延于世,一直服务于两国的贸易,尽管自它组建以来的大多数时间里中国内乱频仍,混乱不堪。"③

---

① 这些关系要在随后的章节中加以讨论,可以参阅唐默思档案中的往来信函。

② 唐默思后懋业银行时期的商业投资活动可见于他的档案文件。参见 Thomas to Allen, Feb. 7, 1923 and P. E. Mann to Thomas, Jan. 11, 1923. Also, Eleanor Thomas Elliott to author, Jan. 22, 1985 等。

③ Thomas, *A Pioneer Tobacco Merchant in the Orient*, 125-28. See also his undated memorandum, "The Chinese American Bank of Commerce," box 16, Thomas Papers.

唐默思要在多大程度上对1922年年末银行举步维艰的困境负责呢?尽管他暗示应归咎于政府贷款,然而安立德(Julean Arnold)却将银行的种种症结归罪于唐默思。1928年安立德在给国内外贸易局(Bureau of Foreign and Domestic Commerce)局长的报告中称:“银行的这位美方协理应当是银行的实际当家人,银行命运多舛,时乖运蹇,原因就在于作为首任美方协理的他,对银行业务一知半解。”①

安立德也是银行的创始人之一,他对于唐默思的评判也有些求全责备,过于苛刻。有许多因素不是唐默思可以左右的:20年代早期的经济萧条,美方在远东地区聘用才能卓越、经验丰富的银行家所显露出的捉襟见肘,太平洋拓业公司的种种麻烦,从美国汇兑银行继承而来的哈尔滨分行出现的一片混乱,美国投资人对中国人的无知和轻视,中国政坛的频繁更迭,经济的破产,中方和美方在利益上各揣心腹事。再者,银行日常管理事务统统落在了唐默思肩上。唐默思从根本上说就是个促进者,是个推销商,在这些方面,他在银行中做得很称职。安立德的控诉贬低了唐默思的真实功绩:他的献身敬业,他的坚韧不拔,他的满腔热忱,还有,也是最重要的,他对中国人观点的感同身受,得以在最大程度上使懋业银行不仅在组建阶段能够维系,而且可以继续生存下去。安立德对20世纪20年代中期懋业银行实实在在的复苏视而不见。1928年懋业银行倒闭,究其原因只能部分地归因于唐默思时代。

然而,就懋业银行的诸多内部问题,唐默思还是难辞其咎的。他是一个顽固不化的乐观主义者,在没有足够训练有素的中西方银行员工的情况下,组建扩张了多个分行而且加以运营。他无视明显相反的证据,还是对中国员工的诚挚可信、公正廉明以及中国政府的还款能力和诚意怀有盲目的信任。更重要的是他从未真正对银行实施掌控。这样一来,他对银行各部门以及分行究竟发生些什么可能并不知晓;他为美国雇主所提供的银行情况的描述也就难于精确了。

我们如何来解释这种失败呢?特别是在唐默思在英美烟草公司经理

---

① Arnold to Director, Bureau of Foreign and Domestic Commerce, Aug. 15, 1928, Arnold Papers.

任上志得意满之后,又特别是在他作为一个美国在华商务专家的身份背景之下?首先是他被压在他肩头的责任和要求搞得焦头烂额,不知所措。徐恩元重病在身,又缺少可以信赖的、才华横溢的部下,迫使唐默思单枪匹马,驾驶懋业银行的巨轮在迷雾重重的迷失之地独掌舵柄。唐默思既没有时间也没有兴致去处理银行里针头线脑的个案。其次就是尽管他承认自己不是一个银行家,但他称自己有信心像经营其他商业实体一样去开办银行。结果,唐默思对于懋业银行少数几位可信赖的银行家的理性忠告置若罔闻,而且对下属和外界批评越来越敏感,特别是当他一想到别人不像自己那样熟悉中国。同样,当美国投资人向他提及有关银行发展进程的问题,他的策略也是极力辩解。他原指望可以获得他在英美烟草公司曾享有的权威,那种令中国人都肃然起敬的权威。与之相反,他与美国合伙人之间的关系让他感到不适,也许还有点缺乏安全感。

第三,唐默思沉醉在英美烟草公司的辉煌中难以自拔(在一定程度上,他错误地理解了其中的原因)。他以为他可以从他的烟草生意管理转型到中美合资的懋业银行上来,然而银行经营与烟草工业真是不可同日而语。就后者的情况来说,英美烟草公司通过雇佣经验丰富的烟草商来销售其产品,从而转化了一个现成的中国烟草营销网络。然而现代中国的银行业,被证明是个新的、有风险的领域,本国只有很少的一部分专业人才。尽管唐默思在烟草生意经营中可以指点江山,然而就银行的管理技术而言他还是初出茅庐。此外,中国的政治和官方政策尽管可以影响到烟草工业,但它们对中国银行的行为和命运影响更甚。

最后一点,唐默思对中美合作思想一直情有独钟,视自己所从事的事业为证明这个思想切实可行的一次运动。他曾对盖伦·施栋说:"如果我们在这件事情上功败垂成,我可以坦言相告,再不会有他人来犯险一试。假如我们的团队成功了,我们将会为美国商人和手工业者开拓一条基础坚实的路径,使他们开始着手中美之间的贸易活动。"可问题是关于合资公司和中美合作,中国投资人和美国投资人的观点相去甚远。

美国人视银行为合作企业,从这个意义上说,各方面应提供相同的资本,并通过通力合作获取各自的利润。但是他们进入这个企业是以他们将掌管银行的日常管理和政策制定的设想为前提条件的。这一点是不可或缺的,不仅仅是因为他们认为美国人的方式更胜一筹,而且他们也无法相信中国的套路。置身于那个时代的大环境下——初露端倪的美国商业至高无上的地位,中国的劣势条件,美国在地区事务中处理经验的匮乏——他们的观点也还算情有可原。比思根深蒂固的偏见代表了一种极端的立场,而美国投资人也多持有相同见解。于是,当美国人无法掌控懋业银行的运营变得明朗时(部分缘于唐默思的效率低下,部分缘于中国人的抵制),他们就对合资公司心灰意冷了。

对于中美合作,中国人的观点有自己的局限。尽管他们欢迎美国资本的输入,以及其他因为美国的参与而来的种种优势,但他们一直把银行看成是一个中国的机构。毕竟,银行几乎全部在中国境内,中国客户占压倒性多数,在中国的环境下发挥职能。芮恩施在回忆录手稿中记载,中国人对顾问委员会和美国操控下的财务委员会显示出极大的愤慨,表明中国人绝不会将管理权和政策制定权交给美国人。徐恩元最初愿意给美国人以管理权,特别是给他信得过的同僚唐默思,给他一个在运营银行中有实权的位置。但是在国人的压力之下,加上他本人也为美国人对他的种种刁难行径大为光火,于是他与由钱能训和许多小股东所表述的强硬路线渐行渐近。从中国人的角度看,懋业银行的历史表明这样一种观点,即中国人为了防止西方控制其经济而斗争,而且常常是成功的。真的就像高家龙(Sherman Cochran)曾指出的那样,中美对抗往往会加速中国化的倾向。①

尽管唐默思对中美友好事业鼎力支持,他对中国的这一根本情况还是深有体会。他在中美烟草公司的经验教训使他认识到西方人必须让自己去适应中国的生意和文化氛围。在唐默思的在华生意经营原则陈述中,他写道:"我知道,在我的有生之年是绝不可能以我的方式去教化中国

① 以上的总结,参见 Thomas to Stone, Nov. 19, 1920, Jan. 3, 1922, Thomas Papers; Reinsch, "Six Years of American Action in China," box 15, Reinsch Papers; Cochran, *Big Business in China*, especially 24-39, 218-19; Pugach, "Second Career: James A. Thomas and the Chinese American Bank of Commerce," *Pacific Historical Review*, 195-229。

人了,我不得不自己去适应他们的方式。”鉴于此,比思和奥维拉什正确地观察到唐默思在以中国人的方式思考并认为银行是个中国机构。但多年来他认识到:“在中国的商务如果要成功,就必须让自己去适应本地情况,这与它们在澳洲、加拿大和其他地方的商务经营中必须去适应当地的情况和公众观点一样。”他依然坚持自己的观点,美国人可以和中国人一起做生意,因为“中国人对商务常识的理解决非其他人群所能相比的,他们会意识到如果并非所有各方都有利可图,生意就难以维系”。他向施栋解释说:“发展中美股东之间的互信是个首要条件,中国股东和美国股东相距万里之遥,彼此素昧平生,互生嫌隙在所难免。我们要着手开始本着信任衍生信任的大原则行事,这样不久以后,我就能最终明确地确定在中美合作中会存在怎样的主张。”①

因而,唐默思的立场与中国人的立场比较接近,他把促使美国人合作作为肩上更重的担子。他竭尽全力用自己关于合资企业的观点去开导美国合伙人。然而心理和文化的鸿沟实在太深了,使人难以逾越。如果懋业银行创业之初就获得巨大的成功,美国投资人很有可能为他留有更大回旋余地去实现自己的想法。施栋和白鲁斯曾经为中美合作的思想心驰神往,而所有人,包括韦耿,原本对美国的对华投资也是满腔热忱。唐默思个人的失败,加上懋业银行所要面对的问题和困境,使他与机遇失之交臂。无论是唐默思还是其他什么人,都不可发明一套公式,像奥维拉什和施栋略为提及的那样,让最佳的美国方案和中国方案进行绝佳组合,这样就能使银行适应中国的条件又免于“为中国人所鲸吞”。

随着唐默思黯然离去,留下来的同事们就不得不去寻找懋业银行的救赎之路,否则只能承认失败,最后清算。经过一次不可思议的命运的峰回路转,唐默思的后继者重新定义了懋业银行,而且践行了许多唐默思的构想。结果比大多数人预料得要好。

---

① Thomas, “Selling and Civilization,” 896-99; Thomas, “Applying Business Principles to the China Problem,” 338-40; Thomas to Pettitt, June 8, 1921; Thomas to Stone, Nov. 19, 1920; Thomas to John Earl Baker, Feb. 11, 1929, Thomas Papers.

第六章　峰回路转
——中国化与时局的好转

从1923年春至1925年中期，中华懋业银行经历了它最风光的一段岁月。不仅扭转了几成定局的破产，还出现了显著的复苏。在此期间，懋业银行相对稳定，声誉日隆，也许还真的盈利。与此同时，美方不再积极参与银行的管理。他们接受，甚至可以说是欢迎与日俱增的中国化局面。在沈成栻强有力的管理下，1922年达成的改革得以施行，银行的事务管理走上了专业化的道路。

但懋业银行绝不能解决它所有的问题。银行的不良贷款，尤其是贷给中国政府的部分，继续削弱它的资产负债表。沈成栻不得不与大通国民银行和美国汇兑银行较量，而且他还面临着银行内中国人的巨大阻力和反对。尽管沈成栻决心按彻底的商业模式来经营银行，但在这个阶段的尾声，越来越多的迹象表明，银行正回退到“糟糕”的老路上去。

美方合伙人在1922年就证明，他们拥有控制懋业银行政策的多数票，并能够按他们的意愿来进行经营。美方借助在中国精明能干的代理人，本可能继续主导银行。但正如他们从唐默思和沈成栻对中国前景的描述中了解的那样，粗暴地行使权力只会加深中国投资人的敌意。美国投资者也很清楚，银行只在中国运营，并且它的大多数生意要依靠中国人，要从纽约经营这样一个机构，不仅不切实际，而且难以实施。最终，唐默思关于合资企业的建议，如果说没打动他们心灵的话，准是打动了他们的记账簿。现实主义、对和解的渴望和对沈与日俱增的信任，使他们愿意将日常管理和更多的政策制定的权力让给中国人。①

但美国人之所以从懋业银行事务的主动参与中退出，也有其他因素在发挥作用。早在1923年，美国投资者就对懋业银行的前景抱有悲观的态度。尽管美国投资公司在李馨取消出价购买后重组，大通国民银行—美国汇兑银行组成的集团对懋业银行也彻底心灰意冷，如果得到满意的价格，它们愿意将股份全部抛出。事实上，该集团毫不妥协地要求懋业银行立即清偿债务加速了后者的危机。在1927年前的某个时候，大通将它的大部分股份，也很可能是全部，卖给海滕·施栋公司和(或)施栋家族。阿尔伯特·韦耿在中国遭到失败后愈加痛苦不堪，可能以自己的名义保留了一些股份，在1920年代末，将之卖给自己亲密的生意伙伴查尔斯·海滕。②

1923年，太平洋拓业公司被停业清理。尽管它的一些子公司得救，但它在懋业银行的股份还是被抵押给了美国财团，然而并无证据表明J. P. 摩根公司有意将自己的人员安置在懋业银行的董事会中。事实上，白鲁斯在1926年以前虽然位列懋业银行的董事，但他并未在银行中发挥多大作用。自从离职后，白鲁斯于1923年去意大利，重拾他所喜爱的绘画。白鲁斯是一位有些天分的画家，后来成为绘画艺术的重要赞助人。③

现在只剩下盖伦·施栋。在所有最初的合伙人中，只有施栋不论是

---

① Arnold to Director, Bureau of Foreign and Domestic Commerce, Aug. 15, 1928, Arnold Papers.

② 股权所有关系的变化并没有明确的信息资料，在不同的文件材料中也没有提及复杂的、各自不同的交易协议。参见 Bruce to Thomas, Jan. 29, 1923, Thomas Papers; Minutes, "Chinese American Investment Company, July 18, 1923, box 48, Thomas Papers; Arnold to Director, Bureau of Foreign & Domestic Commerce, Aug. 15, 1928, Arnold Papers; Sokolsky, "Memorandum Concerning a Letter from J. E. Swan to the Minister of Finance Dated November 27, 1930," Dec. 3, 1930, box 25, Young Papers; Hornbeck Memorandum, "Chinese American Bank of Commerce," Feb. 7, 1923, DS 393.115C44/2; Barr to Grosvenor M. Jones, Chief, Finance & Investment Division (Bureau of Foreign & Domestic Commerce), Nov. 11, 1927, RG 151, file 611 (China); C. R. Bennett to M. D. Currie (Far East Division, National City Bank), Dec. 20, 1928, RG 84, Peking Post file 851.6, 1928, v. 56。

③ Thomas to Shen, Nov. 16, 1923, Sept. 15, 1926; Shen to Thomas, Aug. 16, 1926, Thomas Papers; Egan, "Memo for Mr. Lamont," Jan. 7, 1926, Egan Papers; *Who Was Who in America*, v. 2 (Chicago, 1950), 86; *New York Times*, Jan. 27, 1943.

从财政的角度,还是从个人的兴趣方面,对合资企业还保持有坚定的信念。他从大通国民银行大量购进股票,不断增加自己的股份,可直到1925年,他对银行一直谨慎地担当被动的角色。1923年1月1日,施栋从海滕·施栋公司退休,从此投身于旅游、家庭和其他爱好方面。他的退休,早在1919年初就有所计划,与懋业银行的命运毫无关系。[①]

同时,唐默思辞职也造成了美国管理的真空。他在中国的这个职位空缺从未被填补。伊斯特威克在被中方解雇后返回美国,被委派与对此事颇为关注的美国国务院商谈美方继续参与合资企业的管理事宜。尽管从表面上来看他官复原职,但还是在1923年离开了银行。[②]

实际上,在1925年以前,是否有人长期担任美方协理一职是令人生疑的。[③]福克和卫家立都曾偶尔代理这一职务。卫家立在失去烟酒事务署会办这个无关紧要的职位后,在懋业银行担任顾问。1924年6月,他遭遇个人不幸,年轻的妻子去世。银行给他6个月的假期,他乘船返美以缓解悲痛。卫家立精通汉语,是个中国通,得到施栋的赏识和信任。1925年,卫家立正式当选美方协理,直到1929年银行破产前,他一直身居此职。但卫家立个性并不突出,他从未像唐默思那样赢得过中国人的尊重和钦佩。[④]

懋业银行外国工作人员的大变动也削弱了美方的影响。福克从1922年至1928年夏,任银行美方稽核员一职,提供了一定的稳定性与连续性。克拉克(W. R. Clarke)在哈尔滨工作得力,但突染痢疾,获准回家休假。

---

① Bennett to Currie, Dec. 20, 1928, RG 84, Peking Post file 851.6, 1928, v. 56; Barr to Jones, Nov. 11, 1927, RG 151, file 611, (China); Thomas to Shen, Nov. 16, 1923, Thomas Papers; *New York Times*, Nov. 12, 1922.

② Hornbeck memorandum, "Chinese American Bank of Commerce," Feb. 7, 1923, DS 393.115C44/2; Eastwick to Stofer, Feb. 14, 1923 and unsigned, undated "Note" by the Division of Far Eastern Affairs, DS 393.115C44/1.

③ 有趣的是,在《银行周报》第8期的广告上(1924年8月12日),继续把唐默思列为美方协理。

④ Memorandum, "Certain Developments in Connection with the Status of the Chinese American Bank of Commerce," Oct. 31, 1922, Peking Post file 851.6; Schurman to SecState, May 31, 1922, and Phillips to Schurman, July 21, 1923, DS 893.51/3881; Hsu to Thomas, July 22, 1924; S. K. Shen to Thomas, July 18, 1924; Thomas to Shen, Aug. 13, 1925, Thomas Papers.

在1923年秋克拉克返回前的这段时间内,他的工作由一位声誉较好的德国人里夏德·魏泽(Richard Weise)暂代。劳理植被任命为总经理(这个职位是在1922年末或1923年初银行改组时设立或正式认可的),他于1923年末辞去职务。劳理植也许是懋业银行雇员中最精明能干的一位,他的离去对银行来说是重大的损失。耿爱德在1925年以前一直担任代理总经理兼上海分行经理。1925年他决定亲自涉入经纪业务,在处理汇兑时犯了大错,给上海分行带来重大损失。在合资企业走向中国化的另一个步骤中,他被东亚银行的前经理郑鲁成(Cheng Lu-Ch'eng)所代替。尽管施栋指出,这是在使银行"更加中国化而非预期中的更加国际化"的进程中的又一举措,但他并没有抱怨此次任命。银行内部缺少西方人,加上美方投资者兴趣降低,这也削弱了财务委员会中美方的影响,使财务委员会丧失了在银行管理中的核心作用。[1]

美方合作伙伴放弃主动参与的政策,愈加接受银行中国化的同时,也伴随着美国的银行和业务从中国的整体撤退。当然也有少数的例外。公平东方银行一时兴盛并发放了股利。美丰银行也一度兴旺。国民城市银行亦保持繁荣的经营态势。与懋业银行在哈尔滨的经历形成强烈的对比,直到1928年,国民城市银行都是那个城市最大的非官办银行。[2]

更具代表性的是,汇兴银行(Park-Union Bank)被友华银行所接收。友华银行在困难时期把它出售给万国宝通银行。多国借款团一度处于停滞状态。要使美国财团保持名义上的国际金融辛迪加一员的地位,国务院有力的推动是不可或缺的。美国财团失去了对对华贷款的兴趣,在1923年史蒂文斯辞职后不再委派常驻代表。在这十年中,美国企业在海外的投资迅猛增加,但中国却未吸引多少新的美国投资。甚至1925年改

---

① Thomas to Stone, Nov. 16, 1923; Stone to Thomas, Apr. 6, 1925; Thomas to Shen, Mar. 19, Nov. 5, 1923; Shen to Thomas, Oct. 12, 1923, July 18, 1924, Mar. 4, 1925, Thomas Papers; Hanson to SecState, Apr. 18, 1923, DS893.516/192; *Banker's Weekly*, v. 8 (Aug. 12, 1924);福克后来进入纽约信托投资银行,有关他的信息,可参见 *CWR*, XLVI (Sept. 15, 1928), 96, XLVIII (Apr. 20, 1929)。

② 国民城市银行在哈尔滨的经历。可参见 Arnold, "Notes on Trip to Manchuria," in Louis C. Venator, Report for Week Ended Sept. 8, 1928, Arnold Papers。

进《对华贸易法》也未能吸引美国公司来华投资。大多数受益者是美国侨民和他们早期在中国建立的小规模商业机构。实际上在这十年中，许多美国商人对中国持否定态度。满腔怒火的债权人由于在铁路运输和其他设备方面未得到应支付的款项，组成保护委员会到华盛顿游说，求其出面干预。中国内战进入更激烈更具破坏性的阶段，对商业产生了灾难性的影响。另外，临城劫车案（1923）中，一些西方人被绑架并囚禁数周，这也使许多美国人对中国产生了敌意。美办《密勒氏评论报》（*China Weekly Review*）一向支持中国人，也在1924年一篇名为《中国人怎么了？》的长篇社论中，责怪中国人与1921—1922年的华盛顿会议所提供的机遇失之交臂，算是咎由自取。[1] 同样，唐默思也向他的朋友阿瑟·巴西特承认说，“目前美国对中国毫无兴趣”。如果有什么的话，也只是听到有人抱怨中国无力偿还债务和孙中山火上浇油。马慕瑞时任远东事务助理国务卿，私下谴责中国人“抱着不可能的事不放，可能的事却不愿合作，使抱着良好祝愿的人失望”。[2]

---

① 对于美国银行的撤离以及它们对中国的发展不再抱有幻想，不管是唐默思还是徐恩元都大失所望。Hsu to Thomas, Jan. 24, 1924, Thomas Papers. 关于这些进步和发展参见 Lamont to Hughes, Mar. 24, 1922, DS 893.51/3776; MacMurray to Hughes, Apr. 5, 1922, 893.51/3777; J. P. Morgan to SecState, Feb. 15, 1923, 893.51/4180; Schurman to SecState, Mar. 4, 1923, 893.51/4283, May 26, 1923, 893.51/4323; Lockhart to Harrison, Aug. 18, 1922, attached to 893.51/3968; Eldridge to Julius Klein, Aug. 11, 1922, in Eldridge to Lockhart, Aug. 11, 1922, 893.51/3968; Lockhart memorandum, Sept. 23, 1922, 893.51/3974; *FRUS*, *1922*, I, 764-67; Eldridge to Secretary of Commerce, Dec. 14, 1922, folder "China 1922", Jan. 19, 1923, folder "China 1923-1924," box 87, Hoover Commerce Papers; Rhea to Secretary of Commerce, Mar. 7, 1924, folder "China Trade Act 1924, Jan.-April," box 88, Hoover Commerce Papers; Egan to Louis Froelick, May 19, 1923, Egan Papers; Stevens to C. H. Bender, Feb. 7, 1923, Frederick W. Stevens Papers, Michigan Historical Collections, Bentley Historical Library, University of Michigan, Ann Arbor, Michigan; clipping, "I. B. C. Plans Purchase of Asia Banking Corporation," *China Press*, Jan. 11, 1924, Thomas Papers; "American Bank Merger," *North China Herald*, Mar. 18, 1922; "Civil War Casts Cloud over China Business," *Journal of Commerce*, Jan. 26, 1922; "Trade in China Continues Dull," *Journal of Commerce*, Aug. 26, 1922; "Wars, Riots, Bandits Now Afflict China in Growing Turmoil," and editorial, "China's Great Weakness," *New York Times*, May 16, 1923; ed., CWR, XIX (June 7, 1924), 2-4; Wilkins, *The Maturing of Multinational Enterprise*, 49-163, especially 53, 95, 150。

② Thomas to Bassett, Dec. 31, 1923, Thomas Papers; MacMurray to Thomas, Oct. 14, 1924, MacMurray Papers.

美国民间所持有的态度也在华盛顿官方的立场中有所反映。在面对中国政治的分崩离析和混乱无序、财政腐败和缺乏责任感、民族主义和激进主义兴起时，广泛传播的有关华盛顿会议将在中国开创一个崭新时代的乐观主义很快烟消云散了。美国国务院坚持说它对中国的基本政策不会改变：美国支持华盛顿条约和第二次多国借款团，维护美国人的合法权益和主张，在内战中不偏袒任何一方，保持与中国的友谊和对中国的同情。可是美国国务卿休斯(Charles Evans Hughes)在致信乔治·洛克伍德(George Lockwood) 时却说，这个政策已被中国人自己改变了。把责任归咎于中国人之后，1922—1925 年间美国的官方政策掺杂着冷漠与不耐烦、忧虑与憎恶。

同样，许多中国人也对美国产生厌烦情绪。被唤醒的中国民族主义谴责美国未能立即恢复中国的民族权利。国民党(逐渐被蒋介石所控制)加强了与苏联的联系。与此同时，主要的军阀纷纷与不同的外国势力结盟，但实际上都排斥美国势力。因此当时的大环境不利于任何形式的中美合作。①

同时，懋业银行中的中方在人事和领导层方面也经历了重大的改变。到 1923 年年末，徐恩元的健康状况已大有好转，不过他一直避而不登银行总部的大门。他通常会隐居在自己不同的寓所里，照端纳(W. H. Donald)报告的，“他已经从人们的视野中消失了”。唐默思和其他几位与中华懋业银行有关的人都认为徐恩元的最佳做法是退休，这样对谁都有利。但直到 1925 年他去世前，徐恩元一直是懋业银行最具影响力的人物。他在幕后操纵，尤其是有关人事任命和贷款政策事宜。②

---

① *FRUS*, *1922*, I, 705; Perkins, “Memorandum of Interview between Mr. C. C. Batchelder and Mr. MacMurray and Mr. Perkins of the Far Eastern Division,” June 6, 1923, Leland Harrison Papers, Library of Congress; Hughes to George Lockwood, Aug. 2, 1923, RG 84, Peking Post file 610, 1924, vol. 16. See Warren I. Cohen, *America's Response to China*, 97-113; Shinkichi Eto, “China's International Relations 1911-1931,” in *The Cambridge History of China*, Volume 13, *Republican China 1912-1949*, Part 2, 103-111; Akira Iriye, *After Imperialism*: *The Search for a New Order in the Far East*, *1921-1931* (New York, 1969), 1-56.

② Thomas to Shen, Mar. 10, 1923, Thomas Papers; Donald to Helen Rathvon, Mar. 3, 1925, N. Peter Rathvon Papers, Hoover Institution; *China Press*, May 3, 1923.

然而从1923年至1925年中期,懋业银行的日常管理却一直由精明强干的沈成栻来操持。沈成栻在伦敦大学接受过一流的教育。回国后,他在京沪铁路局任交通主管和副经理。1920年,他的恩师徐恩元将他带到懋业银行。1921年夏,当他频繁代表徐恩元出席董事会和财务委员会时,他的名望和影响力开始提高。1923年,沈成栻被任命为懋业银行协理,这是他在该银行的管理层所能担任的最高职务。可是他却是银行接下来两年中的核心人物。他负责整顿银行的混乱局面,引导银行走上复苏和盈利的正轨。并且,他在已迁到上海的执行部出任主管,这也给了他一定的自主权。但沈成栻最终还是被看作徐恩元的代言人。

可是暗地里,徐恩元和这位门生之间的关系却日益紧张,矛盾凸显。尽管两人年龄相差无几,沈成栻却与他的后台老板持有截然不同的观点。沈成栻在接受过外国教育的同代人中,是“专家治国”的典型。沈成栻并不幼稚,他认清了中国的权力核心所在。但就像外交天才顾维钧和金融天才陈光甫一样,沈成栻也想减少那些他认为对中国的国际事务和经济事务至关重要的领域的政治干预。因此,沈成栻决定将银行纳入不折不扣的商业化管理轨道。结果,沈成栻成了那些聚集在上海、与北方政权和军阀不合的有商业头脑人士的同盟和代言人。沈成栻的观点也迅速为美国投资者所垂青。唐默思立即被他的冷静、谨慎、智慧和领导能力所打动。他敦促徐恩元和施栋加强沈成栻在上海的地位。唐默思致信给沈成栻,“我想你就是此时此地的合适人选”。施栋本人也偏爱中国的这位技术专家。但是最后,我们应指出一个有趣的现象,那就是施栋和其他的美国投资者并未始终如一地支持沈成栻与他的对手较量,尽管也许这对结局并不会产生多大的影响。[①]

沈成栻日益受到沈吉甫及其密友张伯龙的挑战。这两个人在中国新式银行界均代表传统的政治派别。沈吉甫和张伯龙曾是华俄道胜银行的北京及天津分行的买办。1923年银行改组后,沈吉甫被任命为懋业银行北京分行的经理,张伯龙则出任天津分行主管。沈吉甫很快就证明了他

① Thomas to Shen, Mar. 10, Sept. 5, 1923; Shen to Thomas, Jan. 23, Oct. 12, 1924; Stone to Thomas, Nov. 9, 1923, Apr. 28, 1924, Thomas Papers.

对懋业银行的价值。利用他与承办外国管理的行业存储业务的外国银行的老关系，他得以安排天津和上海分行动用盐税盈余来支付中国政府拖欠懋业银行的本金和利息。因此，当钱能训在1924年去世后，徐恩元被提升为总理，沈吉甫当选为协理。懋业银行内部中国股东间的矛盾斗争及银行经营方式的重大变革即将上演。[1]

沈成栻和银行的其他官员早在1923年年初接手银行的管理时就意识到懋业银行的不稳定。到5月，当职员在为年度报告和股东大会收集数据时，银行的全部问题就被总部了解得一清二楚了。这次，股东们不再对坏消息避而不谈。年度报告做了严厉的表述。银行在1922年的经营亏损达667054.96美元。可懋业银行撒了弥天大谎，声称1920年和1921年银行已盈利，因此亏损被降低为236893.82美元。并且，董事会报告说各分行的呆账总计达100万美元（可能是被低估了的数字）。在很大程度上，懋业银行的问题是因为政治动荡和政府极端的"金融紧缩"政策。因此，报告承认银行无法收回政府放款的本金和利息。公债所拖欠的金额利息总计达64万美元。银行还在兑换交通银行债券存单时损失10万美元。这些业务，包括政府的债券，正在榨干懋业银行的财力。董事们进一步提醒股东，因马尼拉和哈尔滨两家分行，懋业银行还亏欠美国汇兑银行15万美元。不过，年度报告的结尾却满怀希望地指出，银行在1923年前三个月处于盈利状态。"董事会希望在你们的合作与支持下，能够改正我们过去所犯的错误，使我们的公司取得真正的成功并成为所有人的骄傲。"[2]

无论如何，沈成栻下定决心要使银行重获生机，为此他情愿面对各种棘手的问题并采取强有力的措施。他对唐默思说，如果能给他两年的时间来实施他的强硬政策，"我保证让银行重新站起来并获得真正的红

---

① S. K. Shen to Thomas, Oct. 12, 1923, Thomas Papers；平斋：《中美合办》，第108页.

② "To the Shareholders of the Chinese American Bank of Commerce," May 18, 1923, Thomas Papers.

利”。[①]

沈成栻首先清理了懋业银行的资产负债表。沈成栻和劳理植拟定一个计划,将所有资产换成白银,并注销大量的呆账和不良资产。他们希望以此让懋业银行有一个崭新的开端。徐恩元极力反对这种做法,坚持延缓部分兑换。徐恩元也许觉得这种极端措施会使中国政府难堪,进而会对他的领导权产生负面影响。尽管这是合资企业中国化的又一重要步骤,美国投资者还是发出了赞同的声音。在长时间的激烈讨论之后,徐恩元作出了让步,财务委员会将此措施推荐给董事会和股东们。

接受了沈成栻关于资本重组会在未来产生红利这一主张的股东们,普遍对这一建议感到满意并给予支持。懋业银行的重组资本额为 1000 万墨西哥银元,其中 700 万是已缴资本和可催缴资本。银行当局声称向储备金中增加 50 万元,125 万元的呆账和不良贷款将被注销。实际上,沈注销了近 250 万元,包括太平洋拓业公司的贷款和中国政府所拖欠的大多数利息。尽管他被授权可以按照 1.90∶1 的低汇率进行兑换,沈成栻有能力实现 2 银元兑换 1 金元的平均比率。[②]

第二, 沈成栻削减了银行的开支,但一年仍超出 80 万元。懋业银行在 1922 年的整顿只节省了区区 5 万元。1923 年,沈成栻和董事会设定目标,要减少经常费用开支至 40 万元,他们认为这是切实可行的。尽管沈成栻取得了一定的成绩,但他是否实现了自己的目标,颇值得怀疑。沈成栻反对宣布股利,而有趣的是,在 1923 年的年度会议上,中国股东们未提出异议。沈成栻把马尼拉分行卖给了万国宝通银行,它一直都是懋业银行沉重的负担。虽然清算时花费了 9 万美元,但沈成栻估计这样每年可为银行节省 10 万元。

将执行部迁往上海终于在 1923 年 7 月得以实现,这也节省了大量的

---

① S. K. Shen to Thomas, Sept. 29, 1923, Thomas Papers.

② “Resolutions for the Finance Committee,” May 18, 1923; “Minutes of a Special Meeting of the Chinese American Investment Company,” July 18, 1923, box 48; Shen to Thomas, May 15, Sept. 29, 1923; Thomas to Shen, May 18, 1923; Stone to Thomas, Dec. 12, 1925, Thomas Papers;平斋:《中美合办》,第 109—110 页;Koo to Schurman, Oct. 23, 1923, and enclosures, and Evans to Bell, Oct. 29, 1923, RG 84, Peking Post file 851.6, 1923, vol. 40.

款项。北京总部的工作人员从38人减至10人。同样重要的是,沈成栻利用这一机会摆脱了许多无用人员,主要包括徐恩元和一些军阀的朋友和同盟。胡庆培最终被免职。另一位牺牲者就是陈宗蕃(通常被称作"陈胖子、胖陈"以区别于陈仪,秘书处一位能干的官员)。沈成栻在与徐恩元就是否解雇陈宗蕃的懋业银行营业部助理经理职务的斗争中获胜。沈成栻还想关闭北京分行,但意识到因为政治上的原因还得保留它。虽然面临徐恩元的不断阻挠,他还是把北京分行的开支削减到了极限,并把它搬到首都的一栋小楼内。劳理植的离任节省了一些款项,因为他并未被高薪的外国雇员接任。①

第三,沈成栻努力着手解决大量的遗留问题。他派法官梁慈灏去哈尔滨任助理经理。梁设法在15场悬而未决的诉讼中赢了13场,其中包括武弗森诉讼案。沈成栻也削减了懋业银行对美国的债务,在清算呆账上取得稳定的进展,并限制了与一些信誉不佳的银行的新交易。从南昌商业银行收回23万元就是他早期取得的成绩之一。在他严格的管理下,上海分行第一次获得盈利,在1923年前六个月的利润达到8.7万元。

北京和天津两家分行还有一个问题尚待解决,因为在中国的首都没有什么真正的业务,而且二者均由政客控制。不过,沈成栻实施了一项大胆的举措来改革天津分行,即由V. H.皮特里(V. H. Petrie)取代张志澄任经理。张志澄,同时担任直隶烟酒事务局局长,实际上已提交了辞呈。但徐恩元考虑到政治原因,拒绝接受张志澄的辞呈,也不对其行为做任何解释。为了拯救沈成栻的改革成果,本在退休后很少露面的唐默思,答应与徐恩元进行沟通来确保皮特里的任命成功。唐默思向沈成栻保证说:"我会最大限度地支持你,因为你知道我希望看到银行取得重大成功,而且它能做到。"随后,张伯龙于1924年接任天津分行经理一职。张伯龙最初打动沈成栻的是,他是一位稳重、保守、能干的商人。确实,在1924年

① "To the Shareholders of the Chinese American Bank of Commerce" [1923]; Shen to Thomas, May 15, Aug. 11, Sept. 29, Oct. 12, 1923; Hsu to Thomas, Sept. 11, 1923, Thomas Papers; clipping, *North China Star* (Tientsin), Oct. 23, 1923, RG 84, Tientsin Post file 851.6, 1923, box 48; "Bank in Manila Closes," *New York Times*, May 27, 1923.

春,天津分行和北京分行(沈吉甫主管)似乎都赢利了。以后,张伯龙和沈吉甫将会把懋业银行逼上绝境。①

第四,沈成栻努力解决懋业银行汇兑业务上的痼疾,并得以逃脱一场大难。因为外国银行在中国的统治地位和银行在海外缺乏便利,懋业银行继续遭受损失。而且,耿爱德和皮特里禁不住诱惑,涉入投机业务。皮特里接替去美国度假的耿爱德,要求徐恩元和沈成栻给他外汇业务中更自由的权力后,投机危险凸显出来。皮特里三个月赚取了 5 万元,却在一星期内赔个精光。为了证明自己,他铤而走险,两天时间卖空 100 万元。沈成栻得知皮特里的所作所为后几乎要"晕倒"了,他命令皮特里平仓。皮特里平仓之后没有遭受更大的损失,他意识到单纯的投机得不到任何好处。

总体上,上海分行在 1924 年上半年弥补了 3 万元的损失。之后,沈成栻更加严格地控制外汇业务。他也要求美国投资方提供实实在在的协助和便利以使银行在这一领域良好运营。但施栋和其他美国股东们却未做任何承诺。沈成栻由此感到必须削减汇兑业务。②

第五,沈成栻与大通国民银行和美国汇兑银行寻求全面有效的解决办法,以便最终为购买马尼拉分行和哈尔滨分行这一敏感问题作个了断。1922 年懋业银行支付美国汇兑银行 15 万美元来解决分行的"商誉"问题。中国股东们反对这种做法,他们憎恶这一交易,认为这是美国人的骗局。大通国民银行和美国汇兑银行也不满意,它们声称懋业银行因分行透支而亏欠它们的资金不计其数。在 1922 年纽约谈判中,巴尔傲慢地讥讽沈成栻全额付款的承诺。他打着响指对沈成栻说,懋业银行亏欠的 50 万美元对实力强大的大通国民银行来说是"九牛一毛",尽管如此,他还是敦促其交付全额款项。

得知大通国民银行有意退出合资企业后,在 1923 年年初,沈成栻组织了一个上海商人和懋业银行股东的中国联合会,主动提出以每股 25 元

① S. K. Shen to Thomas, Mar. 15, Sept. 29, 1923, Apr. 25, 1924 June 26, 1925; Thomas to S. K. Shen, Mar. 19, Nov. 5, 1923; Thomas to Hsu, Oct. 30, 1923, Thomas Papers.

② Shen to Thomas, Jan. 23, Apr. 25, June 10, 1924, Thomas Papers.

的现金价格购买它的股权。这场交易还提出以返还10万美元商誉款为条件解决透支问题。但大通国民银行坚持用现金支付的办法来解决透支问题,而沈成栻认为这超出了懋业银行的支付能力,因此谈判中止。而且,中国联合会要求徐恩元从银行现职退休,否则他们就停止购买。这使沈成栻进退两难。他不想给外界一个挤兑后台老板的印象。可是,他意识到徐恩元的退休会减少银行的政治派系斗争,加速银行的复苏。谣言四起,沈成栻也渴望与徐恩元商谈此事。徐恩元以患病为由离开了北京,是真是假不得而知,但沈成栻也无计可施。随后沈成栻竭尽全力与美方达成妥协。就在1923年股东大会前夕,美国汇兑银行提出首先返还5万美元商誉,然后再返还7.5万美元。这对中方来说根本划不来,他们认为所谓商誉款项纯粹是抢劫。谈判推迟,购买大通股份的计划也就此终止。①

1923年年底,懋业银行和大通国民银行关系失控。大通的新年问候就是拒绝承兑懋业银行有关哈尔滨的汇票,并威胁要提起诉讼。大通国民银行还拒绝了沈成栻最近的提案,即以抵押本票的形式偿付大通国民银行,以逐月付款的方式偿付美国汇兑银行。沈成栻向唐默思透露,假如美国汇兑银行能返还全部的商誉款,他可能会做得更好。美方应承认把痼疾缠身的分行甩给了懋业银行,这对中方来说是原则问题,也是唯一使中方忍气吞声偿付全部透支款项的途径。现在轮到大通国民银行让步了。如果它将懋业银行逼入破产的境地,它也只能加入债权人的长队之中了,并要承担破坏合资企业的罪名。②

可大通银行丝毫不让,它继续向懋业银行施加压力。为了缓和气氛,懋业银行在1924年3月汇款5万美元。一个月后,沈成栻提出了一个令大通银行和美国汇兑银行都能接受的方案。在这个条款下,懋业银行支付大通银行10万美元,余下7.5万美元用半年分期付款的方式支付,利率6%。和美国汇兑银行的协议是,懋业银行承担10万美元的不合格贷

① Shen to Thomas, Mar. 3, 15, May 15, 1923, Jan. 6, 1927; Report to Stockholders, May 1923, Thomas Papers.

② Shen to Thomas, Jan. 23, 1924, Thomas Papers.

款，其中5万美元现金支付，余下5万美元用半年分期付款方式支付。而美国汇兑银行返还了全部15万美元商誉款。

解决了这个难题，消除了合作伙伴间摩擦的主要根源后，沈成栻如释重负。如今他又面临着另一个令人望而却步的难题，即1924年25万美元的债务。他也进退两难，既面临未来的分期付款，又怕削弱银行的经营或危及承诺的股利分红。懋业银行在1926年12月31日偿付了对大通国民银行的最后一笔款项，这使沈成栻宽慰地舒了口气，并感到一丝的自豪，他实现了对美国人的承诺。①

尽管在与大通银行和美国汇兑银行漫长而又艰苦的斗争中，他得到了徐恩元的一些帮助，沈成栻还是得自己扛着这副重担。幸运的是，董事会给予他很大的处理权。施栋和唐默思对大通银行和美国汇兑银行所采取的立场并不满意。但施栋觉得他不能挑战他的美国伙伴。在几种场合下，唐默思主动帮助沈成栻，但在促进问题的解决中，他都做了什么还不清楚。他们祝贺沈成栻解决了这棘手的难题，并相信沈成栻是能处理银行复杂问题的不二人选。在大通银行的问题解决之后，长舒了一口气的施栋曾写信给唐默思道："既然银行在中国人的手中，我们有各种理由因这个结果而向我们自己道贺。"②

最后，沈成栻一直在为恢复懋业银行财政的良性运转而呕心沥血，而中国的政府贷款对他的努力始终是个困扰。它们也使徐恩元为难，这件事如果不解决，他就无法安心。端纳向拉斯峰报告说："有人告诉我他很焦虑，因为他从政府拿不到一分钱。"1925年，徐恩元在去世前不久，曾试图以很大的市场折扣价从J. P. 摩根公司手里购买太平洋拓业公司的中国财政部债券，他希望以那种方式收回部分懋业银行和施栋贷给太平洋拓业公司的款项。但摩根公司可能希望最后得到全额付款，拒绝放弃国库券。③

---

① Shen to Thomas, Mar. 26, Apr. 25, 1924, Jan. 6, 1927, Thomas Papers.

② Thomas to Shen, Mar. 19, 1923, Feb. 28, Apr. 24, May 22, 1924; Stone to Thomas, Jan. 12, Apr. 28, 1924; Thomas to Stone, Apr. 29, 1924, Thomas Papers.

③ Donald to Helen Rathvon, Mar. 3, 1925, Rathvon Papers; Shen to Thomas, June 26, 1925, Thomas Papers.

过去在其他方面所犯的错误和不和依然困扰着懋业银行。在1923年夏天，交通部筹借9600万元国内贷款来为自己的旧债再融资。它强制国内银行以六四折接受这些债券，以作为未清偿债务的偿付。它没有向其他的债权人提出相同的请求，甚至向其他的中国银行提供了更好的付款条件。可是可怕的胡庆培，以前未经许可发放了原始贷款，现今竟主动答应了交通部最低的出价。他通过放弃旧债券的存单，以换取面值为31万元（原贷款数额为26.8万元，加上预计4—5万美元的利息）的新债券来消解债务。可是，新债券迅速贬值，很快就不值9万元。当懋业银行得知这一交易后，他们坚持这些新债券应被视为原始债券的追加保证金，而不是债务证券的兑换。但是交通部长立刻就拒绝银行的主张。[1]

懋业银行设立了一个特别委员会来处理政府贷款问题。在这件事情上，沈成栻却做了局外人，因为他缺乏必要的政治关系。新聘的沈吉甫被任命为主席。委员会用了几个月的时间试图确定政府贷款的总数并计算未付的利息。原有的债券和书面材料都找不到。最后，委员会计算出中国政府欠懋业银行本息合计600万元。然后，沈吉甫与各部部长就支付的条款和调整问题开始了艰苦的谈判。差不多两年后，沈吉甫终于能报告些成果了。

沈吉甫设法让交通部承认26.8万元的原始贷款及所产生的利息的有效性。但他最大的成就是安排了1919年45万元的黄金贷款的偿付。徐恩元已成功地将贷款按2:1的比率转换为银元。在1925年8月，本息合计达111.5万元。在一个复杂的计划中，沈吉甫曾任职过的华俄道胜银行贷款110万元给财政部，以供其偿还懋业银行的债务。华俄道胜银行将采取按月分期付款的方式，用盐税盈余来偿还给懋业银行，并保留利息的百分之一作为佣金。虽然懋业银行需要等待两年才能收回所有的款项，但是它以华俄道胜银行的名义拥有贷款就可从中获益，因为后者是盐税的托管者。唐默思计算出如果贷款按月偿还，懋业银行将获净收入超过50万美元，以及利息。不幸的是，华俄道胜银行于1926年破产，偿付

① *Shen pao*, Sept. 2, 1923; C. L. L. Williams to Stone, Aug. 24, 1925, Thomas Papers.

也随即停止。

到1925年9月，沈吉甫和徐恩元连本带利从中国政府收回近200万美元现金。另外300万明确规定按月分期付款。余下100万美元仍在商谈之中。在北京政治和金融混乱的局势下，这也算是不错的成绩了。当然很明显，这得益于少数高级官员的政治关系和个人交情、与一家外国信托行的特殊业务及段祺瑞1924年短暂的重返政坛。其中一些盈利是短暂而又虚幻的，而且为此付出了沉重的代价——懋业银行与中国政治持续的、几乎无法回避的牵连和银行中北京—天津政治派优势的增强等。①

☙ ❧ ☙ ❧ ☙ ❧

尽管问题依然存在，但懋业银行在解决问题的过程中所取得的成绩是卓著的。沈成栻的倡议和改革极大提高了懋业银行的声誉和信誉。起初，懋业银行执行部迁址上海使人产生一种印象，那就是银行不再依赖政府贷款。它的业务有所增加，同时它开始得到一些重要的国内外商业客户，并做些对外贸易的财务工作。懋业银行实际上得益于汇兴银行和友华银行从中国退出，它得到了一些它们的客户。②

考虑到正在进行的内战的影响，懋业银行的成功显得非同凡响。在20世纪20年代初期，中国经济并未受到军事冲突和军队活动的大面积影响。这种状况在1923年和1924年开始为之一变，战争加剧而且蔓延到中国最富有的省市。北方各省也开始经受战火的蹂躏，从而导致中国经济的严重恶化，这反映在频繁的银行挤兑、钞票的大幅贬值和无数新式银行的破产等方面。每次危机都会触动沈成栻的神经，他知道，懋业银行肯定会成为另一个受害者。但中华懋业银行通过采用限制纸币发行、保持百分之一百的储备金和使银行流通顺畅等手段使银行经受住了这场风暴。结果，懋业银行从失败的银行中吸引到更多的客户，对它的纸币的需求也很强劲。当银行在1923年中秋节大难不死，沈成栻对唐默思说："这

---

① Hsu to Thomas, Dec. 3, 1924; Williams to Stone, Aug. 24, 1925; Shen Chi-fu to Stone, Sept. 9, 1925; Circular Letter [by Shen Chi-fu], Sept. 8, 1925; Thomas to Stone, Oct. 9, 1925, Thomas Papers.

② S. K. Shen to Thomas, May 7, 1926; Hsu to Thomas, Apr. 10, 1923, Apr. 10, 1924; Thomas to Hsu, May 15, 1924, Thomas Papers.

些消息给我带来了一种只有在孩提时代才会体会到的快乐。”上海分行因副经理在1924年外汇业务中采取错误的立场而遭受了损失,但并不严重。总体上,正如徐恩元向阿葆特报告的那样,懋业银行比此前在内战中的境况更佳,“那些在风暴中屹立不倒的正在获利”。①

懋业银行在1924年9月获准加入上海银行公会后也获得了声望,也许还得到了一些业务。同时,为了维持平衡,中华汇业银行和一些其他的机构也获得了会员身份。沈成栻当选为公会的官员。但尽管懋业银行的中国化日益加强,它从未获得与其他纯粹的中国银行平等的地位。一些机构继续联合抵制它。懋业银行(还有中华汇业银行)被称为“特殊成员”。它的外国经理也被禁止参加会议,它也不被邀请出席银行工作者联盟会议,中国的银行与中国政府商讨有关中外财政事务会议也拒绝其参加。懋业银行在中国银行公会中勉强的、不完全的会员身份,正如它无法渗入外国银行圈一样,再次表明合资企业是一个被孤立的机构,在中国从未成功地找到自己的位置。②

懋业银行的局势明显好转不久,就在它的储蓄和利润中反映出来。1923—1926年储蓄稳步上升。1924年年底总计达11778569.05元,根据截止到1926年7月30日的资产负债表(见附录),达到近1600万元(其中1150万元来自于个人,其余来自于银行)。懋业银行报告的净收入1923年为294000元,1924年为451274元。1925年赢利更多,为878000元。懋业银行的官员计划对股东们隐瞒261000元,以扩大银行的储备金,减轻股利分红的压力。这在中国的银行中是一个很普遍的做法。将

① Shen to Thomas, Sept. 29, 1923, Sept. 11, Oct. 23, 1924; Hsu to Thomas, Sept. 22, Dec. 3, 1924, Thomas Papers; Hsu to Abbott, Dec. 3, 1924, MacMurray Papers; “Hankow Bank Pays Total of $400,000 in Day's Run,” *China Press*, May 9, 1925; “A Chinese View of Trade,” *North China Daily News*, Nov. 1, 1923.

② 银行公会也不得不修正章程允许中外合资银行进入。Shen to Thomas, Sept. 11, 1924; Thomas to Shen, Oct. 15, 1924, Thomas Papers. Outline, “The History of Finance in Shanghai,” box 60, Edwin W. Kemmerer Papers, Princeton University; V. K. Wellington Koo Oral History, Columbia University Oral History Collection, vol. 3, 108-112; Hsu Ts'ang-shui, *Shanghai Yin-hang kung-hui shih-yeh shih* (*History of the Shanghai Association of Banks*) (Shanghai, 1925), 25. 平斋特别注意到懋业银行孤立无援的情况,并且指出懋业银行始终没能与江浙财团建立重要的联系。参见《中美合办》,第113页。

利润转移到"内部储存金"，也是汇丰银行的常规做法,用以支付风险操作和非预期的费用。[①] 未作任何解释,最终上报给股东们的 1925 年利润为 560067 元,储备金和未分割的利润在 1924 年年底上升到1402035.41 元, 1925 年年底为 1774601 元。(见附录)

沈成栻声称,这些数字没有虚报浮夸,没有掺水作假,而是来源于 1923—1925 年懋业银行业务的三倍增长。在 1925 年,他告诉唐默思,尽管处于内战环境中,所有的分行都在赢利。因为他最大限度地记录下了所有投资账目中的债券,他感到"我们所得到的绝对可信,而且还是保守的估计"。可是卫家立向唐默思报告说,按懋业银行的计算方法,贷款的未付利息也被计算为收入。因此,历史学者也无法证实资产负债表是否真实准确地反映了那些年间银行的状况。有所改善的财政状况也无法在懋业银行股票的市价中得到反映,它的股票实际上在几年中均被认为一文不值。[②]

懋业银行的稳定与繁荣产生了几个结果。上海分行被授权在 1924 年 6 月发行纸币。[③] 银行也积极地征集商业客户和一般客户，并重新开展广告宣传活动——这项开支在它的经济活动中曾被极度削减。广告宣传中强调,银行向所有储户支付利息,唤起人们对它的"经验、便利、能力"的注意。一则广告强调说懋业银行"在所有的银行交易中,我们都有能力提供完全的服务,而不论我们处理的是数以千计的钱,数以百计的

---

① King, *The Hongkong Bank in Late Imperial China*, xxix, 34, 481 and *The Hongkong Bank between the Wars*, 110.

② 1923 年的赢利应该归功于沈吉甫获得了本金和利息并降低了开销。Shen to Thomas, Oct. 12, 1923, Jan. 23, Mar. 26, 1924, June 26, Dec. 12, 1925; Hsu to Thomas, July 22, 1924; Williams to Thomas, Mar. 6, 1924; cable, Shen and Williams to Stone, n. d. [Received. Jan. 6, 1926]; Condensed Balance Sheet Dated June 30, 1926, box 50, Thomas Papers; CABC Balance Sheet dated Dec. 31, 1925, enclosed in MacMurray to SecState, June 3, 1926, DS 893.516/245; Schurman to SecState, with enclosures, Aug. 29, 1923, DS 893.42/186; "Chinese-American Bank Balance Sheet Reflects Prosperity," *China Press*, May 15, 1925; "Chekiang Industrial Bank Records over Half Million in Profits for Last Year," *China Press*, Feb. 28, 1926; "Banking Institutions in China," *CWR*, XXXV (Feb. 13, 1926), 309; *Shen pao*, Jan. 4, 1924; *Bankers' Monthly*, 4 (July 1924), 9.

③ *Shen pao* (Shanghai), June 9, 1924; *CWR*, XXIX (July 26, 1924), 264. 然而,懋业银行在中国东北再次失去了纸币发行权。参见 *Bankers Magazine* (Peking), 4 (March 1924), 4-5。

钱，抑或是三五块钱……”[①]

最后，银行的盈利能力在 1924 年宣布股利时，重新产生了压力。沈成栻仍然有自己的保留意见，因为他有“合理的原则”。但他感到“形势和惯例”要求他“不能采取太技术性的立场”。因此他同意中方管理层的意见，即认为 2%—3% 的股利分红对“巩固我们在公众心中的地位”是有必要的。唐默思个人认为不该支付股利，但像其他美国投资者一样，他承认需要默认中方的观点。1924 年年度股东大会上，管理层宣布了 2% 的股利。欢欣鼓舞的股东们通过了决议，大会只持续了 30 分钟。[②]

同时，懋业银行的复兴使银行创立者们兴高采烈而又深受鼓舞。徐恩元感到在他的中方合伙人眼中，自己被证明是正确的，这使他热情高涨。他期盼着更好的结果，并对唐默思声称“银行一定会成功的”。值得注意的是，在此期间徐恩元既没有因为银行的成功而给予沈成栻应有的荣誉，也没有建议因为他的成绩而褒奖他。[③]

唐默思分享着徐恩元的满足。他说如果银行继续繁荣，“要向我们都熟识的朋友证明中华懋业银行是一个赚钱的买卖，还有一段很长的路要走”。在他的努力下，也应徐恩元和沈吉甫的要求，唐默思向他的许多朋友和商业圈的伙伴赠送了银行资产负债表的小册子以宣传银行的成功。[④] 同时，唐默思积极活动给予沈成栻应有的荣誉，褒奖他的业绩，加强他在银行管理中的主导地位。他教导沈成栻要与施栋和其他美国人保持密切联系，经常性地告知他们银行的最新发展，由此赢得他们的信任。唐默思利用一切机会向施栋赞扬沈成栻。另一方面，唐默思指出沈成栻在银行的经营中得到大力的支持；但他也强调，沈成栻还需要支持来清除

① *China Press*, Jan. 11, 30, Feb. 14, Oct. 11, 1925; *CWR*, XXIX (Aug. 9, 1924), XXXII (June 13, 1925), XXXIII (Aug. 8, 1925).

② Shen to Thomas, Jan. 23, June 10, 1924; Thomas to Shen, Feb. 28, 1924, Thomas Papers.

③ Hsu to Thomas, Dec. 8, 1923; Stone to Thomas, Jan. 12, 1924, Thomas Papers.

④ Thomas to Hsu, Jan. 9, 22, 1923, May 15, 26, 1924; Hsu to Thomas, Apr. 10, 1924, Thomas Papers.

徐恩元的那些无力胜任工作的亲朋故旧。①

韦耿和大通一伙对懋业银行的新财富缄默不语。他们还对售卖股份夭折一事愤愤不已，随后陷入关于马尼拉分行和哈尔滨分行恼人的纠纷之中。并且这些年来，在中国投资失败之苦也激起了怨气。但盖伦·施栋对此结果却感到满意，他认为“我们可以指望获得真正的利润”。逐年增加的利润使施栋更加乐观并雄心勃勃。在1925年，他和沈成栻提出了要与汇丰银行一争高下的可能性。但沈成栻知道这是不现实的，因为汇丰银行确立已久的地位和处理中国贷款的经验，实际上已使之成为中国政府的银行。可是，沈成栻也承认懋业银行应当寻求更多机会。

施栋向唐默思承认，他对中方管理人让银行度过那些“多数造访银行的美国人所预测的”危机的方式感到惊讶。而且他赞扬中国人的足智多谋和“中国股东愿意抵抗危机的精神”。他对沈的表现也印象深刻。施栋总结说，如果银行从一开始就接受沈成栻的领导可能会发展得更好。但他也认识到徐恩元的进取精神对合资企业的创立起到了重大的作用。他对唐默思说：“首创精神是非同寻常的，我们必须认识到它的伟大价值。”最后，施栋承认唐默思可能是对的，起码在加快中国化这一明智之举上来说。他致信给这位前协理说到：“毫无疑问，事件的走向证明，银行作为中国的机构要比在共同管理下好得多。”②

庆祝懋业银行增长的财富、一些中美投资者野心勃勃的计划和有关中国化的定论都还为时过早。沈成栻清楚，懋业银行仍面临着一大堆的问题，懋业银行还有退回老路上去的危险。最大的担忧就是银行中原先

---

① Thomas to Shen, Sept. 5, Nov. 16, 1923, Aug. 15, 1924, May 19, 1926; Thomas to Stone, Apr. 29, 1924, Apr. 1, 1925, May 21, 1926; Stone to Thomas, May 14, 1926, Thomas Papers.

② Sokolsky, “Memorandum Concerning a Letter from J. E. Swan to the Minister of Finance Dated November 27, 1930,” box 25, Young Papers; Stone to Thomas, Nov. 9, 1923, Apr. 28, 1924, Stone to Thomas, May 14, 1926; Shen to Thomas, Jan. 23, 1924, Aug. 14, 1925, Thomas Papers.

的政治派和商业派之间的矛盾伺机再起。北京—天津帮在第一轮中获胜。但在1923年前,内讧被唐默思和美方投资者的积极斡旋压了下来。但这种遏制现已不复存在。第二轮争斗的火花在徐恩元和沈成栻之间不断升级的冲突和在对总理和协理的竞争中时隐时现。懋业银行的命运风雨飘摇。

从1923年初至1925年徐恩元去世期间,沈成栻一直不断与他的后台老板进行着斗争。尽管关于沈成栻的地位和补偿问题经常有所论及,但他们的分歧却集中在银行的政策方面。二人均忠诚于懋业银行,而且从心底对银行事业兴致盎然,但他们对银行能够取得成功的途径看法不同。他们也代表了中国商界中两个集团、两种传统。沈成栻是技术治国论的代表,他深信商业必须尽可能与政治分离,银行要遵守他制定的改革计划。徐恩元欣赏他的门徒的观点,也许在理论上他也同意此观点。这些观点在他接受培训的英美是合适的,但徐觉得这些观点不能应用到20世纪20年代的中国环境下的中国新式银行(懋业银行基本属于此类)。徐恩元也将他在中国银行内飞快地提升归功于政客,特别是那些他继续与之保持联系的北方军阀。即使他成为一位"无官职的银行家",他也是一位公务人员,在贷款谈判中代表北京政府。

尽管他们的争论日益频繁激烈,徐恩元和沈成栻仍是朋友。徐恩元对沈成栻的独立自主有相当程度的容忍。毕竟徐恩元是银行的协理,与大的政治股东们联系密切,还有着银行创立者的声望与权威。对许多人来说,懋业银行是徐恩元的银行。同样惹人注目的是沈成栻决意按自己的判断行事,勇敢地面对他的保荐人。但毕竟沈成栻的职位低微(协理经理),在中国社会中没有特殊的地位,缺乏与有权势的政客们的联系。徐恩元和沈成栻互相敬重对方。徐恩元欣赏的是,沈成栻这个曾被他称作"固执的助理"的人,在多数事务中是对的,而且银行需要有人将之扶上正轨。他获得了上海股东们几乎一致的支持。沈成栻对徐恩元这位昔日带他入银行、同时也是合资企业的倡导者和推动者充满了忠诚。他也关心徐恩元的健康。与之形成强烈的对比,沈成栻却不能勇敢地抵抗银行中其他的政客，尤其是沈吉甫。[1]

在资本兑换和勾销呆账这轮斗争中，沈成栻取得了第一场重大的胜利。尽管沈成栻也担心自己会因态度过于激烈失去工作，但他还是尖锐地告诫军阀们（主要是李馨），他不允许他们把银行拖入政治之中。唐默思建议沈成栻在争吵中不要过于急躁（李馨是一个不错的人，只不过他不懂得新式企业的经营方法），但也极力要求他要坚持到底，并向他保证董事会不会解雇他。[2]

沈成栻在清除徐恩元的密友和政治伙伴（主要是胡庆培、陈宗蕃和罗鸿年博士）中所遇的阻力更大。他们工作上出力不多，引起的破坏性却很大。事实上，徐恩元和沈吉甫命令各分行将任命和罢免事宜报告给北京的总理和协理来负责，而不是报告上海的执行部来管。结果，因为在与胡庆培的斗争中无法获得徐恩元的支持，黄道明辞职。这使沈成栻想到放弃“这场游戏”离开这里。“现在将我和银行联系在一起的纽带，只是我感到中方的上海股东们全心全意地、绝对地支持我，并且我的工作也得到了美国同行的赞许。但过去一年的经历证明这始终是一场艰苦费力的斗争……”他对唐默思如此说道。沈成栻也未能使徐恩元像其他每一位懋业银行的雇员一样遵守相同的规定。他告诉徐恩元，他必须在上海和北京选择一处来安家，在离开任意一个地点时，须拟定旅行津贴。徐恩元暴跳如雷，他认为总理和创立者是凌驾于银行规定之上的。[3]

1924 年 6 月 5 日，钱能训的去世使内部对领导权的争夺具体表现为懋业银行两大中方派系对总理职位的竞争。一些军方的股东，包括李馨在内，对此展开了争夺。沈成栻和上海股东们想任命一位在银行经营中能起到积极作用的银行家或商人。但如果他们不能实现这一愿望，沈成栻宁愿让徐恩元在钱能训的任期内任代理职务，如果这样，沈成栻请求唐默思与顾问委员会一道支持他竞选协理。他觉得拥有 50% 股份的美方，

① S. K. Shen to Thomas, Mar. 3, Sept. 29, 1923, Aug. 16, 1926; Thomas to Shen, Apr. 6, 1923, Thomas Papers.

② Shen to Thomas, May 15, Sept. 29, 1923; Thomas to Shen, Nov. 5, 1923, Thomas Papers.

③ Shen to Thomas, Mar. 4, 1925, Thomas Papers.

能左右中方官员的选拔。①

唐默思赞成沈成栻理担任协理一职，并承诺“竭尽所能来实现你的意愿”。但施栋是否干预了此事不得而知。中美之间似乎有一种默契，即互不干涉各自对官员的选拔。无论怎样，在中国的董事会迅速行动，选举徐恩元为总理。

斗争随后转移到中方协理的选举上。北京—天津帮支持沈吉甫，而上海商人推举沈成栻。决定权在徐恩元的手中。在苦恼的考量之后，徐恩元向政治派人物做出了让步。政治派重新占据上风的后果是显而易见的。不顾沈成栻明确的指示，沈吉甫拒绝清算某些政府贷款。并且，他将许多近期通过解决政府贷款问题得到的钱贷给了北京政府和各种其他的政治人物。②

为了在门徒面前挽回面子，并安抚商业派，徐恩元主动提出晋升沈为总经理，批准耿爱德为助理总经理。卫家立认为这样的重新任命令耿爱德尴尬，也令美方难堪。耿爱德自从1923年劳理植离开后担任代理总经理。在银行中总经理一职一直被认为是美方的职位。徐恩元随后又提出一个不合适的任命——沈成栻和耿爱德共同为代理总经理。

沈成栻真的不在意他自己的头衔。甚至与耿爱德在政策方面偶有分歧，他也还是能与耿爱德共事。在那时，沈成栻最关心他的报酬问题。当他从官营铁路部门来到懋业银行时薪水已被削减。但徐恩元承诺会在将来给他奖励。在某种程度上说，他也是他自己限制薪水和津贴的紧缩政策的受害者。但徐恩元还是继续推迟他的加薪要求。现在他急需用钱。沈成栻需要很大的费用来维持家庭支出，也承受着提高生活水准的压力。对于他的问题，他对唐默思坦诚相见，并从唐默思那里借钱，而且还就个人的投资理财向他征求意见。③

沈成栻对是否留在懋业银行日益摇摆不定。一方面，他对徐恩元和

---

① Shen to Thomas, June 10, 1924, Thomas Papers.

② Thomas to S. K. Shen, July 9, 1923; Shen to Thomas, July 18, Sept. 11, 1924, Thomas Papers.

③ Shen to Thomas, Jan. 23, July 18, 1924, Mar. 4, 1925; Thomas to Shen, Aug. 15, 1924, Apr. 6, 1925, Thomas Papers.

银行忠贞不贰。他对自己的业绩感到自豪并希望看到他的改革能实施下去,使懋业银行成为中国最令世人尊敬的金融机构。他对政客们完全控制银行焦虑不安。另一方面,他不喜欢与徐恩元争论不休,也不喜欢他这位后台老板的专横。他尤其受到政治派行为的阻碍,他们的大胆尝试逐渐损害了他的权威,并越发绕过他的管理权。最后,他感到自己孜孜不倦的努力无人承认也无人欣赏。当然也未换来高额的报酬。

沈成栻竞选协理的失败,压过了他在薪水问题上的怨气,使他更想离开懋业银行。沈成栻无数次被邀请回到交通部管理多条铁路。在1924年年初,他差一点就接受了山东铁路的一个职位。只是当吴佩孚抽取收入用于他的军用设施和“玩具般的海军舰队”时,他改变了心意。另外,陈光甫向他提供了中国最主要的新式银行之一——上海商业储蓄银行(Shanghai Commercial Saving Bank)北京分行经理一职。随后在1925年年初,沈成栻接受了京沪铁路和沪杭铁路的主管职务,可懋业银行的董事们拒绝接受他的辞呈。徐恩元恳求说若没有他持续的影响,银行可能会遭受巨大损失。徐恩元最终说服他继续担任懋业银行的协理经理,同时他也接受了铁路的工作。徐恩元利用他的政治和个人影响搞定了这次奇特安排的细节问题。唐默思承认沈成栻未得到回报。但他也恳求沈成栻留在懋业银行,尽量粉饰与军阀、徐恩元和沈吉甫的矛盾。唐默思请他相信,美方投资者全力支持他,并敦促施栋提出给沈成栻加薪。施栋再一次对干预中方内部事务犹豫不决。沈成栻屈从了,他整天奔波于两个办公地点之间,因为,正如他对唐默思说的那样,他需要钱。[①]

徐恩元于1925年7月意外去世,又重新将银行的控制与管理问题提上日程。徐恩元的健康状况好多了,直到1925年,他匆忙赶往上海的德国医院做阑尾切除手术。可当他术后与朋友聊天时,却从床上摔下来,遭受重创。徐恩元的家人、朋友和中美伙伴都大为震惊。这意味着,用沈成栻和唐默思的话说,中国损失了一位了不起的公仆。对懋业银行来说,这

---

① Shen to Thomas, Jan. 23, Sept. 29, Oct. 12, 1923, Sept. 11, 1924, Mar. 4, 1925; Thomas to Shen, Aug. 15, 1924, Apr. 6, 1925; Thomas to Stone, Nov. 5, 1923, Apr. 1, 1925, Thomas Papers.

是一次沉重的打击,并标志着一个时代的终结。①

徐恩元知道自己时日无多,他向家人和同事们口述了他个人的和对事业的遗嘱,试图勾画出银行的未来。他希望沈吉甫能被选举为总理,张伯龙为协理,而沈成栻继续留任现职。徐恩元担心银行的组合贷款,他总结说沈吉甫和张伯龙更有可能从中国政府中收回贷款。并且,他相信懋业银行的力量所在仍是政治派。徐恩元的口头愿望被懋业银行董事会批准,但在幕后,一场斗争在政治派和商业派之间爆发。沈吉甫,在某种程度上,是通过收买董事会的一员谈荔孙而获胜。沈吉甫和张伯龙一边占据着总理和协理之位,一边继续直接控制北京和天津分行,这就为他们寻求完全掌控银行的企图增添了额外的筹码。②

沈成栻接受了徐恩元的遗愿。他打算与沈吉甫和张伯龙密切合作,只要他们能以商业模式来经营懋业银行就行。他并不奢望银行经营有什么大的改变,因为这两个人在中国新式银行中都是有经验的"老手"。但他担心他们会将懋业银行带回到把钱贷给中国政府和政客们这一"中国银行的老路上去"。而沈吉甫和张伯龙二人已在小规模地操作此事了。沈成栻正在积极地加以阻止。他感到他必须对总经理的权力有一个更加透彻的理解。尽管总理与总经理两个角色之间存在着很多差异,但徐恩元在位时,他却从未考虑过要准确划分二者的职权范围。但作为北京分行的经理,沈吉甫却未与上海执行部磋商就自行其是了。

沈成栻担心北京与天津分行的事务会失控,于是亲自赶往北京来消除疑虑,向沈吉甫和张伯龙阐明自己的立场。总理和协理承诺与沈成栻合作,并在坚持保守的银行经营政策方面达成共识。眼下,沈吉甫和张伯龙还不想找麻烦。但徐恩元的离去使沈成栻感到,在最近恢复的财务委员会中他比以往更需要得到施栋的支持。如果到了在基本政策和沈成栻

---

① Thomas to Mrs. Hsu, June 15, 1925; Thomas to Stone, June 13, 1925; Thomas to Sydney Au, June 13, 1925, Thomas Papers.

② 平斋:《中美合办》,第 109 页;Shen to Thomas, June 26, 1925; Stone to Thomas, June 16, 1925, Thomas Papers.

的管理权上最后摊牌的时候，这可能是至关重要的。[1]

唐默思极力主张沈成栻和新任官员共同解决问题，并提醒他，和谐是懋业银行成功的基本保障。但唐默思对沈吉甫的担忧也与日俱增。他致信沈吉甫，称赞他在银行的成绩斐然，尤其在中国混乱的形势下。同时他也重申愿意在美国为懋业银行寻求更多的贸易机会，并提醒他合资企业的初衷就是促进中美贸易。同时，唐默思提醒沈吉甫要遵循保守的政策，避免政府贷款。他致信给新总理道："一旦一个银行具有公众信心，并在任何时候都不滥用那种信心，这个银行注定会成功。"沈吉甫也以同样的言辞回了信。沈吉甫谦逊地对待自己对懋业银行成功的贡献，就银行的管理向唐默思做了令人宽慰的保证，并表达了对扩大海外贸易浓厚的兴趣，对唐默思的建议和提供的帮助表示欢迎。唐默思同时也鼓励对懋业银行重新产生兴趣的施栋，要与沈吉甫保持协调一致。他告诉施栋，中国人对沈吉甫无比信任，他做的任何干预都会"奏效"的。[2]

施栋坦率地表示不愿干涉继任一事。他认为对徐恩元的愿望应当予以尊重。此外，他对沈吉甫与北京政府进行贷款谈判的方式印象相当深刻。没有对徐恩元的丝毫不敬，他也认为沈是一位更好的、更有经验的银行家。他暗示比照徐恩元，沈吉甫似乎是"一个了不起的进步"，"我应当说，是一个有着非凡能力的人"。唐默思立刻为他的老朋友辩护，强调说徐恩元在懋业银行和中国政府贷款局之间也周旋了好久。唐默思对沈吉甫的工作成绩并不那么赞叹，他更加怀疑，沈吉甫作为中国的银行家，属于何种类型。施栋领会了他的意思并同意将唐默思的建议转达给懋业银行的新总理。[3]

有趣的是，在这紧要关头，盖伦·施栋正计划增加银行内美国人的席位。原因尚不明确，但他的兴趣可能与懋业银行业绩的改善有关。这个

---

① Shen to Thomas, June 26, Aug. 14, 1925; Thomas to S. K. Shen, Aug. 13, 1925, Thomas Papers.

② Thomas to S. K. Shen, Aug. 13, 1925; Thomas to Shen Chi-fu, Dec. 9, 1925, Jan. 26, 1926; Shen Chi-fu to Thomas, Mar. 9, 1926; Thomas to Stone, Oct. 9, Nov. 13, 1925, Thomas Papers.

③ Stone to Thomas, June 16, Nov. 10, 1925; Thomas to Stone, Nov. 13, 1925, Thomas Papers.

想法在徐恩元去世前就产生了，随着这位创业者的去世而得到了加强。最明显的信号是1925年施栋决定任命一位固定的美方协理。徐恩元去世后，因为伊斯特威克过去的经历，施栋认真地考虑过要让他担任此职。但考虑到中国人对伊斯特威克的敌意，施栋首先试探中方领导人和唐默思的意向。沈成栻与傅筱庵和上海股东们商量此事，这些人对这个主意相当反感。同时，这个事情有点不合时宜，因为这给人一种感觉就是在徐恩元去世后，美方对中国领导层丧失了信心。另外，他们认为伊斯特威克不值得付给那么高的薪水。沈成栻与唐默思一致认为此时派伊斯特威克或其他任何人来都是不合适的。

施栋做出了让步，转而任命卫家立为美方协理。尽管卫家立有某些缺点，但他正直诚实，能与中国人和睦相处，施栋一直喜欢并信任他。唐默思支持任命并向沈吉甫强调，卫家立了解中国。但施栋坚持派伊斯特威克到中国作短暂的调查访问。中方别无选择，只好作出让步，满足施栋的愿望。

事前对伊斯特威克中国之行的担忧结果证明是没有根据的。他于1925年10月抵华，并用了几个月的时间处理各分行的报告。他表示除了天津分行外银行状态良好，并赞扬了它的经营方式。伊斯特威克和沈成栻密切协作。具有讽刺意味的是，伊斯特威克认为沈成栻太精打细算，另一方面，沈成栻认为伊斯特威克过于慷慨。伊斯特威克于1926年春离开中国回去完婚，但他继续以各种身份为银行效力直至1927年。[①]

施栋在1925年年末提出了改组和重新合并中美投资公司的建议，也是他对懋业银行重拾兴趣的又一信号。既然大通国民银行意欲卖掉股份，原有的公司严格来说已经处于停业清盘状态了。唐默思反对施栋方

① Stone to MacMurray, July 27, 1925, MacMurray Papers; Thomas to Shen Chi-fu, Dec. 9, 1925; Thomas to S. K. Shen, Aug. 13, 1925; S. K. Shen to Thomas, Aug. 14, Dec. 12, 1925, Thomas Papers. 沈成栻和伊斯特威克之间的别扭有一个原因。伊斯特威克声称在谈判处理大通国民银行事宜中他应得到回报，他向沈吉甫要求得到一笔特别奖励，而沈成栻觉得这是应当由他独得的。沈吉甫相信伊斯特威克，答应等他回到中国后把补助给他，沈成栻担心因为徐恩元和施栋都已去世，他会因此失去酬劳。S. K. Shen to Thomas, Jan. 6, 1927, Thomas Papers. See also Chapter VII.

案的某些方面:投资公司保留所有股利来支付营业和重组所需的法律费用;用美元支付未来的股利。因为他在中国总是要付账或投资,唐默思更喜欢以银元收取自己的股利。施栋于是主动提出,用自己以唐默思的中国朋友的名义私下拥有的三百股股份兑换唐默思在投资公司的股份。唐默思拒绝了他的提议,但他不得不默许了投资公司的重组。[①]

☙ ❧ ☙ ❧ ☙ ❧

懋业银行在其辉煌繁荣的巅峰中告别了1925年。在沈成栻管理之下的中国化已明显地初见成效,至少比唐默思时代产生了更为可观的成效。[②] 因此,合资企业中的中美高层都开始为未来拟定乐观的、雄心勃勃的计划。与此同时,懋业银行也存在许许多多不确定的因素。中国内战和国民革命正进入一个崭新的阶段,将引起更大的暴力和动乱。更重要的是,沈成栻具体实施政策的能力还略显脆弱。经过大量的内部斗争之后上台的中方新总理和协理,从心底对沈成栻和上海派的商业观念不友好。此外,盖伦·施栋对懋业银行的新兴趣和他准备在制定政策方面发挥的更大的作用,并不包括干预银行的中方管理或代表沈成栻进行干预。因此,在1925年要断言中华懋业银行未来的兴衰成败并非易事。

① Stone to Thomas, Dec. 12, 19, 24, 1925; Thomas to Stone, Dec. 15, 23, 29, 1925, Thomas Papers.

② See S. K. Shen's subsequent evaluation of this period in his letter to Thomas, Oct. 5, 1928, Thomas Papers.

第七章　土崩瓦解
——中国化的另一面

在 1926 年初,懋业银行的前景看似一片光明。在前六个月,银行汇报赢利 33 万元。可是好景不长,形势急转直下。沈吉甫及其同盟加强对银行的控制,让沈成栻靠边站,按自己的套路办事,经过粉饰的内部和睦局面也随之被打破。中国内战加剧,国民革命运动风起云涌,使银行深受影响。蒋介石于 1926 年 7 月发动北伐,也加强了这种影响。尽管沈成栻和懋业银行与美方的联系成功地遏制了一部分损失,但沈成栻的影响大大削弱了。如以前一样,美方的投资者,甚至在盖伦·施栋去世前,就再次表示不愿干预银行的中方管理。在此后的两年中,银行新任领导人的冒险故事,还有中国变幻莫测的国内风云,显露了中国化黑暗的一面。①

◈ ◈ ◈

自 1925 年后期以来,沈成栻和沈吉甫之间的摩擦,以及北京与上海两派之间的斗争似乎有所减弱。但在 1926 年春,沈吉甫总理计划将执行部迁回北京,矛盾再次激化。沈吉甫认为,由于他和协理同时担任北京和天津两分行的经理,所以他们向上海咨询事宜甚为不便。沈成栻强烈反对这一计划,并陈述了执行部应留在上海的理由:第一,他指出懋业银行的总部应位于中国的商业中心。第二,总部迁址至北京会使银行监督汇兑业务更加困难,因为银行的汇兑业务必须在上海运作。而内战导致的两城市间通讯和交通的中断,使这一问题更加严重。第三,在徐恩元去世

① 在这一时期,资产和存款总额上升约 50 万元。Condensed Balance Sheet, June 30, 1926, box 50; S. K. Shen to Thomas, Jan. 6, 1927, Thomas Papers; Williams to MacMurray, July 7, 1927, RG 84, Peking Post file 851.6, vol. 50.

后立即将总部迁回北京，会向中外商界发送一个错误信息——懋业银行又要重新依赖政府贷款了——会使他们失去最近三年煞费苦心才建立起来的信心。最后，他极力要求沈吉甫和张伯龙脱离对北京和天津两分行的管理，这两行的事务，就如其他分行一样，应隶属上海执行部的管理。

总理承认沈成栻的主张具有说服力，并在理论上同意总部理应留在上海，但他坚持他有大量的私人利益，张伯龙也是如此，让他们去上海非常困难。这不过是一个托辞罢了，真正的问题在于对银行的有效控制。沈吉甫和张伯龙试图打破沈成栻的自主和权威。他们一直利用在北方的有利位置，控制财务委员会来规避上海的执行部。再者，早知道沈成栻特别不喜欢北京，愿意留在上海，他们想以此迫使其辞职。沈成栻为了自己的生存和懋业银行的发展而战，他转而到美国人那里寻求支持。被他视为同盟的伊斯特威克并不表态。因此他只好请求唐默思让施栋和其他的美方投资者铭记将总部迁回北京的危害。唐默思完全明白这弦外之音，就个人而言，他也反对此次迁址。他同意与施栋探讨此事，可令人惊奇的是，他表示不会也不能将此事催促得太紧。他回复这位他很信任的朋友说："毫无疑问，沈吉甫先生有充足的、不错的理由这么做，因为沈先生是一位有经验的银行家，了解中国的形势，如果他认为总部留在北京是银行最大的利益所在，我也十分高兴。"①

目前，总部选址的问题被推迟，因为所有的注意力都被转移至1926年5月27日股东大会上选举懋业银行官员这场更重要的斗争上来，这是徐恩元故去以后第一届股东大会。傅筱庵和上海投资商们提名沈成栻取代张伯龙任协理，他们希望保持银行的商业属性，保留沈成栻管理下所取得的成果，同时限制北京政客们的影响。沈成栻也渴望得到这个位置，作为理所当然的徐恩元的继承人，他对1925年被搁置一旁心生怨尤。他强烈地感到自己挽救了银行的命运，理应得到承认。并且，他现已全身心地投入到银行的工作中。当他的上司想调他去北京时，他就从铁路岗位上辞了职。

---

① S. K. Shen to Thomas, May 7, Aug. 16, 1926, Oct. 5, 1928; Thomas to Shen, June 8, 1926, Nov. 1, 1928, Thomas Papers.

沈成栻试探总理沈吉甫的意见。沈吉甫奸诈地同意接受他的候选资格，只要施栋能表明美国人是大力支持的。沈成栻于是努力团结美国人。他请求唐默思去争取施栋的支持，并安排卫家立代表他进行游说。但唐默思的支持却是不冷不热的。也许他觉得他对主要的美方投资者的影响力有限，也许在股份兑换事件上，在他和施栋之间的不满还未散尽。他告诉施栋，沈成栻与北京最大的军阀，同时也是东北的独裁者张作霖有联系，此人也许能助懋业银行哈尔滨分行一臂之力。另一方面，他表示沈成栻必须为沈吉甫所接受才行。但无论如何，决定权还是掌握在施栋的手中，因为他拥有或者说控制着美方股份的主体。

在回复中，施栋重申了他对沈成栻的高度评价，认为他"对美国精神和美国观念理解的深刻程度，在目前我所结识的中国人中无人能及"。施栋同意在中美投资公司的董事会上支持沈成栻的候选资格。可是施栋的最终决定取决于沈吉甫总理和主要的中方投资者的支持。施栋再次认为中方官员的选择应当由中方自己来决定。董事会接受了施栋的立场，卫家立被派去探询沈吉甫和中方董事们的意见。[1]

沈吉甫的牌打得很漂亮。他非常欢迎施栋的建议，并与首席发言人就美方利益交换了无数封信件。他也鼓励美方在银行中更积极地参与管理，包括协理卫家立要注意保护银行，使之免受中国内战的影响。这些活动并未影响沈吉甫对银行的控制，只会使施栋对懋业银行的中方总理产生更好的印象。

当然，沈吉甫没有半点接受沈成栻做协理或允许上海派在银行中获得更大影响的打算。沈吉甫把沈成栻看作是他的竞争对手，憎恨他企图插手银行的经营。他担心沈成栻在懋业银行留任太久，也担心他与徐恩元的关系，以及他在许多分行经理和接受过外国培训的人员中的威望与影响。在适当的时候，他只是向卫家立表明，张伯龙既是他个人的选择，也是中方大多数股东的选择。施栋和卫家立再次默许了总理沈吉甫的意愿。沈成栻未作任何反击，股东大会进行顺利。沈吉甫和张伯

---

① Thomas to Stone, May 12, 13, 1926; Stone to Thomas, May 14, 17, 1926; Thomas to Shen, May 19, 1926, Thomas Papers.

龙当选总理和协理，任期五年，“正如与纽约的美方合伙人预先安排的那样”。①

在彻底胜利的一个月后，沈吉甫总理在北京召开了懋业银行全体经理会议，商议将执行部迁回北京的事宜。施栋曾明确劝说沈吉甫将执行部留在上海，但沈吉甫为此事纠缠不休，之后又获得了卫家立的支持。施栋极不情愿地遵从他们的决定。那意味着沈成栻和他的同僚们将必须回到北京。沈成栻预见一场灾难正降临到懋业银行的头上，他为劝说懋业银行的官员们将执行部留在上海作最后的努力。但既然总理已下定决心，而且又说明有施栋和卫家立的支持，沈成栻默默地承受了又一次重大的失败。②

上海的投资商们不打算轻易放弃。趁着卫家立在上海忙于私人事务时，傅筱庵召集了当地股东大会。他们请求卫家立重新考虑他的决定，并将他们的意见转给沈吉甫总理。傅筱庵也声称他将致电施栋。沈成栻置身事外，他为留任而烦恼，也不想与一直对自己怀有戒心的沈吉甫对抗。并且，他的想法众所周知。虽然对懋业银行来说，在这个名义上的首都有些代表是必要的，但内战的向北蔓延却进一步证明，北京不是办银行的地方。沈成栻可以提出这样一个事实：包括交通银行在内的多数银行都在纷纷撤离首都。尽管他怀疑是否能改变控制银行的政治派的心意，可他还是向唐默思表达了自己的希望：但愿最终他们能意识到，北京“是一个商业的死亡之地”。但总理沈吉甫胜利了。唐默思和沈成栻后来都把迁址北京看成是银行开始衰落的标志。③

沈吉甫总理不失时机地确立自己对懋业银行的完全控制。执行部的迁址于1926年8月实现，而两个月后被撤销。银行的管理直接转至总理和协理的手中。沈成栻获准保留助理总经理的头衔，但免除所有的政策决策权，免去一切职权，甚至无权签署官方文件。他继续发表建议，但这

---

① 平斋：《中美合办》，第109页；S. K. Shen to Thomas, Aug. 16, 1926, Thomas Papers.

② Shen to Thomas, Aug. 16, 1926, Oct. 5, 1928, Thomas Papers. 唐默思认为之所以施栋选择让步，是因为沈吉甫做了懋业银行的总理。Thomas to S. K. Shen, Nov. 8, 1928.

③ S. K. Shen to Thomas, Aug. 16, Sept. 27, 1926; Thomas to S. K. Shen, Sept. 15, 1926, Thomas Papers; 平斋，《中美合办》，第109页.

些建议经常是被束之高阁了。沈成栻被委派了些鸡毛蒜皮的小事,其职责是在火上房时出手处理。在那个职位上,沈成栻有效地为懋业银行服务着。为了削弱沈成栻的影响并再次对其施以重击,总理解雇了他的密友,也是汉口分行的经理陈行,借口是他在汇兑业务中亏了本。也许沈成栻出于对懋业银行的忠诚继续忍受这些屈辱,这似乎是说得通的,并且因为他需要钱。①

1926年施栋去世,使沈吉甫对银行的控制进一步加强。那年秋天施栋患病,虽不至于危及生命,但很严重。在他的要求下,卫家立急返美国商讨懋业银行有关事宜。不幸的是,施栋于1926年12月26日病逝。令唐默思和沈成栻宽慰的是,施栋的儿子罗伯特声明,他的家族将保留在懋业银行的股份。施栋的辞世产生了许多不确定性。小施栋之前与银行没有任何联系,对银行的经营和人事也不熟悉。唐默思偶尔会与罗伯特·施栋通信,但也无太多联系。沈成栻悲叹懋业银行丧失了一位"全心全意的支持者",中方失掉了一位"最好的美国朋友"。更重要的是,银行的美方失去了它最后一位忠诚的创立者和最有威望的发言人。②

事实上,在施栋去世前,美方态度已转为消极。从施栋在协理选举和执行部迁址这两个问题上对沈吉甫的让步就可见一斑。沈吉甫在卫家立和伊斯特威克的默许下,成功控制了财务委员会并恢复了它的作用。③

接下来发生的两件事使美方投资者更加消极。1927年伊始,当时的天津分行副经理艾伯特·道利雅(Albert Dorliac)被解雇,未给予补偿。表面上,道利雅的解雇是沈吉甫总理发动的节约运动的一部分,因为中国进入了严重的衰退期。道利雅是一位俄国人,他指出他的声誉良好,也未给银行造成任何损失,而犯过重大过错的中国人却仍然留任。道利雅坚

---

① S. K. Shen, Jan. 8, 1927, Oct. 5, 1928, Thomas Papers; P'ing-chai, "Chung-mei ho-pan," 109; biographical sketch of "John H. Cheng," *CWR*, XLVI (Oct. 27, 1928), 300.

② S. K. Shen to Thomas, Nov. 18, 1926, Jan. 6, 1927; Yi Chen to Thomas, Nov. 4, 1926; Thomas to S. K. Shen, Dec. 30, 1926, Feb. 3, 1927, Thomas Papers; *New York Times*, Dec. 27, 1926.

③ S. K. Shen to Thomas, May 7, 1926, Thomas Papers. See also Williams to MacMurray, July 7, 1927, RG 84, Peking Post file 851.6, 1927, vol. 50.

信,他被解雇的原因在于他是一名外国人,他只是横扫中国的民族主义运动的牺牲品。尽管有迹象表明在懋业银行圈子里确实存在与日俱增的排外倾向,但沈成栻证实道利雅被解雇,只是为了缩减经常费用的支出,并且如果美方同意,伊斯特威克也将被辞退。但同时,沈成栻也向唐默思抱怨,沈吉甫总理和张伯龙协理仍在安插他们的亲信。显然,沈吉甫和张伯龙正在进一步加强对各分行,尤其是天津分行的完全控制。

道利雅恳请当初将他由友华银行聘至哈尔滨分行的唐默思出面干预此事,唐默思高度赞扬道利雅并同情他的处境,但他建议罗伯特·施栋,不论被解雇的原因是什么,美方股东应遵重懋业银行管理层的决定。小施栋表示同意。后来,道利雅获得了五个月薪水的慷慨补偿。[1]

更能说明问题的是,唐默思拒绝为沈成栻因帮助懋业银行从美国汇兑银行拿回15万美元商誉而索要报酬一事出面干预。他担心徐恩元和盖伦·施栋去世后,没有掌权的人还会记得他的功绩。同时,伊斯特威克正不当地向沈吉甫索取功劳和额外的补偿。唐默思同意他的朋友应当获得奖赏,并承诺告知罗伯特·施栋有关沈成栻对银行的贡献。唐默思声称他只能做这么多了,他还建议他的朋友与沈吉甫总理"好好谈谈"。[2]

❧ ❧ ❧

虽然沈吉甫、张伯龙还有他们的亲信的胜利将最终产生灾难性的后果,但懋业银行1926—1927年迫在眉睫的问题源于中国经济的显著退化和不断增加的政治不稳定性。尽管1924年江浙内战导致华中局面混乱,但懋业银行像许多中国银行一样,在整个1925年设法赢利并增加了资产和储备金。资金更充实更保守的银行甚至增加现金头寸,并用稳健的债券投资来补偿商业活动的减少。同时,许多新式银行"雨后春笋般"涌现,因为"现代的"军事家要利用它们来为战争筹措资金。这些灾难正在酝酿之中,对中国

---

① Thomas to Robert Stone, Jan. 24, 1927; Thomas to Dorliac, Jan. 24, 1927; Dorliac to Thomas, Feb. 18, 1927; S. K. Shen to Thomas, Mar. 7, 1927; Thomas to S. K. Shen, Apr. 19, 1927, Thomas Papers; Lt. Col. C. C. Marshall, Jr. to Egan, Feb. 24, 1927, Egan Papers.

② S. K. Shen to Thomas, Jan. 6, Mar. 7, 1927; Thomas to S. K. Shen, Feb. 9, Apr. 19, 1927, Thomas Papers.

的银行来说,1925 年被证明是十年中最后一个瑞年。[①]

由于天气原因导致 1926—1927 年庄稼歉收,这损害了国内贸易,迫使中国进口稻米,那就是导致金对银的比价一落千丈的因素之一。但金属市场的恐慌被印度货币委员会(Indian Currency Commission)报告的发表大大抵消了,报告建议以金储备代替银储备。如果被采纳的话,大约四亿盎司的银将在十年中被推向世界白银市场。[②]

中国内战中不断升级的暴力活动和规模逐步扩大的军事作战对中国经济产生更大的影响。随着伤亡人数不断增加,对乡村和城市的破坏和有意的掠夺,以及军阀和国民军对铁路和通讯系统的争夺,使贸易,继而是银行损失惨重。1923 年的经济混乱极其明显。这种混乱随着第一次(1924)和第二次(1925)江浙战争而蔓延至华中。国民党的不断胜利和 1926 年蒋介石发动北伐使局势更加动荡不安。它们酝酿了一场中国社会各阶级之间、中国人与外国人之间的激进主义斗争。工商业也遭受罢工和联合抵制购买的影响,在广州和上海尤为严重。国民党左翼对武汉的接管似乎在中国拉开了一场大的共产主义革命的序幕。1927 年,中间派和蒋介石领导下的右翼分子摧毁了这场激进主义分子的运动,中外商人的恐惧部分得到缓解。国民党(1928 年控制了北京)接下来的胜利确立了南京新政府的合法性。但争权夺势和内部的不稳定远没有结束。中国的金融、商业和工业各部门承受着更多的要求和压力,前途未卜。[③]

中国的钱庄票号和新式银行在此环境下更易受到伤害。许多银行,

---

① Abstract, "A Review of the Domestic Banking Business in 1925," and "A Study of the Business Condition of Banks From Their Financial Statements," derived from the *Banker's Weekly* (Shanghai), Jan. 5, Aug. 17, 24, 1926, box 60, Kemmerer Papers.

② S. K. Shen to Thomas, Aug. 16, Nov. 18, 1926, Jan. 6, 8, 1927, Thomas Papers.

③ 对于内战的进程及其对经济产生的影响,参阅 Coble, *The Shanghai Capitalists and the Nationalist Government*, Fairbank, *The Cambridge History of China*, vol. 12; Donald A. Jordan, *The Northern Expedition: China's National Revolution of 1926-1928* (Honolulu, 1976); Sheridan, *China in Disintegration*, 87-92, 178-79。又见"The Trade of 1924-1925," in *China Yearbook, 1926-7* (Tientsin, 1926), 872-75。刘大均收集到的数据统计表明上海地区的工商业活动在 1926 年出现停滞,1927 年迅速下滑,1928 年略有恢复,1929 年最终所有指标超过 1926 年水平。这一时期的地价一直没有下降,Lieu, *The Growth and Industrialization of Shanghai* (Shanghai, 1936), 396-426。

尤其是北京一些银行的停业应归因于华中、华北经济的瘫痪。单在汉口，1927 年春就有 50 家银行停业。战争的迫近动摇了公众信心。谣言四起，使得频繁的银行挤兑风潮和大宗的纸币清偿轮番上演。军人控制的机构不计后果地发行纸币，加上其他银行的投机行为，导致中国通货膨胀和货币贬值。战败了的军事力量无一例外地将它们的银行洗劫一空，致使其停业。多数军阀向银行课以重税，其他的苛捐杂税也不断。要么没收银行，要么使其接受自己的直接控制。更贪婪野蛮的军阀干脆把银行的银币、纸币洗劫一空，甚至绑架银行官员以索要赎金。山东督军张宗昌，贪婪野蛮，臭名昭著，使山东省动荡不安，极度贫困。1926 年，他绑架了中国银行济南分行的经理并扬言要砍掉他的脑袋，索要赎金 300 万元。经过多方筹措，这位经理的朋友们从银行的存款中取出 50 万元交给张宗昌，才使其幸免于难。济南军方也成立了“回报基金”(reward funds)，以保护银行免受违纪士兵的洗劫。

最惯用的手法是通过强制放款或发行无价值的期票来敲诈银行。在许多情况下，银行或市银行公会都被摊派了一定数额。私人机构有时也被摊派一定的数额。1925 年秋天，吴佩孚要求汉口银行放款数百万元。蒋介石在获得了上海资本家的支持后更是完善并细化了这一做法。阿瑟·埃文斯(Arthur Evans) 向美国驻华公使马慕瑞描述上海的银行业领袖如何在银行商会中组织捐赠“爱国贷款”，就像美国商界领袖在第一次世界大战的自由贷款(Liberty Loans)中操纵投资者一样。但正如柯博文(Parks Coble)证实的那样，在劝说无效时，蒋介石动用了武力。抵抗蒋介石铁腕政策的人都落得傅筱庵一样的下场。傅筱庵拒绝向国民党低头，拒绝从他的个人企业、私人基金和商会中拿出 1000 万元(￥)作捐款。蒋介石因此私自下令以傅筱庵向敌对军阀提供资金为由，将其逮捕并没收财产。傅筱庵为保护自己到公共租界寻求庇护，并将许多财产的所有权转至外国人的名下，但他的损失不计其数。最后他又向国民党的金库作了巨大的捐赠来洗清自己的罪名。在这个过程中，傅筱庵可能卖掉或失去了自己在中华懋业银行中的股份。[1]

懋业银行就像其他银行一样,采取措施保护自己免受恶化的局势和政治压迫的影响。1925 年 11 月 28 日,董事会指示所有分行保持并增加现金储备,并在放贷中遵循保守政策,尤其是因为当时的局势极易导致投机。由于北京周围战事增加,懋业银行关闭石家庄支行以备不测。同样,财大气粗的金城银行(Kincheng Commercial Bank)在 1926 年差不多关闭了所有内地分行,梁士诒将交通银行的总部由北京迁往天津。为降低被军阀没收或被强盗抢夺的风险,1927 年 3 月,懋业银行将大量钞票用轮船而不是经铁路由上海运往北京。[2]

银行也着手制定了一些防止军阀敲诈和暴力的防御措施。董事会愿意为自保而支付少许费用,经投票决定向济南军方建立的"回报基金"支付 300 元。它也向财政部副部长建立的慈善机构捐助 300 元作为解决懋业银行与部里未尽事宜的部分费用。但当 1925 年吴佩孚强迫汉口银行公会筹集 100 万元贷款中的 36 万元时,懋业银行总部起初将自己的配额从 1.4 万元减至 1 万元。当汉口银行公会宣布它不再担当借贷中介,它的成员可自由独立行事时,懋业银行总部才批准认购 1.4 万元。此次事件后,懋业银行的董事会通过决议要求各分行,无论是直接还是通过银行

---

① S. K. Shen to Thomas, Jan. 6, Aug. 16, 1927; Thomas to Shen, Sept. 15, 1926; Yi Chen to Thomas, Nov. 4, 1926; I. V. Gillis to Galen Stone, Dec. 1, 1925, Thomas Papers; Fred Mayer to SecState June 16, 1925, and enclosures, DS 393.1152C44/-; MacMurray to J. Huston, Nov. 4, 1925, in MacMurray to SecState, Dec. 24, 1925, DS 893.516/274; Abstract, "A Review of the Domestic Banking Business in 1925," and "A Study of the Business Condition of Banks from Their Financial Statements," and "Bank of China Annual Report (1927)", box 60, Kemmerer Papers; "The Chinese Bankers and the Political Situation," *China Press*, Feb. 10, 1925; "Rumors Cause Run on American Oriental Bank, 2 Lakhs Paid," *China Press*, Feb. 13, 1926; Coble, *The Shanghai Capitalists and the Nationalist Government*, 31-33; Sheridan, *China in Disintegration*, 90-92 and *Chinese Warlord: The Career of Feng Yu-hsiang* (Stanford, 1966), 24-26, 155, 190-91, 218.

② "Agenda of Meeting of Board of Directors, Nov. 25, 1925; S. K. Shen to Thomas, Aug. 16, Nov. 18, 1926; Thomas to S. K. Shen, Feb. 9, 1927; Gillis to Stone, Dec. 1, 1926, Thomas Papers. *Bankers' Monthly* (Peking), 7 (June 1927);《懋业银行来钞票五十万》,《晨报》(北京),1927 年 3 月 26 日.

公会,都不要接受各地方军事当局的摊派贷款。[1] 懋业银行对贪婪的政客军阀主要的防御手段是利用它与美国的关系。合资企业的创立者们已展望过采取这个策略的可能性,一个纯粹的中国机构所没有的优势。这个策略最开始用于回应张宗昌将军要求从济南银行借款300万元的事件。懋业银行起先的配额为10万元。施栋立即告知懋业银行总部美方股东强烈反对这种强权政策,要求美国进行外交干预。美国驻北京代理公使费迪南·迈耶(Ferdinand Mayer),认为懋业银行董事会的请求是合理的。他要求美国驻济南领事哈维·米尔本(Harvey Milbourne)抗议任何胁迫和强制行为。美国官方的干预奏效了。张宗昌将军的代表否认了对懋业银行有任何正式要求。[2]

1925年11月28日,懋业银行董事会在其会议上将这个策略正式确定下来。它指示所有雇员若遇到任何承担贷款的要求,一律向美国领事馆官员报告并请求保护。这种策略在回应吴佩孚于汉口强制摊派借款中得到应用。在这次危机中,懋业银行官方将此事交由美国驻京公使馆和驻汉口领事馆处理。他们强调美国投资者强烈反对放款,任何对吴佩孚的屈服都是对合资企业利益的损害。因此他们要求美方抗议并使之摆脱蓄意的敲诈。马慕瑞公使也认为这一请求是合理的。在1925年11月4日,他指示汉口领事休斯顿(Jay Huston)代表懋业银行干预此事,他说"美国公民在此银行投资巨大"。马慕瑞建议休斯顿将来告知中方此银行中的美国利益,抗议强迫放款。休斯顿持续的抗议使懋业银行从许多其他政治胁迫中解脱出来。[3]

在马慕瑞的前任公使雅各布·古尔德·舒尔曼(Jacob Gould Schurman)任职期间,懋业银行显然与美国公使馆联系甚少。但马慕瑞于1925年年中抵达中国后,他在11月4日的指令标志着懋业银行和美国官方的

---

① "Agenda of the Board of Directors," Nov. 28, 1925; Gillis to Stone, Dec. 1, 1925, Thomas Papers.

② Mayer to SecState, June 16, 1925, and enclosures, DS 393.1152C44/-.

③ "Agenda of the Board of Directors," Nov. 28, 1925; Gillis to Stone, Dec. 1, 1925, Thomas Papers; MacMurray to Huston, Nov. 4, 1925, in MacMurray to SecState, Dec. 24, 1925, DS 893.516/274.

关系出现了一个转折点。与懋业银行相关美方人士的个人友谊,尤其是唐默思和卫家立,可能是其中的一个因素。① 更重要的是马慕瑞对处于革命中的中国和中国内战对美国利益所产生的影响所持有的态度。

1925年,马慕瑞所面临的中国与他任芮恩施公使的一等秘书时已截然不同。尽管他对中国怀有父亲对儿子一样的同情,可是对于20世纪20年代中期席卷中国社会的革命、民族主义和排外情绪,他感到极大的困扰,感到反感和恐惧。他曾写下两卷本的备忘录《1894—1919年与中国签订的及有关中国的条约和协定》(*Treaties and Agreements with and Concerning China 1894—1919*),这个照章办事的人在遇到中国的混乱与无政府状态后被搞得焦头烂额。经济动荡与混乱也使这位美国门户开放政策的坚定拥护者心烦意乱。最终,对条约权利的损害和对在华外国资产和外国居民的攻击使这位为缔造《九国公约》(Nine-Power Treaty, 1922)做出贡献的人更加痛苦,此公约本是为"将中国从自身的灾难中解救出来"而设计的。更重要的是,马慕瑞相信中国人不是只想限制或消除外国的影响,而是寻求回到签署公约前的中外关系时代。那样的话,外国人必须乞求在这个天朝上国贸易和居住的权利,所有人都应当向中国王朝的皇帝叩头。他给母亲写信时说:"可怜的古老的中国,它所经历的磨难是新中国诞出前的绞痛。"马慕瑞因而得出结论,对于"一个不诉诸理性也不想去明白的中国",必须有人告诉它,让时钟倒退不仅是不可能的,而且也完全无法接受。因此,马慕瑞坚持维护每项公约权利,大力保护美国人的传教活动和商业利益。②

马慕瑞相信因为懋业银行内有巨额的美国投资,所以懋业银行有权请

---

① 在1914年至1918年间,马慕瑞被派驻中国,不管是唐默思还是卫家立对他都非常熟悉。马慕瑞后来任远东事务署主任和助理国务卿时仍然与唐默思往来频繁。参见 MacMurray to Thomas, Oct. 14, 1924, MacMurray Papers 等。

② MacMurray to Thomas, Oct. 14, 1924; MacMurray to Mother, Dec. 20, 1925, Feb. 21, 1926, MacMurray Papers; Janet S. Collester, "J. V. A. MacMurray, American Minister to China, 1925-1929: The Failure of a Mission," Ph. D. dissertation, Indiana University, 1977; Zhitian Luo, "The Background of American Policy Toward the Chinese Nationalist Revolution, 1925-1927," M. A. thesis, University of New Mexico, 1990, 23-29; Thomas Buckley, "John Van Antwerp MacMurray: The Diplomacy of an American Mandarin," Richard Dean Burns and Edward M. Bennett, eds., *Diplomats in Crisis: United States-Chinese-Japanese Relations*, 1919-

求美国官方的保护。银行的中美官员都注意到了这种态度上的转变,并共同促进公使馆的支持。懋业银行总部将银行的年度报告和统一的资产负债表提供给美国公使馆。反过来,公使馆也称赞沈吉甫总理在1925年银行面临的严峻形势下业绩卓著。而且马慕瑞把懋业银行账目报告的小册子送交美国国务院,特别提到在加强合资企业中公使馆的作用和“在贸易合作领域懋业银行的示范作用”。沈吉甫在1927年8月马慕瑞公使动身前往美国述职时送给他一家一个特别贵重的花瓶作为临别礼物。懋业银行也引起了华盛顿的注意。1927年,国内外商务局(Bureau of Foreign and Domestic Commerce)在调查在华的美国银行时询问了有关懋业银行的信息。①

美国官方的干预毫无疑问使懋业银行在1925年从吴佩孚的掌中逃脱,它可能也在1927年6月张宗昌将军再度要求战争资金遭拒后保护了懋业银行济南分行,使之免受侵占。那次拒绝为沈成栻转移济南分行全部的现金和可动资产到上海和天津,并部分清算赢得了时间。1929年,当国民政府强迫懋业银行宣布破产并企图侵占其财产时,美国公使馆又一次陷入懋业银行的复杂事务中。②

在1927年共产党和国民党左翼占领武汉时,懋业银行还是独立的。1927年2月19日,总部派沈成栻去保护汉口这家大分行的资产。沈成栻政治上保守,但他也是一个现实主义者。他觉得不管是北方的军阀还是南方的军阀都一样腐败,使中国陷入毁灭和混乱。北方力量曾有机会统治中国,但却悲惨地失败了。现在是时候给南方一次机会来显示一下他们治理中国的能力了。此外,南方活力十足,好像已胜券在握。无论如

1941, 27-48; Arthur Waldron, ed., *How the Peace Was Lost: 1935 Memorandum, Developments Affecting American Diplomacy in the Far East, Prepared for the State Department by Ambassador John Van Antwerp MacMurray* (Stanford, 1992). See John V. A. MacMurray, *Treaties and Agreements with and Concerning China, 1894-1919*, 2 vols. (New York, 1921)

① Stone to MacMurray, July 27, 1925, MacMurray Papers; Shen Chi-fu to MacMurray, Aug. 9, 1927 and MacMurray to Shen, Aug. 10, 1927, MacMurray Papers; MacMurray to SecState, June 3, 1926, DS 893.516/245; Peck to Shen Chi-fu, Jan. 3, 1926, RG 84, Peking Post file 851.6, 1926, vol. 48; Robert Barr to Grosvenor Jones, Nov. 11, 1927, RG 151, 611 (China).

② S. K. Shen to Thomas, Oct. 5, 1928, Thomas Papers; Arnold, Weekly Reports for the Weeks ending Aug. 4, 11, 1928, Arnold Papers. 关于美国如何卷入懋业银行的倒闭,参见第八章。

何，中国极度需要和平和时间来重建被破坏的经济和社会。

沈成栻在汉口度过了五十个焦虑不安、精疲力竭的日夜，而汉口业已与外界隔绝三个多星期了。他很快意识到与北方军阀相联系的懋业银行必须对南方势力采取友好的态度，与控制武汉的左翼势力和解。他也很高兴地得知“所谓的这个党派的领导，80% 以上并非是‘赤色的’”，他认为工会领导人阵营中有一些是苏联“雇佣的工具”，大多数都是不谙世事的年轻学生，他们有很强烈的民族主义思想。

沈成栻敏锐地预料到了国民党内部爆发于 1927 年 4 月的公开决裂。他担心这会促使激进主义者掠夺汉口并把市内银行现金充公作为他们的军费。首先，他顶住了来自地方激进派当局要求放款的压力。然后通过购买外界的钞票和汇票，他秘密地把汉口分行近 100 万元转移到中国的其他地方。在收回分行大部分纸币后，他将余下的钱存进了国民城市银行汉口营业所的保险库内。在国民党与共产党正式决裂前，沈成栻设法离开了汉口，并指示将保险柜内余下的钞票销毁。不久，国民政府扣押了中国的银行在武汉的所有现金，并没收了所有票据，将其兑换成新的中央银行那种不能赎回的钞票。最后，在 4 月末，懋业银行下令汉口分行停止一切现行业务，但还要开门等待存款人来支取限量的存款。沈成栻的措施获得了财务委员会的赞赏，降低了银行的损失，使汉口分行完好无损，维护了懋业银行的声誉。①

懋业银行于 1927 年 5 月 31 日在中国动荡困难的局势下，召开了年度会议，沈吉甫总理向 30 多位聚集北京的股东们解释了 1926 年年度报告中复杂的结果。尽管面临不断恶化的政治局面，银行当年净收入为 16 万元。银行在上半年赢利约 33 万元，在整个夏季都坚持得很好，但到了最后一个季度却损失了 17 万元。最大的损失来自于汉口和上海分行及总部。总理将受损归因于武汉及四周的战事、银价的急剧下跌及合法业务的缺乏。所有这些因素都迫使银行采取非常保守的贷款政策。②

---

① S. K. Shen to Thomas, Jan. 6, Mar. 7, Apr. 22, 1927, Oct. 5, 1928, Thomas Papers.

② *Bankers Magazine* (Peking), 7 (June 1927).

可是沈吉甫总理的解释是不全面的。银行的资产负债表受到 1925 年晚期起急剧攀升的经常性开支的影响。有些增加的部分,从 1925 年的 60 万元到 1926 年的 80 万元,可归因于伊斯特威克的旅行费用和薪水、卫家立去见施栋的费用、支付给拉斯峰的费用和给徐恩元家庭的 3 万元抚恤金。但沈成栻估计半数以上的增长应归因于总部的沈吉甫总理及其亲信们近乎挥霍的花钱习惯,他们在北京四处撒钱。鉴于北方目前的形势,其中一部分钱对保护银行可能是必要的,但接下来的局势表明,因为沈吉甫任命自己的亲信及其政治集团的追随者担任高薪的审计员和监察员,并解雇了一些精明强干而又忠心耿耿的雇员,导致总部对其分支机构的经营失去控制。这意味着沈成栻取得的重大成果之一——谨慎控制开支和排除政治性的任命——付诸东流。①

董事会 1926 年不进行股利分红的决定也使股东们大失所望。但并未在 1927 年的年度会议上产生过激的反应。大多数股东相信懋业银行的官员们在实施保守的政策。他们很快就认可了资产负债表和沈吉甫总理的官员候选人名单。施肇基的兄弟施肇曾取代了罗鸿年(罗雁峰)。沈吉甫憎恶徐恩元的亲密伙伴罗鸿年,将他从董事会开除。罗伯特·施栋被正式选举到董事会继任他父亲的位置。除了卫家立被重新确定为美方协理之外,其余的美方董事均为海滕·施栋公司或盖伦·施栋家族名义上的代表。监察委员会(Board of Superintendents)中的美方席位竟存在一个空缺,这个事实也说明美国人对这个团队已然态度消极,甚至可能是一种与日俱增的漠不关心。②

股东们也同意以 4 支旧股兑换 3 支缴足股票的方式使懋业银行的资

---

① Gillis to Stone, Dec. 1, 1925; S. K. Shen to Thomas, Jan. 6, Mar. 7, 1927, Oct. 5, 1928; Thomas to Shen, Apr. 19, 1927, Thomas Papers.

② S. K. Shen to Thomas, June 10, 1927, Thomas Papers; Williams to MacMurray, July 7, 1927, RG 84, Peking Post file 851.6, 1927, vol. 50; *Shen pao*, May 2, 1924; *Bankers Magazine* (Peking), 7 (June 1927), 1. 卫家立记录董事会成员名单如下:沈吉甫、张伯龙、段宏业、陶源*、王宇驰*、施肇曾、罗伯特、施栋、卫家立、福赛思·舍弗齐(Forsythe Sherfesee)、J. A. 唐斯(J. A. towns)和 H. G. 里德(H. G. Reed)。监察委员会包括卫家立、福赛思·舍弗齐、罗鸿年、江朝宗*。有一个美国席位空缺。(加*者未详其人,据英文回译。——译者注)罗鸿年的人物信息见下。

本从1千万降到750万元的提议。那意味着投资者不会面临追加资本的要求。制定这个方案也是为了增加懋业银行股票的价值,其现在的报价为每股15—21墨西哥元(相对于发行价100美元来说大幅下跌了),从而为追加资本的长远计划铺平道路。①

1927年的股东大会表明沈吉甫已牢牢地将懋业银行攥在自己的手心里了。但华俄道胜银行的破产预示着他的幸运到了尽头。接着在第二年全年里,官方管理不善、可耻的腐败行为、重新进入政府贷款领域,再加上银行再次政治化的侵蚀作用已然变得众目昭彰了。

在1926年9月,华俄道胜银行关闭了它在中国和伦敦的分行。报刊中最初的报道将银行的问题归因于银价暴跌而导致的中国分行的损失惨重、香港和上海银价下跌的拖累和日元的炒作。进一步的调查却显示银行的资产,主要是中国东方铁路的股份和哈尔滨的大量不动产,超过了它的负债。事实上,该银行的中国和伦敦分行是在拥有大部分股份的英法股东的坚持下才关闭的。他们之所以这么做是想防止最近已将俄国股份国有化的苏联政府来索取银行的资产。

同时,北京政府也开始关注华俄道胜银行的命运,并委派官员去控制其分行的清算。中国政府宣称对此拥有直接利益,不仅因为它拥有华俄道胜银行的股份,还因为政府在银行有存款。该银行的倒闭也使汇丰银行成为外国控制下的关税收入的唯一托管行。为了民族的利益和个人的利益,中国银行家和商人动员抗议中国税收继续在外国银行托管。

华俄道胜银行的失败伤害了懋业银行,因为懋业银行对政府的一项重要贷款所作的令人惬意的偿还安排因此而宣告结束了。除了一次例外,似乎从此懋业银行再也未收到任何对政府贷款的利息或本金的偿付。这件事反过来对资产负债表产生了破坏性的影响。并且,对汇丰银行和其他外国银行愈来愈多的抨击,及由中国的银行控制中国政府财政的诉求,都预示着要孤立懋业银行和其他的中外合资企业。②

---

① Shen Chi-fu to MacMurray, Feb. 29, 1928, RG 84, Peking Post file 851.6, 1928, vol. 56.

② *New York Times*, Sept. 28, 29, 30, Oct. 1, 2, 1926; S. K. Shen to Thomas, Jan. 6, 1927, Thomas Papers.

可令懋业银行损失最惨重的是牵涉天津分行和联合贸易公司(Union Trading Company)的一场飞来横祸。曾几何时,沈成栻和伊斯特威克警告过总部有关天津分行向联合贸易公司提供大量信用贷款一事。但因为与张伯龙的交情,沈吉甫总理并未理会他们的忠告,而且还拒绝干涉天津分行的经营。沈成栻在汉口处理完事务刚回到北京,就向总理通报了张伯龙与联合贸易公司的交易事态严重的传闻。这次,卫家立也支持沈成栻。总理命令张伯龙削减天津分行过多的承约。很显然张伯龙并不听从指示,这时总理委派沈成栻去天津调查分行的账目。为了给他的老友保留颜面,也为了使沈成栻在调查时不受干涉,总理请了一个月的假,让张伯龙来北京代他处理事务。

沈成栻于1927年5月2日抵达天津。他了解到,联合贸易公司资产30万元,却亏欠天津分行未偿贷款160万元,大吃一惊,而这个数字还是刚从260万元削减下来的。更令人不安的是,实际上所有的贷款都是未经抵押担保的。在对联合贸易公司施压一个月之后,沈成栻设法从该公司收回现金80万元,还有据信是美国海外仓储公司(American Overseas Warehouse Company)签发的40万元的面粉收货单。信誉好的公司的仓库收货单或栈单,被视同法定的货币。[①]在沈成栻6月8日返回北京时,尽管还有一大部分余额没有着落,但他觉得天津分行状况好多了。

已经重开的财务委员会对沈成栻的业绩非常满意。它也对懋业银行与联合贸易公司的交易设置了很多限制:对该公司的信用贷款总额以70万元为上限,指示各分行不能对其帐单进行贴现,并指示张伯龙清理天津分行的外汇成单。可是在接下来的数星期内,张伯龙却对联合贸易公司的账单给了50万元的贴现,可能还提供了其他的信贷。[②]

1927年7月9日联合贸易公司的倒闭令中外商界大为震惊。接下来的几个月里,调查揭露了一个牵涉联合贸易公司、美国海外仓储公司和天

① 银行贷款通常凭货栈的提单作抵押。由于仓库为外国老板所有,银行认为诚信可靠,所以未对货栈进行细致调查。参见 Conference with Mr. Chen of the Central Bank of China and Mr. Sin-On Au, June 26, 1929, box 73, Kemmerer Papers。

② P'ing-chai, "Chung-mei ho-pan," 111-12; S. K. Shen to Thomas, Oct. 10, 1927, Oct. 5, 1928, Thomas Papers.

津协和贸易公司(Tientsin Hsieho Trading Company)在内的惊天大骗局。在1925年秋天,协和的经理祁乃奚和美国驻天津的副领事康理琪(Cornish)组建了海外仓储公司。从一开始,它就只是一场特大诈骗的工具。在精心策划下,联合贸易公司从天津十几家中国银行和中外合资银行借款数百万元。这些贷款由一些假定存于海外仓储公司的根本不存在的货物的仓库存单来担保。为了结交银行的官员,联合贸易公司举行豪华的鸡尾酒会和晚宴。祁乃奚将协和贸易公司的股票要么赠送他人,要么以低价销售。他声称这些股票会大幅涨价。反过来,祁乃奚也买进一些懋业银行的,可能也有其他银行的股票。虽然一些银行家是无辜的受害者,但其中的许多,包括张伯龙在内,就是这个骗局的同谋。①

祁乃奚被捕,上海的美国法庭派遣地方检察官来判定康理琪是否应被起诉。15家受影响的银行于7月11日晚在银行公会举行会议,并建立代表委员会以保护中外债权人的权益。此委员会竟奇怪地包括张伯龙,它的任务是清算倒闭的联合贸易公司,并将其资产在债权人中进行分配。但清算人很快就确定了联合贸易公司的资产只有20—30万元,而债权人的索赔总计达850万元。同时,懋业银行股东对已辞职的张伯龙提起刑事诉讼。被派往天津为懋业银行处理这件麻烦事的沈成栻随后接替了张伯龙在债权人委员会中的位置。②

这场骗局及联合贸易公司和其同盟的倒闭对华北的中国银行及中外合资银行产生了灾难性的影响。经济萧条、内战和军阀勒索的影响本来就已经让它们苦不堪言。这场丑闻引发了北京和天津银行持续6个月的挤兑风潮。几家本土的新式中国银行倒闭了,中法、德华、中意和远东(日本)银行的天津分行买办也都提出破产。中挪(Sino-Scandinavian)和中日

① 这一丑闻的基本情况录于曾衡三:《一九二八年天津中美商人串通的大骗案》,《文史资料选辑》第15辑,1961,第102—108页。诈骗案期间,他作过海外仓储公司的会计,随后刘孝忱对一些细节进行了更正,但并未更动主体部分,存于《对〈一九二八年天津中美商人串通的大骗案〉的补正》,《文史资料选辑》第51辑,第269—270页。额外的基本资料信息和张伯龙的投资情况,参见平斋:《中美合办》,第109、112页;S. K. Shen to Thomas, Oct. 10, 1927, Thomas Papers;《晨报》(北京),1927年7月12日。

② 《晨报》(北京),1927年7月12、13日;S. K. Shen to Thomas, Oct. 10, 1927。

中华汇业银行(它的问题还掺杂着济南事件后的反日联合抵制运动)再也没恢复元气,它们于1928年关张。财政的艰难局面迫使北京方面向天津输送价值几百万元的白银。联合贸易公司的倒闭也使银行不再愿意提供由提单或仓储栈单担保的贷款,而以前它们曾经乐此不疲。结果,金融危机因汇兑银行的失败而进一步加剧,直到1928年年末一直弥漫在天津久久不去。[1]

懋业银行是联合贸易公司继中南银行之后最大的债权人,在这场骗局中深受其害。它的损失超过了100万元,由此它的银行储备金也荡然无存。从1927年年末到1928年年初,被任命为天津分行临时经理的沈成栻努力想使银行平安度过危机。他总结说,加上北方商业萧条的影响,除了裁员和削减经费,做什么都于事无补。[2]

1928年初,沈成栻被派往上海去遏制另一场浩劫。这一桩是由1925年接替耿爱德担任上海分行经理的郑鲁成引起的。他之前是上海的东亚银行的副经理,掌管着外币业务。浙江实业银行的总经理李铭曾强烈要求徐恩元雇用郑鲁成,他提出"对你来讲雇用郑鲁成要比雇用一位高薪的外国人强得多。"

起初,郑鲁成的外币交易为懋业银行赚了钱,但在1927年和1928年,郑鲁成和副经理倪建候不顾银行在外汇业务方面的限制,大规模地投机黄金和外币。在某一时期,他们在期货合约上进行的未平仓交易达60万英镑。在1928年年初,中国的外币和黄金市场降到了最低点。这种形势又由于蒋介石进攻北京和日本军事力量干涉山东而更加恶化。

到沈成栻抵达上海时,大多数的损失已经成为事实。当客户无法履

---

① Arnold, Reports for the Weeks Ending Aug. 4, Dec. 15, 1928, Arnold Papers; Arnold to Director, Bureau of Foreign and Domestic Commerce, Aug. 15, 1928, Arnold Papers; Stilwell Reports on Fighting in China, Dec. 17, 1928, Joseph Stilwell Papers, Hoover Institution; Bank of China Annual Report (1927), box 59, Kemmerer Papers; "Conference with Mr. Chin of the Central Bank of China and Mr. Sin-On Au, sub-manager of the Tientsin [branch] of the Bank of Communications, June 26, 1929, box 73, Kemmerer Papers.

② S. K. Shen to Thomas, Oct. 10, 1927, Oct. 5, 1928, Thomas Papers;平斋:《中美合办》,第109、112页;Stilwell Reports on Fighting in China, Dec. 12, 1928, Stilwell Papers;曾衡三前引文,第108页;刘孝忱前引文,第269页。

行兑换合约时,懋业银行赔付100多万元。沈成栻设法从这些账目中挽回了30万元,但银行还是面临着履行余下的合约或以时价卖掉合约的两难选择。沈成栻决定清算这些合约,哪怕会导致80万元的亏损。到1928年6月,上海分行的亏损,主要源于汇兑业务,总计约达150万元。它只有依靠挪用纸币储备金才能维持营业。①

懋业银行决定在省法庭对郑鲁成和其他成员涉嫌进行未获准的货币投机行为提起诉讼,可又担心郑鲁成那些有政治势力的朋友会利用他们的影响对付银行,因此懋业再次向美国公使馆求援。想到银行中巨大的美国利益和公使馆在先前事件中发挥的"良好作用",卫家立于1928年9月请公使馆寻求上海领事馆的协助。公使馆根据马慕瑞1925年11月4日的指示,告诉总领事埃德温·克宁翰(Edwin Cunningham),公使馆不反对他代表其中的美国利益提供非正式的调停,但也警告他一定要慎重。

受到这个回复的鼓舞,卫家立一个月后返回公使馆,为懋业银行收回政府贷款寻求支持。马慕瑞很友好,但他决定在这种情况下公使馆不会出面干涉,即使采用非正式的方式也不行。因为这也许会被认为对其他向中国政府索债的美国人不公平,而且他也觉得既然懋业银行是一个中国的机构,这会激发中国人的民族主义情绪。卫家立被迫同意马慕瑞的说辞。在另一方面,这位美国公使帮助卫家立与新南京政府的财政总长宋子文举行了会晤,来讨论关照合资企业中美方股东利益的问题。②

同时,沈吉甫对沈成栻制定的其他改善懋业银行的经营及保护资产负债表的政策不予理睬并撤销。总部和大多数分行在向缺乏抵押或信誉有问题的个人和企业提供贷款和透支方面变得愈来愈粗心大意。根据后来懋业银行清算委员会收集的有关银行被大笔拖欠的未偿贷款和透支的数据来看,这的确是一个合理的结论。如果数据可信的话,这个时期银行

① 平斋:《中美合办》,第109、112页;S. K. Shen to Thomas, June 7, Oct. 5, 1928, Thomas Papers; Arnold, Report for Week Ended Aug. 4, 1928, Arnold Papers。

② Williams to M. F. Perkins, Sept. 11, 1928; Tel., Perkins to American Consul Shanghai, Sept. 11, 1928; Perkins to Cunningham, Sept. 12, 1928; MacMurray memorandum, Nov. 1, 1928, RG 84, Peking Post file 851.6, 1928, vol. 56; MacMurray to T. V. Soong, Nov. 16, 1928, MacMurray Papers.

的大多数客户都是一些相对较小的中国公司或中等资产的个人。虽然这些客户中多数拖欠不到1万元,但其中也不乏相当数量的大笔款项。除了像宇达棉纱公司(Yu Ta Cotton Yarn Co.,它的贷款超过20万元,是由其他的主要中国银行担保的)这个特别案例外,其他较大的借方包括一些个人、贸易公司和普易实业公司(Poo Yi Industrial Company)。这些企业和个人可能也为20世纪20年代末中国北方的政治经济动乱所困扰,但也可能是懋业银行的客户在资质上越来越差。[①]

对懋业银行的生存能力更具威胁的是沈吉甫和他的亲信将懋业银行带回到政府贷款的雷区,虽然规模比徐恩元领导时要小一些。政治上的考虑加上每月12%的超高利率的诱惑,使沈吉甫总理于1925年12对交通部进行了相对小规模的放贷。接下来的三年中,尽管懋业银行面临的问题不断增加,银行向财政部和许多其他部门共计放贷近100万元。除了一个极特殊的例子外,这些贷款都没有偿还,这进一步耗尽了懋业银行的财力。因此,在沈吉甫任期即将结束的时候,政府贷款的本金加上未付利息一项就超过了450万元。并且,银行将政府发行的数以百万计的有价证券归类为"投资",其中的几笔交易特别值得关注。[②]

沈吉甫代价最高的盲目投资是在1926年购买了交通部的筹款债券,占发行总额800万元中的2773800元。交通部发行这笔债券用以偿还中国的银行向铁路提供的短期贷款。这笔债券似乎有邮电部门可靠的担保,此部门也许是唯一一个有盈余的政府部门了,但只进行了一两次按月支付。像往常一样,邮电部门的盈余被走投无路的北京当局用来支付军方的其他费用。这个结果对懋业银行来说是一场金融灾难,因为它并未为这些债券明确规定"有价值的担保"。也许正是由于这个原因,懋业银

① Lists of Unpaid Loans & Overdrafts of CABC's branches, numbers 8-13, n. d. [1934?], "Chinese American Bank of Commerce: List of Unpaid Loans and Discounts of the Whole Bank as of March 31, 1934," No. 13, "Chinese American Bank of Commerce: A List of Unpaid Overdrafts of the Whole Bank as of March 31,1934," No 14, box 25, Young Papers.

② "Chinese American Bank of Commerce: Government Loans," No. 7, "Chinese American Bank of Commerce: Condensed Statement of Government Loans," No. 11, "Statement," undated, Young Papers, box 25; "Memorandum on the Reorganization and Rehabilitation of the Sino-American Bank of Commerce," in MacMurray to SecState, Aug. 16, 1929, DS 893.516/287.

行将筹款债券视为投资而不是未偿贷款。它将成为懋业银行清算人所面临的在这个条目下最大的一项了。[1]

只有一项贷款有了一个可喜的结局。在 1926 年秋，懋业银行向极度渴望筹集两百多万元以帮助政府渡过中秋节难关的时任财政总长顾维钧伸出了援助之手。中国银行公会因对顾维钧急剧削减利率的行为感到恼火，因此拒绝借给他超过 50 万元来为难他。就在此时，卫家立向这位总长直接贷款 3 万元，而付款条件的问题延至中秋节后再作商议。懋业银行的慷慨缘于卫家立与顾维钧的私人交情，以及懋业银行对这些大型的中国银行和中国银行公会做事方式的愤慨。懋业银行的快速反应很显然迫使银行公会加大贷款的规模。顾维钧很是感激，他保证在他辞去使北京政府脱离经济困难这个不太可能完成的工作之前，懋业银行一定会得到还款。他安排稽查局利用盐税的收入直接偿还懋业银行，而不经过财政部。顾维钧说，这是第一次一个银行把钱贷给中国政府，并按时全额地"把它拿了回来"。[2]

更典型的事例是懋业银行于 1927 年 2 月向经济拮据的财政部贷款 33 万元以帮其渡过年关。贷款执行每月 12% 的丰厚利率，而且似乎又有华俄道胜银行正在清算中的政府股份作为可靠的担保。财政部也允诺将目前总清算办公室掌管的华俄道胜银行的存款转让给懋业银行。可是，这家银行的上海清算办公室却对此安排"持有独特的见解"，政府的诺言也就无法兑现。于是，懋业银行和财政部努力为贷款寻求另一种担保。在 1927 年 12 月，它们选用了"一部分"1913 善后大借款中俄国发行的所谓绿色债券，其券面价值约 8 万英镑，且存于巴黎。政府附加条件表示它的担保"来自于那部分政府可自由转让的绿色债券"，而且"需在汇兑手

---

① Young to T. K. Tseng, Apr. 5, 1934, Young to J. E. Swan, May 2, 1924, "Chinese American Bank of Commerce: Investments, No. 10, undated, box 25, Young Papers; "Memorandum on the Reorganization and Rehabilitation of the Sino-American Bank of Commerce," in MacMurray to SecState, Aug. 16, 1929, DS 893.516/287.

② Shen to Thomas, Jan. 8, 1927, Thomas Papers; V. K. Wellington Koo Oral History, Columbia University, vol. 3, 108-112; "Koo's Statement of Receipts and Expenditures, June 17-October 1, 1926," *China Yearbook 1928*, 544.

续完全完成时”偿付。懋业银行的官员显然并未特别注意这些条件。财政部提供抵押时是否有意欺骗也不得而知。首先,财政部坚持说这项安排绝对保密,因此它的合法性就令人置疑。第二,允诺是在这些绿色债券“根本无法送达”中国政府之时立下的。为了委派代表到巴黎去承接这些债券的所有权,财政部另外又向懋业银行借款2.4万元,并承诺提供另外面值为5千英镑的绿色债券做抵押。因为这些债券的本金及利息从未得到偿还,财政部的承诺,特别是涉及绿色债券的部分,给日后银行的破产管理制造了极其复杂的局面。①

1928年5月29日,参加年度大会的股东们心情郁闷之极。他们得知懋业银行的状况已岌岌可危,甚至比1922年末至1923年初那段最黑暗的日子还要糟。并且它的“实质”,正如陈行向唐默思评述的那样,“与从前完全两样”。总部和分行报告了严重的亏损,沈成栻估计在440万元以上,这还不包括总计达500万元的政府贷款和投资。这意味着银行的债务已超过缴入资本近200万元。并且,懋业银行并未把200万元存款发放出去。因为银行无法找到稳妥的生意,而经常费用又在以75万元的速度不断地消耗着,银行的形势每天都在恶化。同时,沈吉甫总理自从天津那场灾难后,已是束手无策,也没有提供领导或指示。

在现有的状况下,懋业银行在1928年年初有三个选择:宣布破产、卖掉银行或从新的投资者处获得额外的资本注入。沈成栻和耿爱德后来回想,正确的做法是清算银行。耿爱德说如果清算银行的话,即使是在1928年年末,所有的懋业银行存款人和票据持有者都会得到他们的钱。可股东们会失去他们所有的投资。沈成栻若有所思地对唐默思说,在任何别的国家里,懋业银行都会被强制宣布破产,但在20世纪20年代中国金融

① “Chinese American Bank of Commerce: Government Loans,” No 11; Joseph Swan to T. V. Soong, Nov. 27, 1930; “Observations Made on Mr. Swan's Letter Dated November 27th, 1930,” prepared T. K. Tseng, Dec. 5, 1930, and attachments; Swan to Young, Jan. 31, 1934; C. Chien to Young, Feb. 19, 1936 and attached letter of July 15, 1930; [Young], “Memorandum on the Chinese-American Bank of Commerce, Apr. 25, 1936,” box 25, Young Papers.

这个光怪陆离的世界里，懋业银行却依然可以想方设法得过且过，开门营业。①

尽管在20世纪20年代末期，实际上所有的中外合资银行和中国新式银行都已关张倒闭，还有许许多多的中国股东——美国人此时实际上早已放弃了对合资企业的希望——还认为懋业银行能够起死回生。尽管感情因素可能起着次要的作用，但他们的坚持源于他们不愿把所有投资一笔勾销，也不愿意放弃利用懋业银行来赚钱或增加利息的想法。实际上，就连沈成栻和沈吉甫也希望能通过找到买主或新的投资人来保存银行。在中国形势尚不明朗，冒险投机会有许多问题的情况下，他们面临着一个令人望而生畏的任务。因为即使在中国，对金融骗术也有些许限制。懋业银行的时间所剩无几了。

沈成栻相信只要银行还攥在沈吉甫及其党羽手中，就面临着注定的毁灭。他实施了一系列具体的尝试。经过几个星期唠叨不休的劝说之后，他说服沈吉甫总理和卫家立同意委派他去寻求未来的买家或投资人。首先，他建议试探一下就要来中国旅行的查尔斯·海滕的意向。去寻求美国合作伙伴的帮助似乎不失为明智之举。但海滕并非是最初的投资人，他是由于海滕·施栋公司的关系才涉足懋业银行的。也许是为了帮助他的亲密伙伴韦耿摆脱困境，他后来自己出钱购买了一些大通的股份。令沈成栻恼火的是，海滕把美国对中国的投资看成是可悲的失败，并对懋业银行的困境表现出漠不关心的态度。因为懋业银行完全是由中方在管理，所以他明知懋业银行即将面临着崩溃的结局，也不愿给予这个合资企业任何援助。他进一步表示，如果能够得到会计所要求的每股15元的价格，他将十分高兴地卖掉其股份。海滕刻薄的答复使沈成栻灰心丧气，哑口无言。

大约在同一时间，一些中方股东同伊斯特威克接洽协商让其重回懋业银行总经理的职位，他们认为他在联合贸易公司一事上已经展现了他的远见卓识，希望他能制衡总理沈吉甫。伊斯特威克表现出了一些兴趣，

① Jian H. Cheng to Thomas Dec. 29, 1928; S. K. Shen to Thomas, June 7, 1928, Thomas Papers; "Conference with Mr. E. Kann," Apr. 19, 1929, box 73, Kemmerer Papers.

但他要求只有让他决定银行的人事安排,他才会回来。换句话说,他拒绝接受没有权力的职责。沈吉甫总理拒绝了伊斯特威克的要求,伊斯特威克也谢绝了邀请。①

海滕和伊斯特威克的答复也是20世纪20年代末期美国商界对华普遍态度的一种反映。许多人对他们在中国亏了钱和中国政府不能偿还债务怒气难消,大失所望。当有些人为中国在国民党人领导下名义上的统一感到高兴,他们预期内战之火将再次燃烧;他们只是还未做好投入中国市场的准备。伊根强调,中国在美国人向其投资或借款之前必须"赢回信誉"。伊根对唐默思说:"我极其同情并有意帮忙,但在我看来,主要工作还在于中国人自己。"美商在1928—1929年不愿向中国救灾基金会(China Famine Relief)的活动慷慨解囊,向担任基金会财务主管的唐默思和其他中国的朋友发出了一个强有力的信号。②

与此同时,沈成栻正在与一个南洋商团商谈接管和重组银行的事宜。这个商团提出以每股10—15元的价格购买美国投资公司的股票。他们首先要求查看懋业银行的账本,而沈成栻却不愿意也不能这么做。当他们要求沈成栻以个人名义担保美国会接受他们提供的价格和银行的状况良好时,谈判拖延了下来。沈成栻一样也做不到。商团对懋业银行失去了兴趣。沈成栻寻求何启东(Robert Hotung),一位非常富有的中国企业家的帮助,也以失败而告终。③

但是沈成栻已没有时间再去达成某种交易了。1928年6月2日,他

---

① S. K. Shen to Thomas, June 7, Oct. 5, 1928;平斋,《中美合办》,第109页;Arnold, Report for the Week Ended Aug. 4, 1928, Arnold Papers; Sokolsky, "Memorandum Concerning a Letter from J. E. Swan to the Minister of Finance Dated November 27, 1930," Dec. 3, 1930, box 25, Young Papers.

② Egan to Thomas, Oct. 15, 17, 1928, Thomas Papers; Egan to Bristol, Mar. 6, 1928, Egan Papers. 在这样的趋势下,面对懋业银行的重要困难和问题,一大群中国人还在和安立德探讨组建中美合资银行的问题,这让安立德大为意外。Arnold, Report for the Week Ended Aug. 4, 1928, Arnold Papers. 美国人对中国失去兴趣也有一些例外,施栋和韦伯斯特一直考虑在华的铁路建设,而且航空建设也开始启动。参见 Memorandmn of Conversation, Nelson T. Johnson and Charles Newton (Stone and Webster), May 7, 1928, Nelson T. Johnson Papers, Library of Congress, Washington, D. C.; Leary, *The Dragon's Wings*。

③ S. K. Shen to Thomas, May 2, June 7, Oct. 5, 1928. Thomas Papers.

接到了来自总部的电报,通知他已被免除助理总经理一职,而被委派去上海分行清算呆账。作为再次的侮辱,他的薪水从每月800元降至200元。沈吉甫总理一直对沈成栻留在银行忐忑不安,他妒忌后者在中国银行业和商业机构内的声誉。沈吉甫担心对天津分行的调查会暴露他的过失,也担心沈成栻真会成功组织一个接管银行的外部投资集团。在任何一种情况下,沈吉甫都将被撤去职务,因此他开始伺机让沈成栻丢脸并解雇他。沈成栻效力懋业公司这么多年,本希望能最终掌管银行,可现如今他被彻底毁掉了。在饱受多年不公平对待后,他别无选择,只好辞职。他对唐默思说,唯一令他安慰的是,他得到了用金钱无法买到的宝贵经验。①

沈成栻被迫辞职,引发了银行1928年6月和7月大规模的挤兑风潮,导致存款被提取了500万元。并且,其他银行也拒收懋业银行的钞票。为了防止银行立即倒闭,懋业银行的董事兼大陆银行的总理谈荔孙组织了四家中国的银行,在1928年7月30日临时借给懋业银行100万元来应急。四大银行(中国银行、交通银行、金城银行和上海大陆银行)强加了苛刻的条件:懋业银行必须抵押全部财产,包括它的上海分行和北京总部,并每月按11%的利率付息。债权人在初秋请沈吉甫辞职前会保留他作为名义上的总理。但是他们将在董事会中加入5人,并建立包括备受尊敬的谈荔孙在内的重组委员会来管理所有银行事务。债权银行也邀请沈成栻重新加入银行,但他拒绝了。同时,在等待特殊股东会议的结果和四大银行对懋业银行产生永久兴趣之前,它的未来还一片渺茫。8月初,懋业银行又一次遭受挤兑,但在债权银行的帮助下,它幸免于难。②

---

① 沈成栻开办了自己的公司,联合金融公司(Consolidated Finance Companies)。S. K. Shen to Thomas, Oct. 5, 1928, Thomas Papers;平斋:《中美合办》,第109页。

② 平斋:《中美合办》,第109、112页;S. K. Shen to Thomas, Oct. 5, 1928; Yi Chen to Thomas, May 17, 1929, Thomas Papers; Arnold, Reports for the Weeks Ended Aug, 4, 11, 1928, Arnold Papers; Translation of a Letter from the Four Banks to the General Liquidation Board of the Chinese-American Bank of Commerce, Dec. 10, 1929, and enclosures including Mortgage Agreement with Four Banks, box 25, Young Papers; memorandum, "Chinese American Bank of Commerce," June 9, 1936, *ibid.*; clipping, *Peking & Tientsin Times*, Aug. 7, 1928, RG 84, Tientsin Post file 851.6, vol. 30; "Chinese-American Bank Strengthens Its Finances," *CWR*, vol. XLVIII (Aug. 18, 1928), 380;贾士毅,《民国续财政史》7卷,上海:商务印书馆,1932—1934。

到特殊股东大会于1928年10月13日召开之时，四大银行决定它们别无选择，只得保留在懋业银行的股份。董事会选定罗鸿年（罗雁峰）为总理。就像他的好友徐恩元一样，罗鸿年也曾留学英国，并在军阀时代成为一个地道的官僚。他担任过财政部次长（1921）、上海币制局总监（1922）、教育部次长（1924）。罗鸿年曾与徐恩元共同合作建立中华懋业银行。徐恩元曾努力将其送到银行的董事会中去，但他后来在沈吉甫的坚持下被撤免。在20世纪20年代大部分时间里，罗鸿年也是大陆银行的主管，因此也与谈荔孙来往密切。[①]

中华懋业银行在过去曾表现出反弹的迹象，在1928年的夏秋，它好像又一次获得了新的生机。在1923年，令许多旁观者惊讶的是，沈成栻将懋业银行从几乎注定要被埋没的状况中解救出来。现在，懋业银行有了新的负责任的领导，也有了四大银行的赞助，加上大规模的资本注入，也许懋业银行将摆脱多数中国新式银行和中外合资企业在1928年年底宣布破产的命运。在这些银行之中就有它昔日的竞争对手中华汇业银行，它在12月份就放弃努力，停止营业了。[②] 也许中美合资企业是独一无二的，具有自己独特的命运。但由于沈吉甫统治留下的遗产和中国的现状，懋业银行可以继续生存的机会似乎很渺茫。

① 平斋：《中美合办》，第113页；Shen to Thomas, Oct. 5, 1928, Thomas Papers; clipping, The Sino-American Bank, *China Illustrated Review*, June 6, 1929, box 60, Kemmerer Papers; Sketch of Lo Hung-nien, *China Yearbook 1928*, 1118; Hsiao-hsien Kuo, "Sino Foreign Banks in Shanghai," *Journal of the Shanghai Gazetteer Office*, vol. 2 (March 1935), 1345; *Bankers Monthly* (Peking), vol. 7 (June 1927), 1; *Shen pao* (Shanghai), May 2, 1924. 9

② 中日合资中华汇业银行的倒闭引起了恐慌，波及了中挪银行、懋业银行，还有许多华北的知名银行。Clippings, *North China Daily Mail*, Dec. 12, 1928, *Peking & Tientsin Times*, Dec. 15, 1928, RG 84, Tientsin Post file, 851.6, vol. 30. 中华汇业银行的停业由曾宗鉴写信转述给了杨格，Nov. 30, 1934, box 25, Young Papers。

第八章　穷途末路
——中华懋业银行的末日

中国的政局一直是困扰中华懋业银行的祸乱。无休无止的内斗现在要一直写满懋业银行兴衰史可怕的最后一章。四行联手救援最后证明既无条理又未能坚持下去。反叛的桂系在最后时刻接管银行的企图使懋业银行终于在劫难逃。而南京政府接下去做的不过是延长投资人、存款人和债权人的尴尬和痛苦。

即使美国人的参与也无法从中国人自己的愚蠢中挽救合资企业，这与其建立者的期望事与愿违。美国投资方开始先是竭尽全力要把能收回的投资收回来。一旦发现无法实现，就努力寻求以最快的速度了结懋业银行事务，以使自己在财产和名誉方面的损失降到最小。然而，懋业银行的清算拖延得漫无底止。这部分要归因于当1929年懋业银行倒闭时的混乱无序；部分则是由于蒋介石治下的南京政府试图建立和巩固对中国的政治统治并实施金融和经济策略所带来的困难。无论如何，美国的关系也确实迫使南京在处理懋业银行事件的过程中表现出一些克制和弹性。它还培养了要公正处理懋业银行事务的意愿。

☙ ❧ ☙ ❧ ☙ ❧

尽管罗鸿年和他在重组委员会的同僚们在金融管理业务方面技术娴熟、地位崇高，可面对中华懋业银行也回天乏术。他们的前任已经把银行搞得千疮百孔、体无完肤了。到1928年12月，四大银行所提供的资金已耗费一空。随着中华汇业银行骤然倒闭，懋业银行面临又一轮的挤兑风潮,银行管理层拟定了清盘的初步计划。①

就在这紧要关头,正驻军武汉的桂系军阀的几位高级将领,为银行提供了一线生机。他们愿意向银行注资并最终买下银行的控股权。1925年年底,以李宗仁、黄绍竑和白崇禧为首的桂系集团肃清了盘踞在华南穷困大省广西的小军阀和土匪势力。1926年,实用主义的动机和意识形态上的接近鼓舞这些志趣相投的人联手加入了国民革命。蒋介石使用游说、逼迫或是收买等手段使华南和华中的各路军阀加入了他的临时阵营。1926年蒋介石挥师北伐,桂系军队更名为"国民革命军第七军",李宗仁任军长。桂系能征善战,协助北伐军攻占了中心省份湖北和湖南。李宗仁在蒋介石排挤共产党和国民党左派时也为他站脚助威。

然而1928年北伐军进入北京以后,桂系处心积虑要扩充自己的地盘,当其要掌控长江诸省时与蒋介石产生了冲突。蒋介石在南昌起义后下野,派系内部也出现了分裂,桂系立即填补由此引起的军事真空,暂时占领了北京、南京和武汉。但是桂系将领们的雄心壮志超越了他们左右时局的能力和权力基础,也有悖于他们的政治倾向和政治目标。李宗仁和他的幕僚们发现自己竟成了断梗浮萍:国民党的任何一个主要派系对他们都不予支持;他们又不能从上海商人买办手中获取金钱,也不可能获得任何强国的外交承认。蒋介石正为重组国民党韬光养晦,并计划反戈一击,消灭那些倒戈的和各自为政的军阀。②

沈吉甫拉桂系进入银行目的是要在懋业银行重掌大权,并向罗鸿年及其幕僚报一箭之仇。桂系将领(白崇禧、胡宗铎、夏威、陶钧)都各揣心腹事。他们模仿20世纪20年代军阀的模式,计划利用懋业银行为桂系的军事开销筹措资金,并使它成为正在谋划建立的武汉政府的财务机构。

---

① T. Y. Wu to Thomas, Dec. 16, 1928; Jian H. Chen to Thomas, Dec. 29, 1928; L. S. Tan to Thomas, Feb. 8, 1929; Y. Chen to Thomas, May 17, 1929, Thomas Papers; clipping, *North China Daily Mail*, Dec. 12, 1928, RG 84, Tientsin Post file 851.6, vol. 30.

② 戴安娜·拉里(Diana Lary)提供了有关桂系军阀最为广泛的研究。她以一种同情但却批判的观点,认为桂系建立了一种中国传统式的地方主义与民族主义的结合。Diana Lary, *Region and Nation: The Kwangsi Clique in Chinese Politics 1925-1937* (London, 1974). 另参见 Sheridan, *China in Disintegration*, 70-72。

懋业银行的钞票发行权实在太令人垂涎了。事实上，利用懋业银行对桂系来说可能纯属无奈之举，因为在此之前宋子文和南京政府曾为桂系开办华昌银行设下了重重障碍。根据一份资料，宋子文曾扬言，要击溃桂系靠的不是军事而是财政。

沈吉甫和桂系都处心积虑，想从大众手里诈取大笔金钱。罗鸿年和他的幕僚们对这种合作的危险性洞若观火，他们本可以通过执行清算银行的计划来避免这种危险。但宣布银行破产所带来的尴尬已经让他们不知所措，也害怕怒气冲冲的股东，于是接受了桂系的提议。紧急经济援助遏止了日渐增长的恐慌，营造了一派虚假的乐观。罗鸿年和他的同僚就这样促成了随后而至的飞来横祸。①

桂系将领在李宗仁的领导下，组建了一个名为“集思堂”的公司实施其计划。桂系军阀确实将价值一百万元的白银以极低的利率存入懋业银行汉口分行的账户，以帮助银行渡过难关。② 但是这些将领有言在先，他们的目的是用钱来买下美国人的股份。他们还计划认购更多的资本来买下中国人的股份，进而完全控制银行。

1928 年 12 月 14 日，桂系将领宣布出价购买美方的大部分股份。他们迅速同卫家立和义理寿(I. V. Gillis)上尉展开协商，这两人已被任命为美国财团的联合代表。通过跨太平洋的电报往来，一份协议迅速达成了。美国人以每股 15—20 元的价格出售他们手中 80% 的股份(占所有股份的 40%)。桂系同意立即向美方支付 11 万元，余款在来年用分期付款方式结清。在余款尚未结清之前，美方可以继续凭借其一半股份来保有全部投票权，但要通过桂系集团来行使。如果出现违约或是桂系无法付清全部款项，美国人将保留全部支付款项和在懋业银行的全部一半所有权。就银行的内部条件和外部环境的大势所趋，罗伯特·施栋为美方做了个

---

① 黄宗儒:《桂系在武汉的财政阴谋》,《武汉文史资料》第 2 辑,1983,第 65—66 页;“Conference with Mr. E. Kann, Friday, April 19, 1929,” box 73, Kemmerer Papers; Tel., Lockhart to American Legation, Peking, Apr. 11, 1919, RG 84, Peking Post file 851.6, vol. 66; Yi Chen to Thomas, May 17, 1929, Thomas Papers。

② “Conference with Mr. E. Kann,” box 73, Kemmerer Papers. 其他资料报告存款额为 200 万墨西哥元或者 156 万元地方货币。

最划算的买卖。[①]

不管是卫家立还是桂系集团都把协商情况通报给美国当局，不断强化与美国的联系。其实桂系故意要把美国人的股份永久地保留在银行里，从而使中美银行的招牌可以名副其实，也可以借此从美国官方机构获取援助。对于同美国关系接二连三的强调使美国驻汉口总领事沃尔特·亚当斯（Walter Adams）深为忧虑。马慕瑞一直关注着谈判进程，并意识到美国的股份会降到微不足道的百分之十。果真如此，他就得改变立场。然而，当时他仍要求亚当斯遵循1925年11月4日的指示，这个指示为懋业银行提供了官方庇护。[②]

桂系的插手使懋业银行内部的混乱愈演愈烈，不论是中国人还是美国人都无所适从。1928年12月23日桂系召集了一次股东特别会议。为了适应悬而未决的对美股票收购，股东们同意对公司章程和管理协议进行修正，允许中方拥有超过懋业银行一半的股份。当罗鸿年拒绝放弃总理位置时，桂系想方设法在修正案中撤销了总理和协理的职位。不过罗鸿年对这些变更拒不接受。他一如既往把自己当成总理，在北京总部运营银行。大多数分行虽然名义上承认罗鸿年的权威，但实际上似乎开始各自为政。

1929年3月，中国"老"股东与集思堂（"新"股东或称桂系股东）制定

---

① 分三期付款：签定协议时付25%，在1929年6月25日或以前付25%，在1929年12月15日或以前偿付50%。Gillis to American minister Apr. 9, 1929, RG 84, Peking Post file 851.6, 1929, vol. 66; Williams to MacMurray, Jan. 7, 1929, in MacMurray to SecState, Jan. 14, 1929, DS 893.516/276; C. R. Bennett to M. D. Currie, Dec. 20, 1928, Peking Post file 851.65, 1928, vol. 56; Sung Han Chang to Thomas, Dec. 21, 1928, Thomas Papers; "Conference with Mr. E. Kann," box 73, Kemmerer Papers.

唐默思一开始就对桂系接手懋业银行一事没有什么兴致，他致信给他的一位朋友谈到，他本人并不指望把自己的钱拿回来。一个月以后，他对谈荔荪评论此事，显得稍微多了一点信心："我坚信银行建立在了理性完善的基础之上，我的钱可以被充分地照管，（银行）通过适当的管理，必将取得成功，我衷心地期望它终将成功。" Thomas to Sung Han Chang, Feb. 11, 1929; Thomas to Tan, Mar. 11, 1929, Thomas Papers.

② 马慕瑞要卫家立随时告知银行中美国人地位的变化。Adams to MacMurray, Dec. 5, 1928, Williams to Consul-General, Hankow, Dec. 4, 1928, Adams to Williams, Dec. 5, 1928; MacMurray to Adams, Dec. 24, 1928, in MacMurray to SecState, Dec. 24, 1928, DS 893.516/274; Williams to MacMurray, Jan. 7, 1929, in MacMurray to SecState, Jan. 14, 1929, DS 893.516/276; "Conference with Mr. E. Kann," box 73, Kemmerer Papers.

了协议将懋业银行股价降低50%。这样集思堂就可以用降后的价格购买下其余大宗的中国股份。如此一来，集思堂拥有懋业银行70%的股份，“老”中国股东持有25%，美方占5%。不过，这个安排还没实现，桂系的存款或是被挪去遏止挤兑风潮，或是被桂系将领窃取。自然而然，当桂系退出舞台，竞争者提出对银行拥有权的诉求，“老”中国股东就会声称他们保留了在懋业银行百分之五十的股份。①

美国投资人的代表性也变得模糊不清。协理一职的裁撤令卫家立成了失业者。他打算接受自己的命运，1929年1月他对马慕瑞说，他感到他要为银行说几句话已力不从心。另外，由于罗伯特·施栋已经聘用了义理寿作为他本人的全权代表，因而卫家立对其相应于美方的个人职务也心里没底。义理寿是海军的退役军官，曾做过海军在京专员，从第一次世界大战爆发到20世纪30年代期间成为中国通和外国冒险家，逐渐营造了一个在美国商界和中国官方的关系网。他为数目可观的美国公司作业务代表，尤其值得一提的是他代表伯利恒钢铁公司(Bethlehem Steel)，在其为北京政府建造军舰和修建海军船坞事宜中进行谈判。20世纪20年代他还兼做交通部的顾问。1929年春天，义理寿基本上取代卫家立，成为美方的主要代表，美国人利益的代言人。②

与此同时，沈吉甫和李宗仁抛出一套方案蒙骗公众以自肥。他们自称以汉口分行存储的白银做担保，开始大量印制钞票。上海分行一直被认为是稳定可靠的，而且从未有信用问题，于是他们就利用上海分行的名

---

① “Conference with Mr. E. Kann, Apr. 19, 1919,” box 73, Kemmerer Papers; clipping, *China Illustrated Review*, June 1929, box 60, *ibid.*; Tan to Thomas, Feb. 8, 1929, Thomas Papers; Gillis to American Minister, Apr. 9, 1929, RG 84, Peking Post file 851.6, 1929, vol. 66; Gillis to American Minister, Apr. 19, 1929, in MacMurray to SecState, May 1, 1929, DS 893.516/28; Evans to American Consul General, Tientsin, Apr. 22, 1930, DS 893.516/309.

② Williams to MacMurray, January 7, 1929, in MacMurray to SecState, Jan. 14, 1929, DS 893.516/276; Thomas to Gillis, Dec. 2, 1914, Thomas Papers; Gillis to Egan, Apr. 9, 1930, Egan Papers. 有关义理寿的个人生平，参见 *China Yearbook*, *1926-27*, p. 1260; William Braisted, “China, the United States Navy, and the Bethlehem Steel Company, 1909-1929,” *Business History Review*, XLII (Spring 1968), 50-66; Pugach, *Paul S. Reinsch*, 89, 99-102, 144. 关于义理寿非常有趣的信息，又见 Frederick McCormick to Nelson Johnson, Dec. 16, 1949, box 45, Nelson T. Johnson Papers。

义印制纸钞。纸钞被投放到香港和其他中国城市流通，但只能在上海兑换现银。南京银行主管部门曾在沈吉甫和李宗仁向外发行的纸币达200万元时，要求到懋业银行查看账簿。他们警告银行停发纸币，否则面临的后果不堪设想。不过桂系当局还是想方设法将纸币发行到流通领域，包括用来开军饷和购置军需。[①]

然而桂系的好日子已经到头了。到1929年初，蒋介石在国民党东山再起，重掌大权。对"国民党新军阀"和"残余军阀"，这些在北伐期间他曾纳入他的麾下，但现如今仍独霸一方，导致中华统一大业无法完成的政治势力，蒋介石已经忍无可忍。[②] 他把第一个目标定为桂系，因为桂系过分扩张，且内部不统一；此外桂系的种种行径可以说是气焰嚣张。蒋介石公开声称："国民政府治下断无桂系之政府。"1929年3月26日，蒋介石讨伐桂系，并将李宗仁等一干桂系人物开除出党。10天以后，蒋介石下令自己的嫡系部队开往武汉。在兵力对比二比一的情况下，桂系势力未经几战就溃不成军，眨眼之间丧失了除广西之外所有的地盘。[③]

1929年4月5日，随着武汉被占，懋业银行汉口分行旋即被关闭。南京政府宣称分行由胡宗铎、白崇禧和他们的亲信执掌，亦属于敌产，因而下令没收集思堂股份和其在银行中的存款。这些款项要被移交国民党的前敌司令部。然而，早在放弃汉口以前，胡宗铎显然将分行金库中剩余的

---

① "Conference with Mr. E. Kann," box 73; clipping "Troubles of the Chinese-American Bank," *CWR*, XLVIII (Apr. 20, 1929), box 60, Kemmerer Papers.

② 戴安娜·拉里创造了"国民党军阀"这一名词，*Region and Nation*；奚瑞丹(James Sheridan)使用了"残余军阀"的概念，*Chinese Warlord: The Career of Feng Yü-hsiang* (Stanford, 1966), 14-16。

③ 桂系军队中几支劲旅的倒戈是桂系溃败的主要原因。*FRUS 1929*, II, 147-150, 153; Lary, *Region and Nation*, 129-145; Sheridan, *China in Disintegration*,"72; Lloyd Eastman, *The Abortive Revolution: China Under Nationalist Rule* (Cambridge, MA, 1974), 85-86. "Hankow in the Hands of Gen. Chiang Kai-shek," *CWR*, XLVIII (Apr. 6, 1929), 226-27 and "Why Kwangsi's Defense Collapsed at Wuhan," *ibid.* (April 13, 1929), 267-68; 从桂系的角度，参见 Te-kong Tong and Li Tsung-jen, *The Memoirs of Li Tsung-jen* (Boulder, 1979), 262-272。李宗仁把武汉事件描述为蒋介石一贯的为清除异己而清剿地方实力派的行为。(262)

白银几乎尽数带走。①

观察家们普遍预计查没汉口分行所导致的中华懋业银行其他分行的大崩盘已经指日可待了。中华懋业银行还要面对南京当局的敌意,又要承担清偿数以百万计的现在一文不值、非法发行的纸钞,让本已惨不忍睹的状况雪上加霜。懋业银行的问题在中国的银行系统内激起了轩然大波。由于持有懋业银行的纸钞,而且预支贷款帮它在近期出现的困境中摆脱出来,许多中国银行不得不承受惨重的损失。这对上海金融业界所产生的令人惶恐不安的影响竟使《中国每周评论》(*The China Weekly Review*)发表社论指出:"考虑到银行目前的实际情况,要么是中国当局,要么是美国当局,或者是双方,有必要采取行动去安抚公众。"与此同时,焦虑不安的中国银行家请求罗鸿年总理和银行的资深股东与中国银行公会和财政部进行交涉,寻求保障银行地位并协商以求得南京政府的援助。尽管罗鸿年对能否保住自己的地位一直不放心,他还是请求财政部来挽救懋业银行。上海银行公会代表会见了懋业银行上海分行的中方经理吴希之,又会见了宋子文,讨论汉口银行重新开盘营业以及保存懋业银行,使这个机构可以维持下去。到会议结束时,宋子文答应中国银行业人士,他会让汉口分行重新开业的。②

在很大程度上,懋业银行的生死就捏在财政部长宋子文的手里。摆在宋子文面前的是彼此冲突的需求和个人情感上的左右为难。一方面,南京当局因为懋业银行甘心为桂系驱使而要寻机报复。宋子文也殚精竭

---

① Gillis to American Minister, Apr. 9, 1929, Lockhart to American Legation Peking, Apr. 11, 1929, RG 84, Peking Post file 851.6, 1929, vol. 66; MacMurray to SecState, Apr. 13, 1929, DS 893.51/281; tel., MacMurray to American Consul, Hankow, Apr. 20, 1929, in MacMurray to SecState, May 1, 1929, DS 893.51/282; Yi Chen to Thomas, May 17, 1929, Thomas Papers; clippings, *Shanghai News*, Apr. 11, 1929, "Troubles of the Chinese-American Bank," *CWR*, XLVIII (Apr. 20, 1929), box 60, Kemmerer Papers;《上海中外合办银行》,《上海市通志馆期刊》II,1935 年 3 月,第 1339—1354 页。

② P'ing-chai, "Chung-mei ho-pan," 113; tel., Lockhart to American Legation, Apr. 11, 1929, RG 84, Peking Post file 851.6, vol. 66; Gillis, "Memorandum for Mr. Spiker," Apr. 24, 1929, in MacMurray to SecState, May 1, 1929, DS 893.516/282; "Conference with Mr. E. Kann," box 73, Kemmerer Papers; clipping, "Troubles of the Chinese-American Bank," *CWR*, box 60, *ibid.*; *Banker's Weekly* XIII (April 1929).

虑要打造一个真正的中央银行系统，建立国家掌控的中国银行业界，就算不能消除，也要限制外国金融的对华影响。由政府来接管懋业银行是向这一目标的迈进。就银行现在的情况，只要宋子文抽身而退，它立刻会土崩瓦解。从另一方面来看，此时宋子文还没有完全彻底地放弃他 1920 年代早期的左翼政治倾向。在那时他已经成为武汉派的核心人物，在个人情感上他对蒋介石没什么好感，尤其反对他以武力统一全国的策略。另外，宋子文与白崇禧和桂系将领不仅有私交，可能也有经济往来。美国行政当局为了防止懋业银行中的美国利益受到任何损害，向财政部施加了巨大的压力，事态于是更加扑朔迷离。此外，当时南京政府正在与美国谈判撤销武器禁运，取消治外法权，对因为此事与华盛顿发生龃龉也犹豫不决。这些因素可以解释次年宋子文关于懋业银行所做的自相矛盾的陈述、前后不一的行为。

事实上，卫家立不在时，由义理寿主事，在武汉失守、懋业银行财产被查封之后，他立刻与领事馆取得联系，要求对美方财产进行保护。他主张，既然集思堂没有完全付清与美国股份交易的款项，那么根据 12 月业已达成的协议，美方仍然拥有懋业银行 25% 的所有权。上海分行由于惧怕步汉口分行的后尘，请求总领事克宁翰将此事提请公使馆注意。马慕瑞同意美国投资者应获得美国官方的保护。他授意美国驻汉口领事罗赫德(Frank Lockhart)要求南京为保护美国利益采取切实的步骤。马慕瑞意识到当前时局的复杂微妙，警告罗赫德必须清楚美国当局除了保护美国人的利益以外无暇他顾。[1]

罗赫德的行动小心翼翼。他相信美国人在银行中的地位并不重要，因为他们把股份心甘情愿地卖给了桂系。罗赫德也意识到美国人的诉求如果假以公使馆的名义，而不是领事馆的名义将更有分量。马慕瑞与罗

① Gillis to American Minister, Apr. 9, 1929, tel., MacMurray to American Consul, Hankow, Apr. 9, 1929, teL, Cunningham to American Legation, Apr. 10, 1929, RG 84, Peking Post file 851.6, 1929, vol. 66; MacMurray to SecState, Apr. 13, 1929, DS 893.516/281; "Conference with E. Kann," Apr. 19, 1929, box 73, Kemmerer Papers.

赫德所见略同,授权罗赫德以公使馆名义进行交涉。①

1929年4月13日,罗赫德与宋子文进行了会晤,宋子文似乎有和解之意。这位财政部长向罗赫德信誓旦旦地保证国民政府绝不做任何有损美国在懋业银行利益的事。可是义理寿依然放心不下,怕南京当局会索要桂系在银行中的存款,不论是否真的有存储的白银,账面上记录的价值达156万元。司令部代表南京当局行事,那么就可以在任意时间索要这笔款项,银行必遭灭顶之灾。因而强调这笔钱是银行储备金而非一般性存款就变得至关重要了。财政部随后就意识到这个区别,宋子文再三向美国当局保证美国人的利益绝对安全。此外,作为一种明显的善意姿态,汉口分行获准于1929年4月22日重新开业,没有任何军方势力前来干预。②

义理寿对宋子文还是疑虑重重,断言宋子文只是允许懋业银行暂时稳定下来,以后还是会把桂系的财产查抄到自己的腰包和国民政府的金库。义理寿也提出了一个新观点,宋子文答应绝不做任何事情置美国利益于危险之中,但他也没有表明南京政府愿意“弥补它那毫无依据、独断专行地关闭汉口分行给银行造成的损失”。于是义理寿要求公使馆询问宋子文要采取什么步骤来“帮助银行恢复元气”。③

义理寿的新方案把公使馆推到一个处境艰难的境地。它再度提出这样一个基本问题,即是美国官方对于在中国法律下运营的合资公司中的美方投资人的责任究竟有多大。在马慕瑞时代,美国在华的权威机构随时准备保护美国在华投资者的利益不受“直接伤害”。于是马慕瑞授意罗赫德,一旦桂系资金被正式转移到司令部就要提出强烈的严正抗议。

---

① Tel., Lockhart to American Legation, Apr. 11, 1929, RG 84, Peking Post file 851.6, vol. 66; tel., MacMurray to American Consul-General, Shanghai, Apr. 11, 1929, *ibid*; MacMurray to American Consul-General, Hankow, Apr. 11, 1929, in DS 893.516/281; *CWR*, XLVIII (Apr. 20, 1929), 340.

② Tel., MacMurray to American Consul, Hankow, Apr. 20, 1929, tel., Lockhart to American Legation, Peking, Apr. 22, 1929, Gillis, “Memorandum for Mr. Spiker,” Apr. 24, 1929, in DS 893.516/282; tel., Price (Nanking) to American Legation, Peking, May 16, 1929, in MacMurray to SecState, Aug. 16, 1929, DS 893.516/287.

③ Gillis to American Minister, Apr. 19, 1929, Gillis, “Memorandum for Mr. Spiker,” Apr. 24, 1929, in DS 893.516/282 (Gillis's emphasis).

但是公使馆行政当局坦言美国的干预并不保证可以带来积极的进展，比如说“去弥补对美国人业已造成的伤害”。对于这样的行动，公使馆得出的结论是，美国人必须视“银行为中国机构”。[①]

具体到实际问题上，就中国那个时代的环境而言，如果美国公使馆要保护美国人在银行中的利益，要明确地区分两种行动也实属不易。比如，美国投资者与中国“老”投资者的命运可谓系于一线，但宋子文对后者的状况从来只字不提。在5月剑拔弩张的紧张时期，问题突显出来，在没有和美国投资人和公使馆有任何书面交流的情况下，财政部正式查没了集思堂股份。

义理寿敲响了警报。他试图向财政部讨个说法，他指出既然集思堂不能按日程在6月15日前付清款项，它的股份也就自动转回美国投资人。但在思量再三之后，义理寿相信这个查没的指令提升了美国人的战略地位。既然银行由财政部来掌控，那么事关中华懋业银行的全部事宜，它就得负起双重的责任来。与此同等重要的是，中国政府由此获得了恢复银行金融稳定的合法权力。实际由懋业银行、中国银行公会和财政部联手制定了一个初步的复兴计划。在此计划框架下，宋子文同意为银行注资50万元作为准备金，用以匹配银行公会的分摊额度。在最后关头，宋子文还是以“银行部分贷款存在问题”为由而食言。此外，宋子文对指派一位财政部官员负责协助管理银行事务也一口回绝了。[②]

手握宋子文缺乏诚意或口是心非的证据，义理寿立即动身赶回公使馆，并要求其代表美方利益进行干预。马慕瑞决定跨越灰色地带，坚持要中国政府为保护美国利益而采取积极的措施。公使馆得出结论，银行内部秩序混乱需要财政部给予“改善”。1929年5月14日，马慕瑞指示罗赫德要求宋子文采取必要之步骤以“保护美国人在银行中的利益”。宋

---

① Tel., MacMurray to American Consul, Hankow, Apr. 20, 1929, M. E. Perkins to MacMurray, Apr. 24, 1929, and handwritten notes, RG 84, Peking Post file 851.6, 1929, vol. 66; MacMurray to SecState, May 1, 1929, DS 893.516/282.

② Gillis to MacMurray, May 1, 1929, in DS 893.516/282; Gillis to American Minister, May 17, 27, 1929, Gillis, "Memorandum for Mr. Spiker," May 17, 1929, Gillis to Minister of Finance, May 21, 1929, in DS 893.516/287; Translation of an Endorsement of His Excellency T. V. Soong, Minister of Finance, to a Petition of the Chinese-American Bank of Commerce, May 15, 1929, in DS 893,516/287; Yi Chen to Thomas, May 17, 1929, Thomas Papers.

子文再次拿出了和解的腔调,并且向美国官方重申财政部业已承认桂系资金为股资。然而,此事刚过不久,义理寿竟令人费解地请求公使馆暂缓"在目前阶段"采取更进一步的行动。尽管义理寿也把罪责推给拖延应付的宋子文,他坦言这是因为银行过去存在的种种问题。其实,美国投资人已经不再心甘情愿继续为懋业银行的生存而奋斗,才是义理寿一百八十度大转弯的最合理解释。

然而,尽管义理寿、财政部,还有美国官方千方百计协商、谈判,但混乱无序从1928年年末开始一直盘踞在懋业银行总部里。汉口分行被查封,银行陷入了完全瘫痪:无人进行银行管理,无人负责制定政策,频繁不断的辞职造成最后只剩三名经"合法"选举而来的银行主管。在1929年4月28日和5月5日召集的两次全体股东特别会议上,股东中没有任何人愿意来填补这个空缺。卫家立以某种不具体的身份继续为银行效力,最后在5月末递交了辞呈动身返美。于是,施栋任命义理寿为美国股东的全权代表,然而义理寿由于可能发生法律诉讼拒绝了银行的全权委托。①

面对银行内部如此错综复杂的情形,再加上宋子文的故意拖延,南京政府又明显地心存敌意,懋业银行走投无路,不得不屈服了。1929年5月27日,银行总部宣布停业一个月来进行重组。总部也通知了北京办事处,还有设在上海、天津和汉口的分行关门歇业。然而天津分行却在继续运营。②

异乎寻常的是,就在这种关头,林林总总的个人和团体依旧相信他们对懋业银行还有回天之力。6月初召开的一次股东大会组建了一个调控委员会或称重组委员会,筹备重新开展业务。委员会把过去曾经利益不

---

① Gillis to American Minister, May 14, 27, and enclosed cable to Stone, 1929, Tel., MacMurray to American Consul, Nanking, May 14, 1929, Spiker to Gillis, May 14, 25, 1929, Gillis to Spiker, May 15, 1929, Price to American Legation, Peking, May 16, 1929, Lockhart to American Legation, Peking, May 30, 1929, in DS 893.516/287.

② 来自于中国的不同英语报纸的剪报, May-June 1929, box 60, Kemmerer Papers; *Banker's Weekly*, vol. 13, no. 21 (May 1929), 29-30; "Chinese-American Bank Suspends for Period of One Month," *CWR*, XLIX (June 1, 1929), 33。

同或曾针锋相对的,却因为银行联系在一起的人聚到一处:总理罗鸿年、沈吉甫,还有一些银行业界的知名人士,比如李铭(李馥荪)。[1] 天津分行,还有它在青岛的支行依然开门营业,但是业务只限于处理未结账目。中华钱庄等值偿付懋业银行的纸币,要么是在表示对懋业银行有信心,要么是在投机中央银行将向它们伸出援手。有趣的是,只有一小部分纸币被提交赎回了。同时,罗鸿年总理竭尽全力为在南京和上海的分行筹集资金,结果无功而返,而其他人则在华北四处奔波。[2]

尽管新闻媒体持续不断地报道银行会被清盘,但重组委员会仍然坚持不懈地要复兴这个"中美银行业的合作先驱"。它追溯了懋业银行问题的直接原因,大量政府冻结贷款无法回笼,还有许多收不回的个人和公司借款。结论是如果对银行做出谨慎的重组,将给"恢复运营提供巨大的机会"。委员会当即拟定了计划,要财政部偿还借款,全力以赴回收私人未偿还贷款,招募经验丰富的人员,而且要在银行管理运营上趋向保守谨慎。委员会坦言这些步骤能使银行重新开业,但银行要至少得到 200 万元的追加资本。重组委员会毅然决然的努力是对中华懋业银行创立精神的微弱回应:中国人的首创精神和锲而不舍,加上美国公使馆的热心鼓励和鼎力相助。[3]

义理寿和美国公使馆也在为懋业银行继续生存奔走呼号。6 月 15 日最后期限一过,义理寿就宣称集思堂股份已自动转到美国投资人名下,现在美国人持股份额至少有 25%。按照义理寿的主意,马慕瑞向财政部抗述称,财政部拒绝行使其投票权使股东大会无法达到法定人数,并使其无法采取可能的行动。因而他要求宋子文采取"雷厉风行"的补救措施全面保护美国人的合法利益。对公使馆的强烈干预,义理寿非常高兴,并建

---

① 李铭做过浙江实业银行的总经理。他也在中央银行监管委员会任职,是中国银行董事会董事。*China Yearbook 1929-30* (Tientsin, 1929), 958.

② Clarence E. Gauss (Consul, Tientsin) to D. R. Burgess, Aug. 28, 1929, clipping, "The Sino-American Bank," *Peking & Tientsin Times*, May 29, 1929, RG 84, Tientsin Post file 851.6, vol. 33; *Banker's Weekly*, vol. 13, (June 1929), 30; clippings, May 29-June 6, 1929, box 60, Kemmerer Papers.

③ J. E. Swan to Gillis, July 19, 1929, and "Memorandum on the Reorganization and Rehabilitation of the Sino-American Bank of Commerce," in DS 893.516/287.

议施栋不要到美国国务院去游说求情，寻求支持。马慕瑞与华盛顿的不和已经尽人皆知，国务院会以为公使的做法越权了。①

公使馆对懋业银行持续而坚定的支持，阻制了宋子文采取直接行动来危害它。直到6月，宋子文确定无疑不会采取积极步骤去为银行解困。他倒是倾向于银行清算倒闭。有很短的一段时间，中央银行的总理协理陈行考虑挽救懋业银行的可能性。陈行曾做过汉口分行的经理，对懋业银行很有感情。他在懋业银行有为数众多的亲朋故旧，他还曾是唐默思的亲支近派。但是陈行处事小心谨慎，而且中央银行成立还不足一年，其力量尚不稳固。② 受宋子文委派，他开始全面调查懋业银行的财务状况，陈行得到的结论是中央银行将不得不提供大量资金以使懋业银行免于困境。既然如此，从客观的金融状况来考虑，挽救懋业银行得不偿失。

中央银行的报告使宋子文清算懋业银行的倾向更加坚定了，这个报告给他提供了一个可以拒绝支持的"炮弹"。但其他一些因素对坚定宋子文决心的作用更为明显。绝大部分的中外合资银行都已经不复存在，用它们给中国的对外贸易提供资金的想法未能实现。新的中央银行和国民政府建立的其他机构为中国在一定程度上管控外贸和外汇业务提供了可行之路。③ 懋业银行也没有与南京政府倚重的江浙大银行结成同盟。最后一点，蒋介石对懋业银行仍怀恨在心，因为它竟然心甘情愿让桂系来左右。放眼政治和经济的大局来考量，还有民族主义的情绪，煞费苦心地

---

① Gillis to Minister of Finance, June 16, 1929, Gillis to American Minister, June 16, 1929, Gillis, "Memorandum to Mr. Spiker," June 22, 1929, MacMurray to Soong, June 25, 1929, in DS 893.516/287. 1929年春天，关于马慕瑞即将辞职的消息流言四起，不过直到11月才正式宣布此事，参见"Minister MacMurray Resigns," *CWR*, L (Nov. 9, 1929), 367-68。

② 宋子文是中国中央银行行长。关于中央银行的建立及其功能，参见 Arthur N. Young, *China's Nation-Building Effort, 1927-1937: The Financial and Economic Record* (Stanford, 1971), 16, 27-28; Fisher Y. C. Yu, "The New Central Bank and Its Prospects," *CWR*, XLVI (Oct. 20, 1928), 250-51; "Central Bank Opens in Shanghai," *CWR*, XLVI (Nov. 10, 1928), 368。

③ Arthur N. Young, *China's Nation-Building Effort*, *passim*, especially, 157-60. 在1929年夏天，美国财团在弗兰克·J. 瑞文的带领下，出售了福建美丰银行的多数股权给中国的少数股东。美丰银行与懋业银行不同，它于1922年9月开张营业，公司设在康涅狄格。可参见索科宾(Samuel Sokobin)领事(福州)的报告，Aug. 19, 1929, DS 893.516/288 (811.51693/26) and Aug. 20, 1929, DS 893.516/289 (811.51693/25)。

拯救这个半死不活的合资产业多此一举。宋子文希望懋业银行自生自灭,于是故意拖延,就是不兑现承诺。[1]

美国投资人把宋子文向前推了一把。1929 年 6 月,美国人为了最终结束与懋业银行的瓜葛,并且收回部分资金,决定清盘。查尔斯·海滕极有可能推动了美国利益集团选择这条路。他对与中国进行的合资经营毫无兴致,并且他缺少施栋家族那种对银行情真意切的关怀呵护。1929 年 6 月 5 日,海滕·施栋公司委托来自斯旺、考伯尔森和弗里兹法律事务所的 J. E. 斯旺(J. E. Swan)代表美国投资人处理懋业银行的清算。斯旺接下了案宗,可是他对于懋业银行往昔的兴衰和目前的状况一无所知,对近期与南京当局的协商毫不知情,对中国政治的盘根错节也不曾领教。匆匆忙忙地研读了一些银行文件之后,斯旺同意了海滕的观点,认为在银行的形势进一步恶化之前清算是明智之举。在他对银行有更多的了解以后,他越发坚定信心,认为清盘可谓明智。

宋子文满腔热忱地鼓励斯旺实行清盘,并且建议他参与其中。斯旺相信这样可保护美国利益,于是欣然同意。执行清算的决定使重组委员会大感意外。重组委员会的代表们立即拜访斯旺,要求他暂缓清算。斯旺此时要求财政部在采取任何确定性行动之前,对银行账目进行一次全

---

① P'ing-chai, "Chung-mei ho-pan," 113; MacMurray to SecState, Aug 16, 1929, and enclosure, Swan to Cunningham, July 24, 1929, DS 893.516/287. 宋子文与上海资本家的关系和他对上海地区资本家的关注引起了许多研究的关注。无疑宋子文在 1928 年用规范的税收政策代替了蒋介石的强取豪夺,给南京政权带来进步。江浙财阀在 1933 年前通过兜售政府债券赚了大钱。随着 1933 年宋子文下野,他们的地位不断恶化。1935 年的一次"银行政变"让他们受了重重一击,而其始作俑者却是宋子文。阿瑟·N. 杨格一直是国民政府财政和经济政策的辩护者,他赞赏宋子文为中国经济和金融的稳定和现代化所做的努力。西格雷夫(Sterling Seagrave)大量借鉴了柯博文(Parks Coble)的观点,同意宋子文的方法要胜过蒋介石的。然而他坚持认为这位"受惊的贵族"在 1928 年便放弃了自由主义倾向,而且迅速表现出十足的机会主义者本色,主要关注于中饱私囊。柯博文提供了最为中立的解释。参见 Coble, *The Shanghai Capitalists and the Nationalist Government*; Sterling Seagrave, *The Soong Dynasty* (New York, 1985); Young, *China's Nation-Building Effort*。在 1928 至 1930 年间,马慕瑞和美国的一些在华官员,还有像乔治·E. 索科尔斯基(George E. Sokosky)这样的记者对宋子文都印象极佳。在一份使馆的报告中,宋子文被描绘成"一位极不同寻常的能手。为了恢复中国的信誉,一直提倡采取稳固的经济政策", *FRUS 1930*, II, 72。索科尔斯基称其为商务之王。Cohen, *The Chinese Connection*, 160-66.

面的调查。宋子文接受了斯旺的建议,但他指出,他会继续任命清算人。[①]

义理寿大发雷霆。对斯旺的任命,他本人备感尴尬。事情发生几天之后他才知道。此外,清算银行的决定,严重损害了他为保护美方利益所作的努力。他感到美国合伙人并不明白,斯旺已经被宋子文巧妙地拉拢过去。斯旺同意为清算委员会服务,现在他是在对财政部负责,而不是对美国投资人负责。在此后不久,义理寿被解雇了,他决定要为他的工作和名誉奋力一搏。7 月 20 日,义理寿给罗伯特·施栋发电报声称美国利益的唯一希望寄托于斯旺离职,并且拒绝承认他以前的做法。然而施栋对义理寿的请求不予理睬。他打电报批准斯旺为全权律师替美方处理银行清算事宜。[②]

这一下宋子文就占到了先机,把他对懋业银行的真实意图表露出来。宋子文推翻了财政部原先的说法,告拆马慕瑞和义理寿,财政部从来都把集思堂的资金仅作为一般性存款。因而,财政部没有任何义务履行所谓股东的责任,并且对于美国人的利益损失也根本无责可负。[③]

宋子文的出尔反尔气得马慕瑞火冒三丈。他通过一封不失礼貌但实则强硬的照会,要求宋子文明确财政部的立场,并且提醒他别忘了以前的承诺。在末尾,马慕瑞宣称公使馆希望保留银行中美国股东的所有权利益直到最后的金额理算。一旦美国人建议清算,马慕瑞能做的也就只有这些了,"这令财政部非常满意"。[④]

可获得的记录无法说明中国人的直接反应。相反,宋子文责成清算

---

① MacMurray to SecState, Aug. 16, 1929, with enclosures, Swan to Gillis, July 19, 1929, and Swan to Cunningham, July 24, 1929, DS 893.516/287.

② Gillis to Spiker, July 18, 1929, Swan to Gillis, July 19, 1929, cable, Gillis to Robert Stone, July 20, 1929, Swan to Cunningham, July 24, 1929, Gillis, "Memo for Mr. Spiker," July 26, 1929, in DS 893.516/287; Gillis to American Minister, July 24, 1929, RG 84, Peking Post file 851.6, 1929, vol. 66.

③ Translation of a Note Addressed by His Excellency Mr. T. V. Soong, Minister of Finance, to Captain I. V. Gillis, July 5, 1929, Translation of a Note Addressed by His Excellency Mr. T. V. Soong, Minister of Finance, to the Honorable J. V. A. MacMurray, American Minister to China, July 11, 1929, MacMurray to Gillis, July 18, 1929, in DS 893.516/287.

④ MacMurray to SecState, Aug. 16, 1929, with enclosure, MacMurray to Soong, Aug. 9, 1929, DS 893.516/287.

事宜立刻展开。他任命了一个调查委员会，其成员包括代表中方股东的斯旺、梁慈灏，代表新的中央银行的徐堪，以及代表银行债权人的钱承懋。委员会雇佣了哈斯金斯买卖行来审计懋业银行的账目，委员会每周例会一次协助会计人员清理烂账。同时他们决定除天津分行以外其余分行一律关闭。①

审计师们在9月中旬完成了全部工作。他们报告说懋业银行要清偿票据持有人和储户的债务共160万元，这是个相当保守的数字。他们同时也估算出银行要在一个安全且可靠的基础上复业，需要新增资本400万元。代表"老"股东的重组委员会依然希望银行可以绝处逢生，四处联系新的资本投资方加盟银行。他们提出如果美方能以对等方式提供资金，中方可出资100万元。然而，斯旺却向施栋建议说，"与银行中目前的中方利益进一步深化联合将会卷入难以估量的危险之中"，因而建议清算。斯旺以为财政部会迫于压力从政府欠懋业银行的借款中拨出160万元用于偿还应偿债务。但是由于投资大打折扣和贷款无法全部收回，美国股份不得不等上三年五载才能收回哪怕是一点儿投入的资本。施栋毅然决然地回复说美国股东绝不会追加任何资本。他们已经下定决心要清算银行，或是如果有中国集团愿意注入新资本，他们可以卖掉股份。他们也准备等上两年再收回投资的钱。②

"老"的中国股东坚持不懈地寻求避免银行清算的途径，向宋子文请愿要求推延清算程序的启动。这对宋子文没什么坏处，他给了时间不长的一段延期。但在1929年11月1日，财政部通知中国股东，既然他们无法提交重组的方案，且美国方面无意于继续提供资本支持，除了启动破产清算

① Swan to Gillis, July 19, 1929, Swan to Cunningham, July 25, 1929, in DS 893.516/287; Swan to Soong, Sept. 18, 1929, in Cunningham to MacMurray, DS 893.516/294; Gauss to Burgess, Aug. 28, 1929, RG 84, Tientsin Post file 851.6, 1929, vol. 33.

② Swan to Cunningham, Sept. 19, 1929, Swan to Soong, Sept. 18, 19, 1929, Swan to Stone, Sept. 16, 1929, Stone to Swan, Sept. 18, 1929, Swan to Edward S. Lee, in Cunningham to MacMurray, DS 893.516/294; Yi Chen to Thomas, Oct. 24, 1929, Thomas Papers. 日期标注为1931年4月30日的简明资产负债表把未赎回的纸币和以往存款总额计算为300万美元。参见 Condensed Balance Sheet as of various dates attached to Robert Stone to Thomas, Oct. 5, 1931, box 22, Thomas Papers。

别无选择。中国股东们在11月召开了几次紧急会议,继续争执如何使银行起死回生。在最后关头,他们不得不向现实低头,寄望于早点清算完毕,推选了一个由五名中美代表组成的委员会来保护股东利益。中国股东仍然强调是“清算”而不是“瓦解”,以便给重组懋业银行留条后路。①

懋业银行的清算之路被证明是漫长而又痛苦不堪的。1929年11月25日,财政部颁布了银行清算章程和实施细则,要求包括天津分行在内所有分行立即关闭。② 尽管银行最终正式进入到清算破产,但是却没能就此获得解脱。懋业银行的纸币持有者、存款人、债权人纷纷要求立即偿付现款。他们威胁说因为财政部指派清算员而不是涉讼财产管理人的做法违反中国法律,所以要和懋业银行对簿公堂。③ 1928年向懋业银行施以援手的四家银行(中国银行、交通银行、金城银行和大陆银行)要求清算委员会给予特殊处理。它们指出当年与懋业银行贷款协议的条款中,为了防止违约,它们有权获取并拍卖上海分行价值不菲的办公大楼,还有其他一些抵押设施来清偿债务。懋业银行就这样面临着无休无止、耗资巨大的诉讼,这就更加把银行资产耗得灯尽油干,而其律师的时间和精力也因此偏离了复杂的清算程序。

然而财政部对谁也不肯网开一面,尤其是对当年与国民党的敌对者联手的四大“北方银行”。对于像斯旺还有其他一些纠缠不休要政府立刻解决懋业银行问题的人,宋子文满口应承政府会履行义务。不过他强调近些时日要清算债务还力不从心。他也强调说政府不会对任何债权人区别对待,懋业银行还得和其他人一样排队等候。考虑到当时复杂的时

① Ministerial Order No. 64, Nov. 1, 1929, Thomas Papers; *Banker's Weekly*, XIII, (November 1929), 24-25; Mahlon Perkins to SecState, Jan. 15, 1930, with enclosure, DS 893.516/302.

② A copy of the "Regulations for the Liquidation of the Chinese-American Bank of Commerce" and "Detailed Rules for the Application of the Regulations for the Liquidation of the Chinese-American Bank of Commerce," may be found in box 25, Young Papers. See also Robert Stone to Thomas, Sept. 24, 1931, Thomas Papers.

③ T. F. Chen to Thomas, June 27, 1930, Apr. 2, 1931, Thomas Papers. 随着中国民族主义的壮大,外国势力同意用临时法庭来替代混合法庭,外国势力的监督减少了。参见John Pal, *Shanghai Saga* (London, 1963), 99, 177。

局，特别是日本人的大量借款，这是中国政府能在未来三年五载里重复使用的一个强有力的托辞。①

于是，斯旺又转而求助于公使馆，他大胆地建议美国将庚子赔款的一部分贷给懋业银行，用银行持有的国库券和纸币做担保。这种做法可以挽救无辜的存款人和纸币持有人。斯旺主张美国既然与懋业银行息息相关，就应当承担相应的道德义务。他还援引了一系列先例。中法实业银行倒闭时，法国便将庚子赔款的一部分返款用于与债权人结清账目。而一部分比利时返款最近也用于为陇海铁路还债。代办马伦·帕金斯(Mahlon Perkins)和新任美国驻华公使尼尔森·约翰逊(Nelson T. Johnson)答应介入此事。但是他们对斯旺的鼓励是微乎其微的，因为美国国会已将中华慈善基金会作为返还款的官方支付机构。美国国务院已照此执行，它不愿要求对法律做出任何更改。②

然后，在1930年春天，当桂系集团寻求重新掌控懋业银行时，股东和清算员们面临着更加复杂的局面。桂系集团把反蒋势力，包括阎锡山、冯玉祥还有汪精卫聚集起来，再次试图颠覆南京政权并在北京组建政府。由李宗仁将军提名为懋业银行董事会主席的金鼎九在天津发布董事会指令，把禁止将懋业银行账簿移送至上海作为银行重新开业计划的第一步。桂系声称其拥有大部分银行股份并且已明言要够买美国股份。但是美国投资人深知与国民政府保持友好关系的重要意义。因而，斯旺许诺与宋子文通力合作，快马加鞭进行清算。陈清芳悲观地向唐默思报告说："我恐怕银行的命运取决于政局走势了。"桂系对懋业银行的威胁没几个月就烟消云散，因为蒋介石打败了他的宿敌。年底，阎锡山和李宗仁又退回自

① Cunningham to Swan, Jan. 20, 1930, in Perkins to SecState, Feb. 24, 1930, DS 893.516/304; Gauss to Johnson, Apr. 12, 1930, DS 893.516/310; Swan to Cunningham, Jan. 14, 1930, in Perkins to SecState, Feb. 24, 1930, DS 893.516/304; "Translation of a Letter from the Four Banks," to the General Liquidation Board of the Chinese-American Bank of Commerce," Dec. 10, 1929, with enclosed Mortgage and Loan Agreement, July 30, 1928, box 25, Young Papers. See also Soong to Swan, Dec. 22, 1930, box 25, Young Papers.

② Perkins to SecState, Feb. 24, 1930, with enclosures, Francis White, for acting secretary of state, to Johnson, Apr. 11, 1930, DS 893.516/304; Johnson, memo of conversation with Swan, Mar. 11, 1930, DS 893.516/307.

己本省的老巢了。①

与此同时,受到纸币持有人、债权人以及美国投资人的压力,斯旺再度努力处理懋业银行一些即时支付的债务。他坚持宋子文交付 1927 年 12 月 30 日以财政部名义发行的长期公债。清算员们估计这些面值 8 万英镑的公债出售后可以还清纸币持有人而且小有余额,可以用于偿还其他的债权人。在懋业银行清算管理章程中,纸币持有人具有第一优先权。1930 年 6 月,宋子文应允要对斯旺的建议认真考虑。斯旺于是乘船返回美国度暑假并向纽约的美国投资人汇报情况。②

当斯旺返回中国,得知财政部对他要求返还绿色公债一事根本无动于衷,他大失所望。斯旺知道宋子文并没做出什么肯定的承诺,不过他得到的印象是"如果我们对于这些公债的诉求的确可证明为有效的,那么对方将采取步骤不拖延地交还债券"。斯旺通告宋子文美国投资人已经就银行清算中的"这个和其他一些重要问题"对他提出了"严重的"质疑。斯旺一改以往的和颜悦色,告诫这位财政部长,宣称"现在已经到了千钧一发之际,此时我以为只有将这些公债予以清付才是合情合理的考量,才能为进一步成功地开展清盘铺平道路"。③

就在此时,由韦耿和海滕任命的乔治·索科尔斯基(George Sokolsky)敦促实现美国股东的诉求,他提交了一份备忘录来支持斯旺的努力。索科尔斯基在中国混迹十余年,不仅从事一份记者工作,而且是许多有影响

---

① Gauss to Johnson, Apr. 12, 1930, DS 893.516/310; Gauss to Johnson, Apr. 23, 1930, R. T. Evans to American Consul General, Tientsin (Gauss), Apr. 22, 1930, DS 893.516/309; Gauss to Johnson, June 9, 1930, DS 893.516/312; Swan to American Consul General, Shanghai, June 26, 1930, Swan to Soong, June 23, 1930, in Perkins to SecState, July 17, 1930, DS 893.516/314; T. F. Chen to Thomas, June 27, 1930, Thomas Papers; Lary, *Region and Nation*, 156-57. 蒋介石接连不断与军阀发生冲突和对重新统一的无能为力见 Sheridan, *China in Disintegration*, 182-215。

② General Liquidation Board to Ministry of Finance, July 15, 1930, Swan to Soong, Nov. 27, 1930, Chien to Young, Feb. 19, 1936, box 25, Young Papers; Swan to American Consul General, Shanghai, June 26, 1930, in Perkins to SecState, June 17, 1930, DS 893.516/314.

③ Robert Stone to Thomas, Sept. 24, 1931, Thomas Papers; Swan to Soong, Nov. 27, 1930, Chien to Young, Feb. 19, 1936, and enclosure of General Liquidation Board to Ministry of Finance, July 15, 1930, box 25, Young Papers. See also, Sokolsky, "Memorandum Concerning a Letter from J. E. Swan to the Minister of Finance Dated November 27, 1930," Dec. 3, 1930, *ibid.*

力的中外人士的知己和高参。近些年，他大致上是做些收费和不收费的信使和顾问，服务于不同的主顾，包括日本人、美国公使馆，还有美国银行业者。索科尔斯基曾因发表了尖锐批评国民党的文章而受到驱逐出境的威胁。

韦耿和海滕早已对向中国投资的回报感到沮丧和所望，对财政部食言而肥，不肯兑付绿色公债更是气愤，索科尔斯基清晰无误地表明了这些。他们坚持认为中方要区分中国的国债和商务借贷，欠懋业银行的钱应归属后者。他警告说，除非宋子文立即行动，不然这些当权人物就会在纽约掀起"轩然大波"，严重损害中国的名声和信誉。但假如财政部表明愿意为了美国的友谊和公平正义，竭尽全力解决问题，则美国银行业界对中国的善意有可能重建。索科尔斯基承认这是在遭遇无以计数的不幸之后的"情感反应"。在结论中他强调说："我建议您在解决斯旺写给您的信中所提及账目的方案中，提供那笔总数 33 万元的中国国内债券。"索科尔斯基保证将接受妥协的结果，"哪怕会有局部的反对"。[①]

宋子文找到曾宗鉴，此人是国内公债调剂委员会(Commission for Readjustment of Domestic Debts)的秘书长，极为干练，要他去调查绿色国债的来龙去脉并给出建议。曾做了综合性的回顾与分析之后揭示如下的事实。1927 年财政部的确向懋业银行借款 33 万元，后来就拿长期公债中政府可以自由处理的一部分作了抵押担保，票面价格为 8 万英镑。但是当政府作出承诺时，债券完全无法交付。而当政府重新拿到了一些债券时，曾宗鉴质疑其承诺是否过于极端(比如说，超过了其权威或能力)。在任何情况下，债券只能作为担保，银行无权将其售出。而且对于懋业银行来讲，现在要用这些市价已高达 100 万元的债券来了结 33 万元的借款，是不合理的。最后一点，政府既已答应制订计划去调节内债和外债，如果对懋业银行区别对待，恐怕会葬送了这件事。在结论中他建议，为了清偿对

---

① Sokolsky, "Memorandum Concerning a Letter from J. E. Swan to the Minister of Finance Dated November 27, 1930," Dec. 3, 1930, box 25, Young Papers (Sokolsky's emphasis); Warren I. Cohen, *The Chinese Connection*, *passim*, especially 71-87, 160-173.

纸币持有人的债务(估计价值为 40 万元),如果银行不要利息的话,政府可以在晚些时候用内债债券来抵偿借款的本金。但他警告说中日中华汇业银行的纸币持有人会要求适用同样的处理方法。①

1930 年 12 月 22 日,宋子文以和解的口吻正式回复了斯旺,尽管这个回复明言无法达到美国人的要求。它强调中国政府正在发展一项金融复兴计划,其中就包括了对所欠债务的清理。因此在"处理像阁下的个别诉求时,只能视为整个项目中的一个部分,要通盘考虑所有的现存债务"。财政部也让懋业银行所有的清算人和持股人明白,在做出有关偿还全部外债的计划之前,中国政府不会认真地处理懋业银行的政府欠款。

杨格(Arthur N. Young)为宋子文的立场辩护。在结束甘末尔委员会(Kemmerer Commission)的使命以后,杨格继续留在中国好多年,为中国政府做财政顾问。他也将在懋业银行的清算中发挥决定性作用。尽管杨格对某些特定政策和法令持批评态度,但他同情国民政府,而且还是宋子文奋斗目标的追随者。他相信首当其冲的是中国必须要恢复和加强金融和经济系统,之后才可以去解决庞大的债务问题。同时他感到财政部在其提出清付债务的综合计划之前,要有精确的数据。在此后的几年里,他都在反对政府在建立有序的预算规划和仔细评估其能力之前进行零散的还款。虽然他并未取消对不同债务的区别相待,但他认为在目前把问题向后顺延并尽量避免表现出对某些国家的偏向是明智之举。他认为包括韦耿先生和海滕先生,这些人应该说声名卓著,眼界宽广,如果能晓之以理,一定会对这个大局作正确的评价。可以肯定的是,要宽慰美国银行业者,并且让他们放心最终会给他们一个合情合理的交代,这是至关重要的。因而他在起草给纽约的查尔斯・海滕的电文时,与斯旺和索科尔斯

① "Observations Made on Mr. Swan's Letter Dated November 27, 1930," Prepared by T. F. Tseng, Dec. 5, 1930, box 25, Young Papers.

基密切合作，字斟句酌。[1]

在此后的两年里，清算委员会在处理懋业银行盘根错节的事件时步履蹒跚。委员会明显完成了兑付纸币这第一个还债义务。20世纪30年代初期，中国经历了一次短暂的商业和工业的繁荣。在1931年，委员会通过拍卖银行在上海的房屋地产就赚了个盆满钵溢。它用这笔钱偿还了四大银行超过75万元的债务。而后，在1932年的清算过程中，委员会卖掉了银行在天津的房屋设施及在北京和重庆的不动产，为一定数目的借款作了担保，收到近20万元的利息，在汇兑上赚了一笔钱，用它来兑现了那些当初没拿来兑换的银行本票。另一方面，懋业银行在清偿存款人和私有债权人方面几乎毫无进展。而与此同时，它却花费了35万元在工资、办公费、诉讼费和律师费上，只留下一点现金用于继续履行职责。[2]

简单易做的事情已经完成了。到1933年年初，清算委员会发现要取得更大进展的路已经堵死了，它面对的是完全的瘫痪。政府对还清懋业银行的欠款和将债券赎回既无能为力，也并不情愿，这就成了解决懋业银行问题的主要障碍。[3] 不管怎样，1930年到1933年间南京政府面临一系列危机，处理政府庞大的内外债务的计划被搁置下来：1930年蒋冯阎桂反目成仇、1931年福建十九路军反戈相向、和共产党连年征战、与苏联的中东铁路之争、1931年的大洪水，而且最紧迫的是九·一八事变和一·二八事变。蒋介石与宋子文之间愈演愈烈的矛盾拖延了对政府金融债务

---

① Robert Stone to Thomas, Sept. 24, 1931; T. F. Chen to Thomas, Apr. 2, 1931, Thomas Papers; Soong to Swan, Dec. 22, 1930, Young, "Memorandum for the Minister of Finance: The Claim of the Chinese American Bank of Commerce," Dec. 5, 1930, Young to Sokolsky, Dec. 17, 1930, "Proposed Cable from Swan to Hayden, n. d.," box 25, Young Papers; Young, *China's Nation Building Effort*, *passim*.

② Chinese American Bank of Commerce: Condensed Balance Sheet, with Remarks, and Profit and Loss Account as of December 31, 1932, box 25, Young Papers. 这些文件已经不再把银行纸币列在负债之中。杨格后来注意到银行纸币已经按票面价格兑付了。Young to Tseng, Nov. 30, 1934, box 25, Young Papers. See also T. F. Chen to Thomas, Sept. 14, 1931; Robert Stone to Thomas, Sept. 24, 1931; Condensed Balance Sheet as of various dates, attached to Robert Stone to Thomas, Oct. 5, 1931, box 22, Thomas Papers; Eastman, *The Abortive Revolution*, 182-83.

③ Thomas to K. P. Chen, May 12, 1931; T. F. Chen to Thomas, Sept. 14, 1931, Thomas Papers.

的严肃考量。最后一点,杨格继续反对区别处理债务,而支持在解决债务问题之前先进行货币改革。①

官方政策改变的第一个迹象发生在1933年。斯旺正准备在月末动身前往美国,他就懋业银行从速处理安置的可能性试探性地询问宋子文。宋子文允许斯旺和杨格直接对话讨论懋业银行问题,杨格竟出人意料地善解人意。随着1932年政府清理中国债权人的债务和日本入侵中国东北和上海,杨格开始慢慢地改变了自己对债权人优先权和偿付外国贷款的反对。并且,杨格意识到中国必须修复在美国的信用地位。他计划陪同宋子文前往美国达成一项总值5000万元的棉麦赊购计划,以使不堪重负的中国政府得以维系。

斯旺汇报说与杨格的会晤极为融洽。杨格索取一份出售财产所获资金的信息资料和一份政府借款的本金与生成的利息的详尽报告。而后,他问斯旺是否已经在头脑中构思了一个特别的解决方案。实际上,斯旺早已拟就了一个干净利落、简单易行的方案。这位律师建议政府支付活期存款人和其他债权人索要的票面金额,从而接管银行的资产。杨格表示他会考虑斯旺的建议,斯旺也答应要尽快提供所需的资料数据。与此同时,斯旺律师事务所的布朗(J. R. Browne)将在清算委员会中代替他的位置。之后,随着斯旺全身心投入与中国政府的谈判,布朗成为委员会中的美方常驻代表。②

由于在数据资料的统计过程中遇到了困难,直到1934年1月末,斯旺才再次与杨格会晤。而且,斯旺也修订了他的基本公式——中国政府付钱给债权人,得到的回报是懋业银行资产——要求政府直接付给现金而不是债券。他解释说债券必定会被债权人打折抛售,这势必会比用现金直接支付造成更多的麻烦。斯旺也给出了另一个选择:政府偿还欠懋

① Swan to Schmidt, Apr. 7, 1933, box 25, Young Papers; Young, *China's Nation Building Effort*, 102-107; Seagrave, *Soong Dynasty*, *passim.* 关于国民政府的头一个十年虽然尖锐但却公允的研究,并对福建事变进行详细的探讨,参见 Lloyd Eastman, *The Abortive Revolution*。

② Swan to Schmidt, Apr. 7, 1933, Young, "Memorandum," Apr. 7, 1933, Swan to Young, Jan. 31, Mar. 29, 1934, box 25, Young Papers; Young, *China's Nation Building Effort*, 105-06, 113, 382-83.

业银行的绿色债券。这些债券的销售所得,再加上银行在北京的财产,大概就可以与所有的债务相抵。

杨格指出对这样一笔交易,政府会希望得到有价值的补偿。斯旺也明言除了银行持有的政府债券以外,它可以放弃对政府的一切要求,包括向前交通部的索赔。杨格非常谨慎,对于开这个先河,他非常担心,特别是考虑到汇业银行。要竭力为政府追求最佳交易的可能性,又要殚精竭虑在向财政部呈报这一事宜以前就处于一个最有利的位置上,杨格也极力推动懋业银行加大力度收回拖欠银行的债务。何况这件事他还没有和新任的财政部长孔祥熙商讨,他告诫斯旺要严加保密,不能走漏风声。①

到这时为止,杨格基本上还是通过宋子文和曾宗鉴来与财政部打交道。杨格对这二人极为赞赏和推崇。但是,到 1933 年 10 月,宋子文在刚刚与美国达成 5000 万元的棉麦贷款之后就被迫下野了。蒋宋之争有个人恩怨也有政治分歧,但主要是宋子文坚持认为军事支出应该减少和严加控制,以使中国的财政能有一个坚实的基础。杨格认为宋蒋分道扬镳"对中国是个巨大打击",并且主张坚持合作可以防止"战争和战后出现的松懈和效率低下"。②

最后,在 1934 年 3 月 29 日,杨格与孔祥熙进行了会晤。一般认为,孔祥熙比他的小舅子宋子文更为贪腐堕落、圆滑世故和服从于蒋介石。③杨格借孔祥熙最近对处理美国债务的询问,把斯旺的建议和盘托出,还提交了一份懋业银行历史的备忘录。他指出考虑到无休止攀升的清算费用,中国和美国两方股东也怨声载道,中国政府应该抓住时机结束懋业银行问题。这位美籍高参也提到要注意日本所属银行为事件带来复杂性的

---

① Swan to Young, Jan. 31, Mar. 22, 1934; Young, Memorandum, Mar. 14, 1934; Young, "Chinese-American Bank of Commerce: Memorandum of Conversation with Mr. Swan," Mar. 15, 1934; Young to Tseng, Mar. 15, 1934; Tseng to Young, Mar. 20, 1934, box 25, Young Papers. See CABC's financial statements dated March 31, 1934, box 25, Young Papers.

② 在整个 *China's Nation-Building Effort, 1927-1937*,尤其是在 106—107 页中,杨格对宋子文都充满了赞誉。他对于时任铁道部次长的曾宗鉴 1935 年清偿债务的工作也持有支持的观点。*Ibid.*, 123, 130, 371. Sterling Seagrave, *The Soong Dynasty*,承认宋子文具有卓越的才华,但对他有种批判性的勾勒,认为其始于一个自由主义者,却蜕变为一个机会主义者。

③ See Young, *China's Nation-Building Effort, 1927-1937* and Seagrave, *The Soong Dynasty*.

可能。他也提醒孔祥熙尽管美国在1933年的棉麦借款中没有附加任何条件,美国国务院还是明确地指出他们希望中国在处理美国索债方面应公正合理。①

没有做任何明确的承诺,孔祥熙授权杨格制定出全面解决此问题的详细方案。在第二年,杨格代表南京政府与懋业银行清算委员会和律师团交换大量信函和数据资料。杨格接二连三地要求提供银行关于未偿贷款的额外信息,并敦促清算委员会不论用什么方法,都要筹集尽可能多的钱来满足银行剩余的债务要求。他特别坚持要求懋业银行要把宇达棉织公司的还款抽出,用于清偿四大银行借款,这四行在1928年雪中送炭,解决了懋业银行的燃眉之急。他指示这些问题的圆满解决,会使政府在处理清算问题上加快脚步。

斯旺明白杨格正竭尽全力伸出援手。可是他和其他一些银行的发言人还是反驳说政府希望这样就能清偿债务根本是痴人说梦。再说,四大银行不接受用房地产来偿还其贷款。换言之,应该坦率地告知财政部,懋业银行将以至少100万元的负债结束债务的清偿,除了中国政府未付的债务之外。斯旺和其他一些人反复强调,政府把许诺中的绿色债券还给懋业银行,或是用现金支付债权人,整个问题才可以解决。②

日复一日的僵持使双方都深感挫败。中国股东拒绝给予必不可少的信息使清算工作复杂化。他们和希望在最后的解决方案中能收回一部分投资的美国股东一道,对于清算工作的进展缓慢、耗资巨大感到愤怒。布朗提议拿出钱来给股东们做些补偿,免得他们喋喋不休。可是更令人担忧的是每月差不多4000元的花费,清算委员会已经把用于维系继续开展工作的资金耗用殆尽。林(Lin),作为清算委员会的书记和中方股份代表,甚至说要辞职。布朗也不得不向杨格坦言清算委员会

---

① Memorandum, "Liquidation of the Chinese-American Bank of Commerce," March 27, 1934; Young to Kung, Mar. 29, 1934, box 25, Young Papers.

② Young to Swan, Apr. 4, May 2, 1934; Swan to Young, Apr. 30, May 16, 1934; Young, "Memorandum," Apr. 5, May 17, 1934; Draft, "Liquidation of the Chinese American Bank of Commerce," Sept. 1, 1934; Browne to Young, Aug. 30, Sept. 15, 1934; "Memorandum of conversation with Mr. J. R. Browne," Sept. 3, 1934, Box 25, Young Papers.

之所以在收集债务方面动作迟缓，一定程度上就是要把其工期结束的时间一再推迟。①

到1935年初，杨格认为懋业银行终止清算，对于中国政府既顺理成章，又大有裨益。它们将结束混乱不堪、耗资巨大的清算，并借此把政府欠下的上百万元债务一笔勾销。这就得面对两个迟迟不能解决的问题。他担心此事为日资的中华汇业银行开一个危险的先例。早在1934年秋，就流言四起，纷纷传言说中华汇业银行要重新开业。中华汇业银行重新开业对中国政府来说不仅尴尬而且极为有害。它持有大量的中国政府债务，包括遭人唾骂的西原借款，这是一战期间日本政府提供给安福系段祺瑞的一笔贷款。杨格曾经与曾宗鉴讨论这个问题，提议说尽管也会产生一些问题，但是日本银行的情况还是有本质区别的。不像被迫清算的懋业银行，汇业银行只是"暂停"营业，而且银行的纸币仍在流通。

对于处理清算来说更严峻的问题是政府要拿钱还懋业银行的剩余债务已是捉襟见肘，更不用说补偿股东了。对宋子文经济改革和大刀阔斧运作的强烈期待已经落空，南京把有限的收入全都用到了军事上。而中国正经历严重的经济衰退，从农业一直蔓延到曾一度繁荣的工商业领域。此外，由于美国的白银政策，中国也正面临硬通货和银根储备的枯竭。绿色债券要想兑付比登天还难。经过一番细致缜密的调查，曾宗鉴汇报说处理懋业银行问题毫无可行性。像杨格一样，曾宗鉴意识到"清算人的困难处境"，同意他们的问题值得政府考虑，但对目前的处境，他也看不到可

---

① Young, "Memorandum of conversation with Mr. J. R. Browne," Sept. 3, 1934; "Conversation with Mr. J. R. Browne, Concerning the Chinese American Bank of Commerce," Nov. 6, 1934; Young to Tseng, Nov. 30, 1934, Mar. 22, 1935; Browne to Young, Sept. 15, 1934, Jan. 14, 1935; Young, "Memorandum for the Minister of Finance," Mar. 22, 1935; "Monthly Expenses for General Liquidation Board of the Chinese American Bank of Commerce," in Browne to Young, Feb. 20, 1936, box 25, Young Papers.

以立刻化解危局的出路。①

然而,杨格感觉他应该努力从中国政府那里获得一些回应。鉴于懋业银行无法追回中国政府欠下的合法债务,而这阻碍了银行的清算,杨格给孔祥熙准备了一份备忘录,力主一项以此为基础的解决方案。他也提醒这位财政总长,美国的投资人中包括了几位美国金融大鳄,而且合资公司的建立是为了促进中美经济合作。因而他提出了三个可供选择的出路:(1)以银行向政府索要兑付的债券为抵押,政府向银行提供一笔贷款;(2)用新的债券来处理银行的兑付诉求;(3)通过用盐税款支付重组贷款配给券的方式来使被抵押给其他贷款的绿色债券解套。杨格更看好第三种选择,因为他觉得这个方案被中华汇业银行引为先例的可能性最小。1935年3月30日,在他与孔祥熙的会谈中,孔祥熙拒绝了所有的三个选项,因为他觉得它们肯定会开一个危险的先例。相反,他建议懋业银行把债权卖给个人或其他机构。②

但是懋业银行的利益相关人——未付的储户、愤怒的美国和中国股东,还有尴尬的清算员——都不愿意被如此轻松地敷衍。他们要求对这件事做一个最后的了断。到1935年年底,中国股东们不仅要求政府给员工发工资,而且要求政府立即向不同的债权方支付欠款。其中首要一条是,要求中国政府立即移交拖欠懋业银行的绿色债券。这是他们手中的

---

① Draft, "Liquidation of the Chinese American Bank of Commerce," Sept. 1, 1934; "Conversation with Mr. J. R. Browne concerning the Chinese-American Bank of Commerce," Nov. 6, 1934; Browne to Young, Mar. 5, 1935; Young to Tseng, Nov. 30, 1934, Mar. 15, 22, 1935; Tseng to Young, Nov. 30, 1934, Dec. 8, 1934, March 18, 1935; Memorandum, "The Exchange Bank of China," Jan. 15, 1935, box 25, Young Papers; clipping, "Exchange Bank Is To Be Postponed," *Shanghai Evening Post*, Sept. 10, 1934, box 24, Young Papers. 杨格探讨过南京政府时代的金融和经济问题,见于 *China's Nation-Building Effort, 1927-1937*, *passim*, especially, 81-82, 220-21, and by Eastman, *The Abortive Revolution*, especially, 186-94。白银问题可见于 Dorothy Borg, *The United States and the Far Eastern Crisis of 1933-1938: From the Manchurian Incident Through the Initial Stage of the Undeclared Sino-Japanese War* (Cambridge, MA, 1964), 121-37。与此相关,参见杨格在他备忘录中的有趣分析,"The problem of settlement of debts in arrears," Sept. 6, 1935, box 25, Young Papers。

② Young to Tseng, Mar. 22, April 2, 1935; Young, "Memorandum for the Minister of Finance," March 22, 1935; Young, "Memorandum," Apr. 2, 1935; Tseng to Young, Apr. 2, June 17, 1935; box 25, Young Papers.

王牌,现在全打出来了。为了给自己留下额外的平衡杠杆,他们目前拒绝放弃对中国政府的其他索债要求。①

尽管杨格对接受这所有的要求极不情愿,但是他相信懋业银行的清算应该尽早解决。② 因而,他利用了1935年的一个机遇。当年早些时候,中国财政部决策向英国,而且尤其是向美国靠近来寻求帮助,以解决中国的金融困境,执行按部就班的货币改革,振兴中国经济。此外,中国必须要开始向美国偿还1931年和1933年签署的棉麦贷款。既然没有任何可用款项,财政部开始寻求延长还款时限。③

几年以来,阿瑟·杨格一直赞同南京政府要把金融系统改革和经济系统改革作为第一优先项。杨格认为到1935年中国已经取得了令人瞩目的进步,特别是通过货币手段和银行改革,建立一个真正意义上的中央储备银行,乃是其巅峰之作。④ 中国现在可以回头来解决庞大的外债了,许多外债都是多少年以来一直拖欠。杨格认识到了问题的严重性,但是他推断此事对于恢复中国的国际信誉至关重要。对于欠美国人的贷款他一直焦虑不安,美国人要求还钱的声音从来没有沉寂过。欠美国人的未偿债务主要包括芝加哥银行、太平洋拓业公司,还有湖广铁路贷款项目。此外,中国对美国无力偿还的项目还扩展到铁路建设和仪器设备。杨格提出,一个综合的解决方案能让中国协商减少累计本金和未付利息。他进一步建议,考虑到美国白银政策对华所产生的有害影响,华盛顿可能更

---

① Young, "Memorandum for the Minister of Finance," Oct. 29, 1935; Tseng to Young, June 17, 1935; Chien Cheng Mow and J. E. Swan to Young, Dec. 31, 1935; Chien to Young, Feb. 19, 1936; Browne to Young, Feb. 20, 1936, with enclosures, and Mar. 3, 1936, Young "Memorandum,: June 30, 1936, box 25, Young Papers.

② 参见杨格对报表的批注,"The Chinese American Bank of Commerce: Unpaid Collectible Accounts," [December 1935], attached to Browne to Young, Feb. 20, 1936, box 25, Young Papers。

③ Hornbeck, memorandum, "China Consortium. Hukuang Bonds, Divergence of Views Between British and American Groups, and Questions of Major Policy," Mar. 26, 1936, DS 893.51/6126; Young, *China's Nation-Building Effort*, 155.

④ Young, *China's Nation-Building Effort*, *passim*, especially, 110-113. Eastman, *The Abortive Revolution* 的评价不这么乐观。

加倾向于制定一种权益协定并对贷款的支付进行适度调整。[1]

于是，杨格就中国一些"非常重要、确凿无疑又没有得到清偿的外债准备了一份综合报告，而这些外债都是以中国的关税、盐税、烟草课税来清偿的"。他帮忙策划了一个特别的方案，这个方案提供了一个到期未付利息的二次协议和循序渐进式逐步提升的还款进度表。杨格认为，通过集中精力于一些得到特定税收保证的债务款项，而不是考虑所有外国债务，问题会更加容易理顺。此外，中国人还可以避免数不胜数的纠纷，特别是那些受政治势力左右的日本贷款。杨格把欠芝加哥银行和太平洋拓业公司的贷款，加上湖广铁路未付的公司债券以及 1921 年 9600 万元贷款中的日本份额都计算在内。1935 年秋，财政部原则上同意了杨格的建议。财政部也清楚地意识到中国对外国债务这种傲慢的不管不顾已经使美国人大为光火了。考虑到日益迫近的派遣陈光甫出使美国谈判棉麦贷款的延期偿付问题，也使财政部感觉采取主动迫在眉睫。[2]

与此同时，延长对华贷款期限的议题在华盛顿官方内部引发了深入调研和广泛讨论。农业信贷管理局（Farm Credit Administration）负责管理以及回笼对华贷款[3]，提出贷款要有价值，并且一开始就把中方的提议描述成"竹篮打水"。该机构最高长官指出还款推迟个把月可以忽略不计，不过既然贷款是个纯粹的商务交易，他看不出对中方提出的推迟还款请求有什么回旋的余地。国务院对于中方的困境逐渐变得怀有同情，对南京政府持支持态度，温和地主张迈尔斯（Myers）州长可以更为灵活地处理。国务院认为管理局还有其他因素需要考量，其中就包括对华不利的

① Memorandum, "Chicago and Pacific Development Loans: extension of maturity of American commodity loan obligations," May 22, 1935, box 20, Young Papers. 杨格探讨美国贷款和美国白银政策对华的影响，见于 *China's Nation-Building Effort*, 128, 133-39, 223-37。

② Young to Kung, Sept. 6, 1935, and memorandum, "The problem of settlement of debts in arrears"; Young to Tseng, Apr. 4, 1936, box 25, Young Papers. 国务院远东事务署主任斯坦利·霍恩贝克早在 1933 年就警告宋子文，要想让美国财团为南京政府提供贷款，唯一的出路就是切实地解决对美的未偿清贷款。Borg, *The United States and the Far Eastern Crisis of 1933-1938*, 69.

③ 1931 年的贷款原本是由美国联邦农业委员会安排，后由联邦农业安全局替代。1933 年的信用贷款由重建金融公司承办，有趣的是未获国务院支持。参见 Borg, *The United States and the Far Eastern Crisis of 1933-1938*, 62。

美国白银政策。到1937年年初,美国的对华态度由于日本的战争威胁加剧而变得更为友善。美国公使尼尔森·约翰逊鼓励进出口银行为中国的铁路设备发放新贷款。与许多在华的观察家相似,作为备战的一部分,中国人在推动经济重建中所表现的精力和效率,令约翰逊印象深刻。

R. C. 麦凯(R. C. Mackay)隶属于远东事务署(Division of Far Eastern Affairs),他认为美国农业信贷管理局如果真能在不祸及美国利益的同时找到帮助中国的办法,那美国国务院真应该对它"千恩万谢"了。无论如何,他暗示国务院会为了解决中国的拖欠贷款接受任何让步。远东事务署署长斯坦利·霍恩贝克(Stanley Hornbeck)对美国商务业界人士深表同情,同时又对中国人缺乏责任感大为反感。他写信给正急于要进入中国市场的卡梅伦·福布斯(Cameron Forbes)说,"在这一关系中,国务院最需要的就是获取证据,以表明中国政府对于未偿债务的责任有充分的认识"。国务院感觉对芝加哥银行负有特殊义务,因为那笔1917年的贷款是在政府的推动下予以提供的。①

最终,农业信贷署向"政治大局"作出了让步,接受了棉麦贷款的修正还款时间表。协商迁延了一年多,其间中国人与一些美国债权人达成了重组旧贷款的协议。第一个达成的是芝加哥银行贷款协议,国务院对它做了特殊的考虑。而后,就湖广铁路债券达成了解决协议,接下去,孔祥熙与拉蒙特进行的直接谈判达成了太平洋拓业公司的贷款协议。然而,1937年抗日战争爆发,这些协议没有履行。②

尽管在1936年年初,懋业银行并未出现在杨格的一揽子计划之中,这位美国高参还是决定利用中美关系的新气象来为合资公司清账。通过与曾宗鉴密切合作,杨格向孔祥熙提交了一份包含四点意见的计划草案:

---

① R. C. Mackay, memorandum, "Proposed Postponement of Payments due on American Wheat Credit to China of 1931," Nov. 27, 1935, DS 893.48/1021; Hornbeck memorandum, Apr. 13, 1936, DS 893.51/6138; *FRUS 1935*, vol. III, 651-58, 647-49, 659-664. 另参见 Johnson to SecState, Apr. 21, 1937, DS 893.51/6376。美国与国民政府盟友关系的出现,参见 Michael Schaller, *The U.S. Crusade in China, 1938-1945* (New York, 1979)。

② *FRUS 1937*, vol. IV, 665-673; "Extract from letter from Mr. T. K. Tseng," Oct. 19, 1937, box 24, Young Papers; Johnson to Lamont, May 11, 1937; cable, Lamont to J. P. Morgan, May 14, 1937; Lamont to Johnson, June 29, 1937, box 184, Lamont Papers.

(1)中国政府对银行提供100万元的新债券,用于处理偿付对懋业银行提出的债务要求;(2)懋业银行放弃对8万英镑重组贷款债券的索求;(3)银行撤销政府的所有账面债务;(4)银行承诺这是最后的解决方案并向政府保证这些资金足以清付所有的银行法定负债。杨格向这位财政总长提出这样处理可提升中国的信用度,而且对陈光甫一行的使命也大有裨益,还可以充当棉麦贷款协议的交换条件。他还提醒孔祥熙,美国重要的利益集团参与其中,而且合资公司的建立本是为了创造卓有成效的中美合作。①

孔祥熙暗示他非常乐于接受这个建议。因而杨格在1936年5月12日把它作为政府的最终处理方案提供给懋业银行。不过此后,杨格遭到来自清算委员会的反对,而美国和中国的股东们也唱反调。尤其是中国股东,始终坚持要政府返还绿色债券,才能免除政府的债务。清算委员会则推算出银行债务超过政府要付给银行的一百万元债券。杨格一直锲而不舍地想要居中促成协议。他通知不同的利害关系人,孔祥熙不可能就重组贷款债券来谈判协商,而且要他们铭记政府能把旧债处理成可用的国债已经是给予懋业银行以特殊考虑。反过来,政府希望懋业银行在索求旧债这件事情上可以给政府提供方便。到1936年7月初,谈判陷入僵局。②

尽管杨格谴责懋业银行的股东拒绝向孔祥熙提供正式的回复或提出一个对应的建议,但他没有放弃寻求解决办法的努力。1937年2月他给曾宗鉴写信时说,“我仍然觉得这是个悬而未决的问题,政府应该尽其所能尽早解决”。当斯旺表示有意打破目前僵局时,杨格提出在1937年孔祥熙按计划访美时,再次讨论这个问题。然而,当懋业银行获悉某些美国贷款的处理条款时,其立场更加强硬了。在1937年5月初,J. B. 布朗代

① Browne to Young, Feb. 20, 1936, with enclosures; Young to Browne, Feb. 27, 1936; Browne to Young, Mar. 3, 1936; Young, Memoranda on "The Chinese-American Bank of Commerce," Apr. 25, May 9, 1936; Young to Tseng, Apr. 4, 30, May 4, 1936, box 25, Young Papers.

② Memorandum, "Chinese American Bank of Commerce," May 12, 1936; memorandum, "Chinese American Bank of Commerce," June 9, 1936; Young, "Memorandum," June 30, July 7, 1936; Young to General Liquidation Board, July 7, 1936, box 25, Young Papers.

表美国股东发言,向中国政府提出了措辞强硬的索债要求,而此时他算出债务总额接近820万中国法币。他表示愿意接受分期付款的还款方式,他坚持财政部应该立即返还俄国绿色债券,他估计总值应该在110.3万法币。于是,杨格建议布朗重新考虑政府在1936年5月12日的报价。布朗同意接受这一主张,但美国人和中国人能否改变立场就不得而知了。有关懋业银行的档案只记录到1937年春天。[①] 懋业银行的清算可能悬而未决,也可能在中国更引人注目的大事——中国的内部难题、与日本的战争,还有随之而来的国共内战——中,中华懋业银行已经不再成为一个议题。随着中国进一步对外开放,希望学者们能获得更多的档案材料,让他们为中华懋业银行的成败兴亡写出更为明确的结论。

1919年国内和国外的因素,共同导致了中华懋业银行的创立。多年以后,类似的因素一起决定了它的命运。中国的内政、战乱和经济问题把懋业银行逼上破产清盘之路,而且一拖再拖。国际因素也在其中发挥了作用。中国一直关心会不会在清偿中出现可能为人所利用的先例,特别日本控资的中华汇业银行。但是获得美国的金融和外交支持的需要就为问题的解决打开了大门。

在整个饱经磨难的清算过程中,美国股东始终通过律师团和其他途径对事件施加压力。然而,中国的债权人和股东们比他们的美国同行更加咄咄逼人,参与得更加深入。到1929年,懋业银行,或者说其所剩余之物,在中国政府或私人部门之内已经不再有任何主要的盟友可以仰仗。如果有的话,也只是仍然受到它与桂系之间关系的侵蚀。阿瑟·杨格确实致力于打破僵局,理顺关系。在几个回合上,他触及了中美合作的主题。但是,这位美国顾问、中国忠实可靠的朋友,在介入时与其说是对这家合资企业有特别的感情,倒不如说是出于清理悬而未决的一个问题、为获得美国的帮助而创造更好的环境的意愿。剩下其余的美国私人股东也

① Young to Tseng, Feb. 20, 1937; Young, "Memorandum," Apr. 2, 1937; Browne to Kung, May 4, 1937, and attachments; Young, memorandum, Chinese American Bank of Commerce, May 7, 1937, box 25, Young Papers.

不具备托马斯·拉蒙特那样重要的影响力,他为太平洋拓业公司贷款找到了解决的方案,该贷款后来为摩根公司继承。总之,1929年以后,懋业银行已经不能再求助于其创始人——芮恩施、唐默思、盖伦·施栋或是徐恩元那样的人物。在最后,甚至无人给它料理个体面的后事。此外,在马慕瑞离华以后,美国国务院再没有代表美国投资者干预清算危机。华盛顿官方在创建懋业银行上没做过什么,到20世纪30年代时决策者们显然把这个独一无二的中美合资公司抛诸脑后了。

第九章　盖棺定论

中华懋业银行千头万绪的历史为我们提供一个绝佳的窗口来一览美国在华商业的经营状况。通过记载它的兴衰沉浮，人们不但可以了解中国当时主要的政治、经济的发展，还可以透视出中美关系在1910到1930年代之间的主要方面。尽管确实有些先例，但在20世纪早期，重要的中外合资企业还是凤毛麟角。

中华懋业银行这艘巨轮大胆地驶进这个未知的领域。它在中国法律下成立，包含着中美平起平坐的所有权，也反复谋划了平等的管理和经营。但不幸的是，这个时代似乎对这样的一场试验并不垂青。尽管美国的跨国公司吹嘘达成了难以胜数的成功，但当美国商人和投资者冒着风险进入海外的领域时，他们表现得相当稚气未脱、飘忽不定和经验不足。在中国尤其如此，那里遍地商机，然而政治和经济的条件使本土和外来的商人都面临巨大的挑战。

在20世纪20年代这个军阀时代，半殖民地的中国陷入了政治混乱和国民革命的局势中，它对发展经济没有条理分明的规划，更不用说按规划发展的力量或机制了。在银行启动的初期阶段，获得北京名义上的政府对懋业银行的经营许可和发行钞票特权的官方支持是不可或缺的。赞助人及涉足其中的高官和军阀也答应给合资企业以关照，甚至提供获得特殊照顾的可能性。可是，对资本各成派别的控制短暂而不稳定，事实上的自由放任主导着在中国的业务。

在这样的气候下，中华懋业银行为何还要建立呢？为什么在中国受到这么热烈的欢迎呢？这个答案是复杂的。轮番上阵的中国商人和官员在公众面前高举中美银行的观念，并周期性地提供一些建立银行的具体建议。同样,在中国的少数美国官员和商人,特别是芮恩施、安立德、唐默思对这个构想更加执著,并为公司寻找美方合伙人。他们的努力运作打着"中美合作"的旗号。他们显然信奉这个设想,但把懋业银行的创建看成是"政治感情主义的结果"就过于简单了。[①]

懋业银行因为一系列因素的短暂聚合于1919年创立:战争引起的中国经济的发展与繁荣;中国新式银行的齐头并进;美国海外投资在战后的巨大扩张;外国分行的盛行;还有中美合伙人的特殊需要和安排。中国人与美国人彼此都不甚了解,他们对自己所要踏入的事业只有一个模糊的认识。他们带着某种天真和不谨慎的热情投入这个合资企业,因为他们看到了远东银行业务获取巨大利润的潜力、特殊的机会和绘制一幅新的金融事业蓝图的能力。他们要通过把强大的外国银行和中国国内的新式银行的力量与作用结合起来完成这个任务。这次特殊的"有计划的联姻",将使他们能够把先进的西方技术、与国际金融网络的连接、美国官方的保护、进入人口众多的中国国内市场及获得有影响力的中国政治人物特殊帮助这一切因素联合起来。表面看来,这种结合是有作用的。在1919年,繁荣的前景似乎不可抗拒。并且,开创者们相信已经做好了能保证他们获取巨大利益和掌控权的安排。

然而,中华懋业银行以失败而告终。这不仅是一项商业事业的失败,而且是一项中美合作事业的失败。中华懋业银行从未获得它的创立者们所期望的利润。它从一开始就遭受巨大的损失,并在它的整个存在过程中一直不安全地摇摆在破产的边缘。1923—1925年,银行在沈成栻的管理下,可能赚了一点钱,但这经不起检验。只是因为那些创新性的会计方法、20世纪20年代中国银行业界的紊乱和高容忍性,再加上它的一些官员的坚持,才延长了它痛苦的存在历程。

中华懋业银行也未能实现中美合作的商业目标。唐默思与徐恩元、沈成栻保持着亲密的个人友谊,他从未放弃宣扬中美合作这一准则。为了恢复在1929年早期试图在赈灾中得到中国政府合作的詹姆斯·厄

---

① King, *The Hongkong Bank Between the Wars*, 83.

尔·贝克（James Earl Baker）的信心，唐默思写信到："据我所见，在中国如果不与中国人合作，你将什么也得不到，如果我期望事有所成——事实上我也做到了——我所做的就是始终按这条路线行事。"①在合资企业的第一年可能有过一段甜蜜的时光，中美两方都时常拿出真诚的态度来解决他们的分歧。但唐默思盲目地忽略了懋业银行中中美投资者关系中时常存在的猜疑、怨恨、斥责和冲突。此外，懋业银行从未能成为它的创立者们所希望的中外混合机构。几乎从一开始，它就像一个中国机构在运营。在这十年中，懋业银行因为疏忽或有意识的行为愈发走向中国化。

懋业银行遭遇到更为强大的破坏力量的侵害，这不是它所能左右的。在开业后不久，懋业银行就不得不应付20世纪20年代初期严重的全球大萧条。这次衰退严重地抑制了国际间的贸易，结束了上海和其他通商口岸的繁荣局面，并使商业产生了动荡。这场衰退也导致了银行的一个合作伙伴太平洋拓业公司的寿终正寝。随后，在20世纪20年代中期，中国内战所波及的领土范围扩大，暴力甚嚣尘上，开始把中国的商业活动搅得一塌糊涂，几乎把在华银行的商业机遇全部冻结了。1927年，懋业银行的汉口分行被占领武汉的共产主义者和国民党左翼包围。同时，它也成为几个军阀的敲诈对象。与此同时，华俄道胜银行的破产也使给北京政府的部分贷款如期偿还的安排化为泡影。最终，懋业银行在蒋介石和桂系的斗争中被拖下水，成了牺牲品。

然而其他在中国的中外合资银行面临着同样的问题。当20世纪20年代其中许多倒闭或撤出这个领域的时候，几家银行却顶住了这场风暴，未受太大损失。例如汇丰银行在战后进行了大调整，仍是东亚地区最主要的金融机构。许多国内银行也欣欣向荣。它们中的一部分通过工业贷款成功地扩大了自己的业务。② 可中华懋业银行无法调整，有四个互相关联的因素可以解释其后来的灭亡。

---

① Thomas to Baker, Feb. 11, 1929, Thomas Papers.

② King, *The Hongkong Bank Between the Wars*, 66-162; Rawksi, *Economic Growth in Prewar China*, 142-44.

第一，中华懋业银行管理不善。唐默思和徐恩元从一开始就在管理上犯了严重的错误。各种各样的问题铺天盖地，特别是未能聘用到西方银行业界的专家，而且还受到尾大不掉的管理体系的阻碍。唐默思和徐恩元从未对银行的运营和人事进行连贯的管理与掌控。因此银行的官员肆无忌惮地投机外汇业务。也许被徐恩元所纵容，也许得到他的默许，他们购买大量的政府有价证券。无论是唐默思还是徐恩元，都不曾彻底地承认银行问题的严重程度，因此他们从未为银行制定专注的战略。尽管银行资本和人力资源有限，他们试图让中华懋业银行成为一个“金融超级市场”。

沈成栻勇敢面对裁减人员、勾销部分银行贷款、把资本转化为白银、清偿部分银行债务的难题。作为解决问题的人，他也干得很出色。他示范了银行在技术专家式的中国化管理下的潜力。但沈成栻继承了太多的问题，他从不能自由地做些必要的改变来为银行打下坚实的金融基础。徐恩元、沈吉甫和银行中的政治派独揽大权。美国合作伙伴不愿或无法给予沈成栻某种或许能改变合资企业的管理面貌的支持。他可能会扑灭大火、控制损失的程度，但他无法依靠自己或通过商业因素软弱无力的影响来转变银行的文化。所以沈吉甫和张伯龙从沈成栻手里攫取了直接的操控权力后，银行又回到了它昔日糟糕的老路上去：高额的日常支出、政治性的任命、不计后果地对北京政府借款、对分行监管的缺失。明显的管理不善，加上张伯龙在天津的肆意腐败，抵消了沈成栻取得的所有成果。中华懋业银行在1928年初面临清算。四大银行的拯救努力和桂系对汉口分行的占领只是推迟了它无法逃避的破产。在这个混乱时期，这些时有时无的补救措施根本无法产生效果。

第二，中华懋业银行从未能填补中国本土银行和外国银行之间的特殊空白地带，这本能使它打入两个商业圈：为中国的国内外贸易提供金融支持、处理国内国际货币兑换和借款、为中国的私人投资或政府债券筹款。中国本土的新式银行和一些主要的外国银行都把懋业银行看成“局外人”，并将其排斥于它们的公会和业务圈之外。随着问题的不断累积和名誉受损，懋业银行失去了一些重要的主顾。因此它不得不依赖储户，为了留住存款人而付出高额利率,从事风险投机业务以追求回报的最大化。

懋业银行与清华大学的关系就是一个典型的例子。建立清华大学是为赴美留学的中国学生做准备,它成为从庚子赔款中返回的美国那一份的主要受益人。从懋业银行的初始阶段一直到1924年年初,清华大学一直在懋业银行存有大量存款。它在美属的万国宝通银行存款可获得6%或更少的利息,而在懋业银行和中国其他的银行却能获利9%。但是清华大学也是懋业银行最初的投资者之一(它拥有400股)。尽管美国公使馆对这个大学的捐赠基金没有正式的监管职责,但它还是在1922年和1923年质疑托管委员会允许清华大学在懋业银行投资和将大量的存款放在一个可疑的银行是否为明智之举。1924年,托管委员会先是减少,后又撤出了在懋业银行的存款。[①]

尽管懋业银行雄心勃勃,但它从未能真正成为一个"混血银行"。由于当时在中国只能选择一种模式,它被迫作为一个中国的新式银行而存在。那并未使唐默思感到困扰,他主张应当让他的业务适应中国的环境;同时,它也并未让一些中国投资者担心,因为可能他们在建立银行时脑子里想的就是这样的模式。尽管占少数,但也确实存在一些有实力又经营有方的中国新式银行能够限制对中央和省级政府存贷款的依赖。但这些机构大多数被迫涉入边缘业务和冒险业务——进行房地产和货币兑换投机活动,在信誉不大好的银行以高利率存储基金,以及购买大宗高利率的中国政府债券。懋业银行所从事的这些活动,特别是向中国政府发放的大宗贷款,把银行逼上了不归路。

第三,中华懋业银行还受到以下因素的损害,如中美投资者不同的打算和个人利益,他们从根本上彼此互不信任,持有否定的看法,并且都企图掌控合资企业。美方当然很愤怒,因为中方不提供真实及时的有关企业状况的信息,漠视他们的建议,忽视他们的代表,企图压制财务委员会,并进行政治性的任命,缺乏责任感地向北京政府发放贷款。同样,中国人

① Schurman to SecState, with enclosures, Aug. 29, 1923, DS 893.42/186, June 16, 1924,/203, Mayer to SecState, Sept. 20, 1926, /215; Wang, *Chinese Intellectuals and the West*, 71, 111-14.

也感到不满,因为美国人以高价使他们负担美国汇兑银行既无价值且麻烦众多的亚洲分行,向银行收取法律和业务服务的高额费用,按较低的利率以金的形式保留急需的资本,拒绝履行为银行提供业务专家的承诺,并派来一些工资较高却不尊重中国人的庸才,还设计一些巧妙的机构来控制合资企业。中国人的行为加强了美国人对中国人落后、奸诈、无责任心和腐败得不可救药行的怀疑。美国人的行为加深了中国人素来的担心,他们认为美国人不可信任、不忠诚、贪婪而又有些帝国主义。由此产生的紧张局势使得双方弥合经营方法和文化价值观的差异即便不是完全不可能,也极为不易。它也破坏了唐默思重建中美合伙人信心与重振及改组银行所做的真诚的努力。

1922 年春夏之际,对抗终于爆发了。通过将美国人的股份作为一个整体来投票以及巧妙地控制分配给中方的股份,唐默思在股东大会上强加美国的要求。殊死的较量,确保美国人占上风的那些手段,进一步激怒了中国人,使中美合作的气氛荡然无存。当美国人意识到他们想从纽约亲自经营在中国的银行鞭长莫及时,态度大变,默许了中国人对银行的管控。而其仅有的选择是将股份卖给中国人。苦于找不到买家,又不想把所有损失都留给美国的投资人,他们别无选择,只能得过且过。他们随后所采取的认可合资公司进一步中国化的方法等于供认了他们的消极态度,等于承认了懋业银行是一家中国机构,等于表达了希望银行在中国人手里可以办得更好。

中华懋业银行历史的核心时期是通过几种方式加以展示的。它强调了这样一个事实,即中国那些组建合资公司的原始发起者视懋业银行为自己的银行。尽管他们希望从美国人那里获利,但却不愿意把控制权拱手让予外国人和帝国主义者。另外,就算是到了银行弥留的最后关头,中国人也还固执地苦苦支撑,试图让它免于破产。美国人对自己的方法的优越性信心百倍,并认为他们已经获得了确保其在合资企业中处于优势地位的方法。可是他们在中国稍稍遇到些经营的困难就慌忙后撤。跟其他许许多多的美国公司一样,他们本想在中国干一番事业,却不料早早就受伤退场。美国投资者缺乏耐力,这点在 1929 年他们匆匆忙忙要对懋业银行进行破产清算就已经表露无遗了，他们不像中国人那样依然信念破产地要把银行办下去。更重要的是，无论是美方还是中方在20世纪20年代对于参与合资公司都既没有真正的精神准备，也没有真正的心理准备。银行糟糕的表现和黯淡的前景进一步遏制了双方弥合分歧的机会。因而，能否像唐默思、施栋和其他人鼓吹的那样发明一套公式，用西方最佳的方法与中国的环境相适，又不被"中国人吞没"，是令人质疑的。不同的文化价值观和迥异的经营方法、中国的民族主义，还有美国人的骄横制造了一条无法逾越的鸿沟。

第四，合资公司的政治化使所有懋业银行的问题都进一步恶化，注定了它灭亡的命运。绝大多数银行的中国创始人，还有银行的驱动力徐恩元，他们的政治动机从一开始就显而易见。徐恩元所属的政治派一直想方设法要将既小且弱的商务派击溃出局。美国人，包括唐默思在内，对于政治派的意图或者未加留意，或者是对于制止这些危险的行为极不情愿或无能为力。银行早期对中国政府及各部的贷款破坏了银行的资产负债平衡，毁了银行的名声。沈成栻曾以英雄般的壮举力图消除这一沉重的负担，并以此来实现商务派对银行的控制，可徐恩元和他的继任者们却对此横加阻挡。美国人再次拒绝干预。政治派于是把银行的保险柜再次向他们的盟友和后台老板敞开了，后果是灾难性的。在银行令人痛心的最后一章，桂系首脑试图把银行变成与南京政府权力对抗的工具，同时也用这个办法中饱私囊。复仇，再加上民族主义，鼓舞蒋介石及其伙伴们把银行耗得灯尽油干，而且在它垂死之际也不愿伸出援手。

另一方面，懋业银行的创办者也在积极的方面依靠美国——使银行免于被中国政客玩弄于股掌，而且还可以阻止中国政府无理取闹的干涉。但是美国国务院拒绝发挥这个作用，理由是根据法律，懋业银行是一家涉及美国利益的中国机构。尽管华盛顿偶尔会因为美国投资人的敦促或者银行似乎要影响到美国更大的关注点及美国商业的信誉时，来关照一下，但它从未对这一项目付出特别的热情。总之，美国人和一些中国投资者对美国政府的表现大为失望。

参与到事件中的单个美国官员则是另一回事儿了。芮恩施和安立德在组建银行和寻找美国合伙人上发挥了核心作用。马慕瑞命令美国的在华官员帮助懋业银行保护自身利益,防止军阀土匪的掠夺。与此相似,公使馆官员和领事馆官员在桂系军阀溃败以后居中调停,防止南京政府对美国人的利益造成伤害。马慕瑞和其他一些官员,可能有些越权而且不顾礼节,暂时性地阻止了宋子文。在回应义理寿日益升级的要求时,他们也发现限制自己的干涉势在必行,再次退回懋业银行是一家中国公司的观点上来。结果,美国投资人决定接受破产清算,使美国公使馆从麻烦中脱身。

自中华懋业银行建立至今已有七十个春秋荏苒而过。在这些年里,美国商界在海外投资上已经获得无与伦比的实力、在全球无所不至的存在、无所不包的经验,对对外投资驾轻就熟。而在中国发生的变化更加惹人注目。1949 年共产主义的胜利在给中国带来一定程度的国家统一、一种方向感,还有一个强有力的政权,而这已经远离"天朝"两百余年。在接下来的三十年间,中国共产党的领导人想方设法自力更生,而且大量地在理论与实践上向苏联取经。尽管中国的生活水平有所提高,但是这些努力,包括建立许多中苏合办企业,在中国谋求发展经济,提高技术,加强国防等方面收效甚微。事实上,从相对的立场上看,中国正在快速地被西方主要强国甚至是东亚邻国甩在后面。因而在 20 世纪 70 年代末毛泽东的继任者们宣布"对外开放"政策时,就已经准备对过去做出重大突破了。罗伯特·克莱因伯格曾提出,邓小平和他的同事们,尽管仍保留着马克思主义的修辞,还有共产主义体制的组织机构,但却真的将中国引向了一条经济民族主义和新重商主义的新途径。①

20 世纪 80 年代,这些人很快地把股份制合资企业作为经济发展、民族振兴的关键。改革者,还有保守派的一些人,都视合资公司为向中国提

① John Gittings, *China Changes Face*: *The Road from Revolution 1949-1989* (New York, 1989); Robert Kleinberg, *China's Opening to the Outside World* (Boulder, 1990). 对中国开放的简要历史回顾,参见 Jonathan R. Woetzel, *China's Economic Opening to the Outside World*: *The Politics of Empowerment* (New York, 1989), 21-46。

供所需的现代技术、管理人才、投资及海外市场和外汇的理想媒介。与此同时，他们仍然坚持认为双重合作领导制可以保证中国人对经济系统和社会系统的掌控。尽管确切的数字难以获得，但在1979年到1987年间建立了超过250家中美合资公司，总投资超过10亿元，而且还有数十家公司即将上马。

与美国在这十年间向东亚地区的投资总额相比，并与在华基本上由香港公司组建的中外合资公司的总体数量相比，美国的投入还是相当微薄的。此外，美国参与合资公司的状况，在这十年里飘忽不定，中国频繁波动的经济政策使其进一步遭到削弱。事实上，北京政府进一步的开放搞活已经使其他形式的外国直接投资，比如合同制中外合营企业和外商独资企业，在外国投资者中更受欢迎。①

可是，大多数中外合资公司的研究者相信，合资公司在后毛泽东时代中国经济引人注目的发展中一直是一个具有重大意义的因素。与此同时，他们也承认这些合资公司并没有实现中国领导人的大多数目标，也使许多外国投资者大失所望。尽管绝大多数的公司上报盈利，而彻底破产的企业数量相对较少，但这部分地缘于中国政府的干涉和救助，近年以来一直没有人再把合资公司称为伟大而成功的传奇了。因为这些公司绝大多数从事旅游设施建设，房地产开发，还有轻工业，中国并没有像政策制定者所期待的那样因此获得领先的科技，培训出技术工人和管理人才，获得先进的生产设备。同时，政府不得不向基础设施建设和外汇分配更多的资源，其数额远远超过最初的预想。

外国投资者在进入中国国内市场并将盈利汇回本国时也遭遇了同样的挫折。这些，以及其他的种种苦恼在外国投资者与中国官员之间制造

---

① 后毛泽东时代，中外合资企业最好的研究是 Margaret M. Pearson, *Joint Ventures in the People's Republic of China: The Control of Foreign Direct Investment Under Socialism* (Princeton, 1991)。又见 Brown, *Partnership with China*; Christopher Engholm, *The China Venture: America's Corporate Encounter with the People's Republic of China* (Glenview, Il., 1989); Kleinberg, *China's "Opening" to the Outside World*; "China Easing of Some Rules Lures Investors," *Wall Street Journal*, May 7, 1992; "Foreign Investors Pouring into China," *New York Times*, June 15, 1992。

了敌意和紧张。20 世纪 80 年代中期美国汽车公司和北京汽车厂建立的合资公司是第一家制造业合资企业,其经历向公众展示了许许多多未曾浮出水面的问题。尽管北京吉普的编年史著者孟捷慕强调说它是一个在许多方面非典型的“典型”,但许多其他中美合资公司可以讲述相似的“恐怖传说”。①

把历史的连续性简单化是危险的。而近年来中外合资公司所遭遇的许多问题也是中华懋业银行首先遇到的。第一,管理和人事是困扰这些新公司的首要问题。西方公司经常找不到熟悉如何在中国经营的人来当经理。此外,国家和工作单位的限制妨碍了有资质的中国人被聘为经理和员工,这样就使这些中国人不能死心塌地地为合资企业做贡献。工资级别和生活待遇的矛盾更是无尽无休。此外,把西方公司文化移植到中国的期望总体上也遭遇挫折。一位克莱斯勒的发言人近日在描述北京吉普的问题时气急败坏地说:“作为今天的商业投资,这纯粹是一团糟,而且这还不是捡难听的话说的。”②

第二,合资企业没有消除两个根本不同的社会之间的相互猜忌和历史恐惧。大型跨国公司的组织结构和实力(西方帝国主义的现代形式)与中国民族主义和共产主义产生了冲突。尽管中国人自称满怀信心,但他们一直认为外国公司想尽办法要控制中国的经济。他们担心从老谋深算、见多识广的资本主义企业里无法得到“公平的交易”。对于在社会主义的、政府控制的、落后的商业环境及容易滋生腐败的文化背景下经营企业,西方公司秉承极为保守的态度。过去的合资企业从未提供特殊的环境和桥梁来调和合资伙伴间不同的日常事务和不同的利益。中国领导人通过向外国投资人作出慷慨的让步并提供替代方案基本上承认了这些事实;西方公司则通过渐渐转向外商独资确认了这些结论。

最后,也许最重要、最恒久不变的东西就是一直难以逃脱政治的影

---

① Engholm, *China Venture*, Kleinberg, *China's "Opening" to the Outside World*; Mann, *Beijing Jeep*; Pearson, *Joint Ventures in the People's Republic of China*; "China to Aid Joint Ventures," *New York Times*, March 13, 1990. 中美第一家合资企业协议实际是 1982 年费克斯勃罗公司与上海仪器工业公司的小合作。

② *Wall Street Journal*, Jan. 11, 1993.

响。关系(个人关系)、地方上的需求和与国有企业的联系常常是决定一个合资公司能否获得"官方认可"的决定性因素。这些因素对于获得诸如短缺的外汇、可靠的地方供给和中国的国内市场同样至关重要。所有形式的外国投资也都受到中国政府的心血来潮、内部纠纷以及大政方针的制约。尽管外国人一直持续不断地泵入大量的资本,但是1989年后出现了一个短暂的恶性效应,并作为一个提醒,警示着在华经营的种种困难和不确定性。对于后邓小平时代可能产生不稳定的忧虑,也使外国的投资者在思想上背上沉重的包袱。华盛顿和其他西方政府与中国在人权、军售方面和贸易政策的争议也使商界的蓝图阴云密布。①

只要中国的技术依旧落后,依旧缺乏资本投资,中外合资公司就大有可能一直成为中国经济具有非凡意义的因素。此外,跨国企业是现代经济生活的组成部分,在21世纪会更加普遍。考虑到近年来和前些年的种种经历,推想这些中美合资公司在未来还要遭遇难以胜数的困难也是合情合理的。在考量创办企业的风险和回报时,投资者需要有相当多的经验作为其决策的基础。

然而,中华懋业银行对于中美合资公司的研究者来说,仍然不失为一个非常重要的范例。它的历史把中美经济合作所涉及的许许多多的问题和基本议题都突显出来。它含糊不清的遗留问题证实了近来的一些经历。因此,对于那些想从广泛的视角上探讨中美合资企业以及想要更好地理解20世纪中美关系的学者,中华懋业银行的故事是不可忽视的。

---

① 关于这一讨论的分析可见于:Brown, *Partnership with China*; Engholm, *China Venture*; Kleinberg, *China's "Opening" to the Outside World*; Mann, *Beijing Jeep*; Pearson, *Joint Ventures*; and Woetzel, *China's Economic Opening to the Outside World*。沃杰尔强调了大量的文化差异,包括资本主义与社会主义企业决策中无法减少的意识形态和政治分歧(第123—126页)。

附　录

懋业银行合并总资产负债表

1. 1921 年 12 月 31 日(单位为美元)

资　产

项目		金额
现金		2377554.11
同业借项		3176116.71
贷款及贴现		6296644.15
透支		851830.48
投资		1184960.12
房地产		682685.94
家具及固定设施		79293.44
商业信用状客户货款		49597.58
合计		15459876.21

负　债

项目		金额
股本(10 万股,每股 100 美元):		
认购资本	10000000	
减去 50% 未收资本	5000000	
		5000000.00

未分利润	430215.14
流通中的票据	268373.62
存款	7066299.71
同业贷项	2428562.42
递延货项	216827.74
商业信用状	49597.58
合计	15459876.21

资料来源:Frederic Lee, *Currency, Banking, and Finance in China*, 87。

2. 1922年12月21日(单位为美元)

资　产

现金	785828.42	
流通中的银行票据准备金	207057.16	992885.58
同业借项		2188614.30
货款及借项		6140293.47
透支		742772.56
投资		974044.56
银行房地产及固定设施	744313.71	
减去建筑折旧准备金	10303.88	734009.83
外汇期货合同	净值	275722.67
递延借项		396786.09
利润盈亏账户		144206.54
合计		12589335.60

负　债

股本	5000000.00
已获及未收利息准备金	398125.75

流通中的票据		207057.16
存款		4585610.03
同业贷项		2199638.66
递延货项		198904.00
合计		12589335.60

资料来源:Box 50, Thomas Papers。

3. 1923年12月31日(单位为墨西哥银元)

资　产

现金		545486.66
银行票据现金储备		254040.00
同业借项		2533731.02
货款及贴现		8661546.68
透支		1466982.25
银行房地产及其他财产	957486.77	
减去建筑折旧准备金	32770.51	
		924716.26
家具及固定设施		1.00
外汇成单,净值		276683.54
其他资产		60899.67
商业信用状客户货款		1382876.75
合计		17571578.03

负　债

股本		
认购资本(100000股,每股100元)	10000000	
减去25%未收资本	2500000	

		7500000.00
未分利润		294436.20
流通中的票据		254040.00
存款		6263557.23
同业贷项		1868795.59
其他债务		7872.26
商业信用状		1382876.75
合计		17751578.03

资料来源:Frederic Lee, *Currency, Banking and Finance in China*, 88。

4. 1925年12月31日(单位为墨西哥银元)

资　产

现金	1554471.60	
流通票据准备金	2034376.00	
同业借项	4545845.08	
		8134692.68
投资		2464675.60
货款及贴现		12074439.72
透支		3234620.73
银行房地产及其他财产	1139656.50	
减去折旧准备金	57494.70	
		1082161.80
家具及固定设施		6.00
外汇成单……净值		119849.28
其他资产		81965.10
商业信用状客户货款		1466611.60
合计		28659022.51

负 债

股本		
100000 股,每股 100 元	10000000.00	
减去 25% 未收股本	2500000.00	
		7500000.00
盈余、准备金及未分利润		1741508.28
流通中的银行票据		2034376.00
存款:个人	10482563.40	
银行	5002999.87	
		15485563.27
与分行转移项目		346592.87
其他债务		84370.52
商业信用状		1466611.60
合计		28659022.51

资料来源:Box 50, Thomas Papers。

5. 1926 年 6 月 30 日

资 产

现金	834399.57	
流通中的银行票据准备金	1892342.00	
同业借项	6349277.06	
		9076018.63
投资		2185090.33
货款及贴现		11795506.75
透支		3079696.45
银行房地产及其他财产	1139824.73	

减去折旧准备金	64884.40	
		1074940.33
家具及固定设施		6.00
外汇成单,净值		350518.18
其他财产		47343.02
商业信用状客户货款		1717567.72
合计		29326687.41

负 债

股本		
1000000 股,每股 100 元	10000000.00	
减去 25% 未收资本	2500000.00	
		7500000.00
资备金及未分利润		1774601.26
流通中的银行票据		1892342.00
存款:个人	11558497.03	
银行	4422581.60	
		15981078.03
与分行转移项目		383966.53
其他债务		77131.27
商业信用状		1717567.72
合计		29326687.41

资料来源:Box 50, Thomas Papers。

参考文献和资料来源说明

本书的写作需要极为广泛的学术调研,耗时极巨,要应对的原始资料汗牛充栋。关键的问题在于中华懋业银行的公司正式记录,即便曾经有过,好像也不复存在了。在研究中,我从未听闻这样的记录存在。因而,懋业银行的故事不得不从许多来自于美国的各不相同的文件中拼凑而来。

最关键的支撑性文件资源来自杜克大学帕金斯图书馆提供的詹姆斯·A. 唐默思的大量文件材料。唐默思档案材料为懋业银行所有的叙述提供了基础,并且最接近公司文件资料的替代品。没有这些材料,绝无可能重建懋业银行的历史。唐默思不遗余力地将自己所有寄出和收到的信函以及备忘录全部保留下来。似乎是在 1923 年,他将这些材料全部以海运运回美国,多年以来一直保存在他在曼哈顿的办公室里。有些文件遗失了,可能是由于一些更为个人的信函(还有大部分 1919 年以前的信件)存放在了他纽约州白原市(White Plains)的家中。不幸的是,这些东西全部在 1925 年一次严重的火灾中损毁。这样一来,唐默思与徐恩元的书信所剩无几,与家人的书信往来更是无所孑遗。这些文件对于懋业银行早年的历史记载得特别丰富详尽。但不幸的是,对于 1920 年代中期以后的事所及甚少,涉及 1929 年以后的更是寥寥无几。只要银行还在运营,就会有些中方人士,特别是沈成栻,就银行的发展做常规性的汇报。

资料中有三方面的内容是极缺乏的:会计和银行报表不完整;美国合伙人之间的信件相对较少;而且,没有中国投资人之间的书信往来。爱德华·白鲁斯、盖伦·施栋,还有阿尔伯特·韦耿好像也没有留下文件资料。而可以揭示美国合伙人内部工作的顾问委员会记录是否存留下来也令人生疑。中国的朋友和学者在中国努力寻找属于个人的文献,但也未有斩获。因而,对于中美投资者的互动往来所做的广泛研究和探索只能是推测性的。

有些懋业银行中国方面的内情,可见于平斋撰写的文章《中美合办中华懋业银行的始末》。这篇发表于1965年的文章极有可能在这之前几年就已经成稿了。经管作者偶尔顺应马克思主义的历史观,把美国合伙人贴上“贪婪的华尔街资本家”的标签,但是他仍提供了一些坦率的叙述,包含一些有关中国投资人的政治、策略及活动的极有价值的信息资料。他的许多观点在其他的材料中得到证实。作者似乎要么本人对银行了如指掌,要么就是曾见过一些文件材料。我的一位中国信息提供者曾提出平斋肯定曾为懋业银行工作,或至少曾与在银行工作的人作过访谈。

阿瑟·N.杨格的文件存于斯坦福大学的胡佛战争、革命与和平研究院,它提供了懋业银行最后岁月的基本资料。这些文件包含了大量杨格与中国官员们关于银行命运及其清算的往来信函。它们同样包含银行最后几年金融状况的大量报告。

存放在华盛顿国家档案馆的国务院档案记录中的第59记录组和第84记录组也是非常重要的。就银行的创生和消亡,还有国务院密切参与的事件,像太平洋拓业公司贷款、武弗森案件和大的政策事务而言,这些记录是极为真实可靠的。就银行的中期阶段,材料很少,反映出美国官员不参与的态度和美国官方相对而言缺乏兴趣。商务部的文件,特别是国内外商务署的文件,包含了相关的内容。

其他几个人的档案在某些特殊方面提供了关键信息。其中就包括在麦迪逊的威斯康星州历史学会的芮恩施档案文件,在胡佛战争、和平与革命研究院的安立德档案文件和斯坦利·霍恩贝克档案文件,普林斯顿大学谢利·马德图书馆的马慕瑞档案和埃德文·甘末儿档案文件,哈佛商学院贝克尔图书馆的托马斯·拉蒙特档案文件,以及保存在艾奥瓦州维斯特布兰切的胡佛总统图书馆的赫伯特·胡佛商务档案。马丁·伊根在纽约J.P.摩根图书馆的档案文件和华盛顿特区国会图书馆中的马可·布里斯托的档案文件也极为有用。大量的中国当时的期刊和报纸也涵盖了中华懋业银行的各种活动。当中比较重要的有《密勒氏远东评论报》、《银行周报》、《银行月报》、《申报》(上海),还有《顺天时报》(北京)。

下面列出一个庞杂的一手资料和经过遴选的二手资料清单。报纸和期刊上的文章只有比较重要的才列入其中。其他部分在注释中引述。

I. 手稿、访谈和信函

Julean Arnold Papers, Hoover Institution on War, Revolution and Peace, Stanford, Calif.

Mark Bristol Papers, Library of Congress, Washington, D. C.

The Reminiscences of Ch'en Kuang-pu (K. P. Chen), as told to Julie Lien-ying Hah (December 1960-June 1961), Columbia University Oral History Project.

Martin Egan Papers, J. P. Morgan Library, New York, N. Y.

William P. Few Papers, William R. Perkins Library, Duke University, Durham, North Carolina.

Leland Harrison Papers, Library of Congress.

Stanley K. Hornbeck Papers, Hoover Institution.

Herbert Hoover Commerce Papers, Hoover Presidential Library, West Branch, Iowa.

Nelson T. Johnson Papers. Library of Congress.

Edwin W. Kemmerer Papers, Seeley Mudd Library, Princeton University, Princton, N. J.

V. K. Wellington Koo Oral History, Columbia University Oral History Collection, New York, NY.

Thomas Lamont Papers, Harvard Business School Library, Boston, Mass.

John V. A. MacMurray Papers, Seeley Mudd Library, Princeton University.

N. Peter Rathvon Paper, Hoover Institution.

Paul S. Reinsch Papers, Wisconsin State Historical Society, Madison, Wisconsin.

William Woodville Rockhill Papers, Harvard University, Cambridge, Mass.

Frederick W. Stevens Papers, Bentley Historical Library, University of Michigan, Ann Arbor, Michigan.

Joseph Stilwell Papers, Hoover Institution.

Eleanor Thomas Elliott, letter to author, June 24, 1985.

James A. Thomas Papers, William R. Perkins Library, Duke University.

U. S. Department of Commerce, Record Group 151, Records of the Bureau of Foreign and Domestic Commerce, National Archives.

U. S. Department of War, Record Group 165, U. S. Military Intelligence Reports. Microfilm, University Publications of America.

U. S. Department of State, Record Group 59, General Records of the Department of State, National Archives.

—— Record Group 84, Records of the Diplomatic and Consular Posts, National Archives.

James T. Williams Papers, William R. Perkins Library, Duke University.

Arthur N. Young Papers, Hoover Institution.

II. 已出版的英文文献和回忆录

Bank of China. *An Analysis of the Accounts of the Principal Chinese Banks, 1933*. Reprint edition. New York: Garland Publishing Co., 1982.

Documents on British Foreign Policy 1919-1959. First Series, VI, 1919. Edited by Woodward, E. L. and Butler, Rohan. London, 1956.

Historical Statistics of the United States: Colonial Times to 1957, Washington, D. C.: Government Printing Office, 1960.

Lee, Frederic E. *Banking and Finance in China*. Washington: Government Printing Office, 1926.

Reinsch, Paul S. *An American Diplomat in China*. Garden City, NY: Doubleday, Page & Co., 1922.

Thomas, James A. "Applying Business Principles to the China Problem." *China Weekly Review* XXXI (Feb. 21, 1925): 338-340.

—— *A Pioneer Tobacco Merchant in the Orient.* Durham: Duke University Press, 1928.

—— "Selling and Civilization: Some Principles of an Open Sesame to Big Business Success in the East." *Asia*, XXII (Dec. 1923): 896-99, 948-50.

—— *Trailing Trade a Million Miles.* Durham: Duke University Pres, 1931.

Wu, Sing Pang. "Mr. Wu Recalls His Family's BAT Links of pre-War Years." *BAT News* Spring 1988:10-13.

Tong, Te-kong and Li, Tsung-jen. *The Memoirs of Li Tsung-jen.* Boulder: Westview Press, 1979.

U. S. Department of State, *Foreign Relations of the United States.*

III. 已出版的中文文献和回忆录

1. 张謇:《张季子九录》,张孝若编,上海,1931。
2. 黄宗儒:《桂系在武汉的财政阴谋》,《武汉文史资料》第二期(1983),65—66 页。
3. 平斋(笔名):《中美合办中华懋业银行的始末》,《文史资料选辑》第 18 期,上海,1965,97—113 页。

IV. 中英文报纸与期刊

1.《银行周报》(*Banker's Weekly*),上海。
2.《银行月报》(*Bankers Magazine*),北京。
3.《公报》(*The Bulletin*),旧金山。
4.《晨报》,北京。

5.《中华报》(*China Press*),上海。

6.《中国每周评论》(*China Weekly Review*, 曾用名《密勒氏远东评论》[*Millard's Review of the Far East*] 及《远东每周评论》[*The Weekly Review of the Far East*]),上海。

7.《中国年鉴》(*China Yearbook*),武德海德(H. G. W. Woodhead)编,多种版本,北京和天津:天津出版社。

8.《商务金融年鉴》(*Commercial and Financial Chronicle*),纽约。

9.《远东评论》(*Far Eastern Review*)。

10.《商业日报》(*Journal of Commerce*),纽约。

11.《纽约时报》(*New York Times*)。

12.《华北每日新闻》(*North China Daily News*),上海。

13.《华北捷报》(*North China Herald*),上海。

14.《华北之星》(*North China Star*),天津。

15.《太平洋银行业者》(*Pacific Banker*),旧金山。

16.《旧金山年鉴》(*San Francesco Chronicle*)。

17.《申报》,上海。

18.《顺天时报》,北京。

19.《泰晤士报》(*The Times*),伦敦。

20.《华尔街日报》(*Wall Street Journal*),纽约。

V. 英文书籍和论文

Abrahams, Paul P. *The Foreign Expansion of American Finance and Its Relationship to the Foreign Economic Policies of the United States, 1907-1921.* New York: Arno Press, 1976.

Allen, G. C. and Donnithorne. *Western Enterprise in Far Eastern Development: China and Japan.* London: George Allen & Unwin Ltd., 1954.

Baker, James C. and Bradford, M. Gerald. *American Banks Abroad: Edge Act Companies and Multinational Banking.* New York: Praeger, 1974.

Borg, Dorothy. *The United States and the Far Eastern Crisis of 1933-1938: From the* Manchurian *Incident through the Initial Stage of the Undeclared Sino-Japanese War.* Cambridge, Mass.: Harvard University Press, 1964.

Boorman, Howard L. *Biographical Dictionary of Republican China*, 4 vols. New York: Columbia University Press, 1971.

Braisted, William. "China, the United States Navy, and the Bethelehem Steel Company, 1909-1929." *Business History Review.* XLII (Spring 1968), 50-66.

Brown, David G. *Partnership with China: Sino-Foreign Joint Ventures in Historical Perspective.* Boulder & London: Westview Press, 1986.

Buckley, Thomas. "John Van Antwerp MacMurray: The Diplomacy of an American Mandarin." *Diplomats in Crisis: United States-Chinese-Japanese Relations, 1919-1941.* Edited by Richard Dean Burns and Edward M. Bennett. Santa Barbara, Calif.: Clio Books, 1974.

Chang, John K. "Industrial Development of Mainland China, 1912-1929." *Journal of Economic History.* 27 (March 1967): 56-81.

Cheng, Yu-kwei. *Foreign Trade and Industrial Development of China: An Historical and* Integrated *Analysis Through 1948.* Westport, Conn.: Greenwood Press, 1956.

Chu, Samuel C. *Reformer in Modern China: Chang Chien 1853-1926.* New York: Columbia University Press, 1965.

Cleveland, Harold van B. and Huertas, Thomas F. *Citibank, 1812-1970.* Cambridge, Mass.: Harvard University Press, 1985.

Coble, Parks M. Jr. *The Shanghai Capitalists and the Nationalist Government, 1927-1937.* Cambridge, Mass.: Harvard University Press, 1980.

Cochran, Sherman. *Big Business in China: Sino-Foreign Rivalry in the Cigarette Industry 1890-1930.* Cambridge, Mass.: Harvard University Press, 1980.

Cohen, Warren I. *America's Response to China: An Interpretative History of Si-*

no-American Relations. New York: John Wiley & Sons, 1971.

—— *The Chinese Connection: Roger S. Greene, Thomas W. Lamont, and George E. Sokolsky and American-East Asian Relations*. New York: Columbia University Press, 1978.

Dayer, Roberta A. *Bankers and Diplomats in China 1917-1925: The Anglo-American Relationship*. London: Frank Cass & Co., 1981.

Eastman, Lloyd. *The Abortive Revolution: China under Nationalist Rule, 1927-1937*. Cambridge, Mass.: Harvard University Press, 1974.

Engholm, Christopher. *The China Venture: America's Corporate Encounter with the People's Republic of China*. Glenview, Il.: Scott, Foresman & Co., 1989.

Field, Frederick V. *American Participation in the China Consortium*. Chicago: University of Chicago Press, 1931.

Fairbank, John K. *The Cambridge History of China: volume 12, Republican China 1912-1949, Part 1*. Cambridge, England: Cambridge University Press, 1983.

—— *The Great Chinese Revolution: 1800-1985*. New York: Harper & Row, 1986.

—— *Trade and Diplomacy on the China Coast: The Opening of the Treaty Ports 1842-1854*, vol. I, Cambridge, Mass.: Harvard University Press, 1953.

Feuerwerker, Albert. *China's Early Industrialization: Sheng Hsuan-Huai (1844-1916) and Mandarin Enterprise*. Cambridge, Mass.: Harvard University Press, 1958.

Gittings, John. *China Changes Face: The Road from Revolution 1949-1989*. New York: Oxford University Press, 1989.

Hall, Joseph W. "Personalities and Policies among Chinese Bankers." *Far Eastern Review*. 18 (May 1922): 273-77.

Hall, R. Duane. *The International Joint Venture*. New York: Praeger, 1984.

Hall, Ray Ovid. *Chapters & Documents on Chinese National Banking*. Shanghai: Commercial Press, 1920.

—— *The Chinese Economy 1912-1949*, Michigan Papers on Chinese Studies, No. 1. Ann Arbor, Michigan: Center for Asian Studies, University of Michigan, 1968.

Hao, Yen-p'ing. The *Commercial Revolution in Nineteenth Century China: The Rise of Sino*-Western *Mercantile Capitalism.* Berkeley & Los Angeles, Calif.: University of California Press, 1986.

—— *The Comprador in Nineteenth Century China: Bridge Between East and West.* Cambridge, Mass.: Harvard University Press, 1970.

Hauser, Ernest O. *Shanghai: City for Sale.* New York: Harcourt, Brace & Co., 1940.

Herzfeld, Edgar. *Joint Ventures.* Bristol, England: Jordans, 1983.

Hou, Chi-ming. *Foreign Investment and Economic Development in China 1840-1937.* Cambridge, Mass.: Harvard University Press, 1965.

Hunt, Michael. *Frontier Defense and the Open Door: Manchuria in Chinese-American Relations, 1895-1911.* New Haven: Yale University Press, 1973.

—— *The Making of a Special Relationship: The United States* and *China to 1914.* New York: Columbia University Press, 1983.

Iriye, Akira. *Across the Pacific: An Inner History of Sino-American Relations.* New York: Harcourt Brace & World, 1967.

—— *After Imperialism: The Search for a New Order in the Far East, 1921-1931.* New York: Atheneum, 1969.

Israel, Jerry. *Progressivism and the Open Door: America and China, 1905-1921.* Pittsburgh: University of Pittsburgh Press, 1971.

Jordan, Donald A. *The Northern Expedition: China's National Revolution of 1926-1928.* Honolulu: The University Press of Hawaii, 1976.

Kaufman, Burton I. *Efficiency and Expansion: Foreign Trade Organization in the* Wilson *Administration, 1913-1921.* Westport, Conn.: Greenwood

Presss, 1974.

King, Frank H. H. *The History of the Hongkong and Shanghai Banking Corporation*, 4 vols. Cambridge, England: Cambridge University Press, 1987-1991.

Vol. I. *The Hongkong Bank in Late Imperial China, 1864-1902: On an Even Keel.* 1987.

Vol. II. *The Period of Imperialism and War, 1895-1918, Wayfoong, The Focus of Wealth.* 1988.

Vol. III. *The Hongkong Bank Between the Wars and the Bank Interned, 1919-1945: Return from Grandeur.* 1988.

—— "Joint Venture in China: The Experience of the Pekin Syndicate, 1897-1961," *Business and Economic History.* Second Series, XIX (1990), 113-120.

Kleinberg, Robert. *China's "Opening to the Outside World": The Experiment with Foreign Capitalism.* Boulder: Westview Press, 1990.

Lary, Diana. Region *and Nation: The Kwangsi Clique in Chinese Poitics 1925-1937.* London: Cambridge University Press, 1974.

Leary, William M. Jr. *The Dragon's Wings: The China National Aviation Corporation and the Development of Commercial Aviation in China.* Athens, Georgia: University of Georgia Press, 1976.

LaFeber, Walter. *The New Empire: An Interpretation of American Expansion, 1860-1898.* Ithaca, NY: Cornell University Press, 1963.

LeFevour, Edward. *Western Enterprise in Late Ch'ing China: A Selective Survey of Jardine, Matheson & Company's Operations, 1842-1895.* Cambridge, Mass.: East Asian Research Center, 1968.

Lieu, D. K. (Liu Ta-Chun). *China's Industries and Finance: Being a Series of Studies in Chinese Industrial and Financial Questions.* Peking and Shanghai: The Chinese Government Bureau of Economic Information, 1927.

—— *Foreign Investments in China.* San Francisco: Institute of Pacific Relations, 1929.

—— *The Growth and Industrialization of Shanghai.* Shanghai: China Institute of Pacific Relattions, 1936.

Mann, Jim. *Beijing Jeep: The Short, Unhappy Romance of American Business in China.* New York: Simon & Schuster, 1989.

Mazuzan, George T. "Our New Gold Goes Adventuring: The American International Corporation in China." *Pacific Historical Review.* XLIII (May 1994): 212-232.

McCormack. Gavan. *Chang Tso-lin in Northeast China, 1911-1928.* Stanford: Stanford University Press, 1977.

McCormick, Thomas J. *China Market: America's Quest for Informal Empire, 1893-1901.* Chicago: Quadrangle Books, 1967.

McElderry, Andrea Lee. *Shanghai Old-Style Banks (Ch'ien Chuang) 1800-1935.* Ann Arbor: University of Michigan Center for Chinese Studies, 1976.

McKee, Delber. *Chinese Exclusion Versus the Open Door Policy 1900-1906: Clashes over China Policy in the Roosevelt Administration.* Detroit: Wayne State University Press, 1977.

Murphey, Rhoads. *The Treaty Ports and China's Modernization: What Went Wrong?.* Michigan Papers in Chinese Studies, No. 7. Ann Arbor: University of Michigan, 1970.

Nathan, Andrew. *Peking Politics*, 1918-1923: *Factionalism and the Failure of Constitutionalism.* Berkeley: University of California Press, 1976.

Nellist, George F. *Men of Shanghai and North China: A Standard Biographical Reference Work.* Shanghai, 1933.

Novick, Peter. *That Noble Dream: The "Objectivity Question" and the American Historical Profession.* New York: Cambridge University Press, 1988.

Pal, John. *Shanghai Saga.* London: Jarrolds Publishers, 1963.

Parini, Carl P. *Heir to Empire: United States Economic Diplomacy, 1916-*

1923. Pittsburgh: University of Pittsburgh Press, 1969.

Pearl, Cyril. *Morrison of Peking*. Sydney: Angus & Robertson Ltd., 1967.

Pearson, Margaret. *Joint Ventures in the People's Republic of China: The Control of Foreign Direct Investment Under Socialism*. Princeton: Princeton University Press, 1991.

Phelps, Clyde W. *The Foreign Expansion of American Banks: American Branch Banking Abroad*. New York: Arno Press, 1976.

Perkins, Dwight H., ed. *China's Modern Economy in Historical Perspective*. Stanford: Stanford University Press, 1975.

Pugach, Noel H. "American Shipping Promoters and the Shipping Crisis of 1914-1916: The Pacific & Eastern Steamship Company." *The American Neptune*, XXXV (July 1975): 452-473.

—— "Keeping an Idea Alive: The Establishment of a Sino-American Bank, 1910-1920." *Business History Review*. LVI (Summer 1982): 266-93.

—— *Paul S. Reinsch: Open Door Diplomat in Action*. Millwood, N. Y.: KTO Press, 1979.

—— "Standard Oil and Petroleum Development in Early Republican China." *Business History Renew*. XLV (Winter 1971): 452-473.

—— "Second Career: James A. Thomas and the Chinese American Bank of Commerce." *Pacific Historical Review*. LVI (May 1987): 195-229.

Rawski, Thomas G. *Economic Growth in Prewar China*. Berkeley & Los Angeles: University of California Press, 1989.

Rozman, Gilbert, ed. *The Modernization of China*. New York: The Free Press, 1981.

Scheiber, Henry N. "World War I as Entrepreneurial Opportunity: Willard Straight and the American International Corporation." *Political Science Quarterly*. LXXXIX (Sept, 1969): 486-511.

Seagrave, Sterling. *The Soong Dynasty*. New York: Harper & Row, 1985.

Sheridan, James E. *China in Disintegration: The Republican Era in Chinese*

History 1912-1949. New York: Free Press, 1975.

—— *Chinese Warlord: The Career of Fens Yu-hsiang*. Stanford: Stanford University Press, 1966.

Spence, Jonathan. *To Change China: Western Advisers in China 1620-1960*. Boston: Little Brown, 1969.

Tamanga, Frank. *Banking and Finance in China*. New York: Institute of Pacific Relations, 1942.

Tong, Hollington K. "The New Chinese-American Industrial Bank," *Millard's Review of the Far East*, XI (Dec. 20, 1919): 105-10.

Varg, Paul. *The Making of a Myth: The United States and China, 1897-1912*. East Lansing, Mich.: Michigan State University Press, 1972.

Vevier, Charles. *The United States and China 1906-1913: A Study of Finance and Diplomacy*. New Brunswick: Rutgers University Press, 1955.

Waldron, Arthur, ed. *How the Peace Was Lost: 1935 Memorandum, Developments Affecting American Diplomacy in the Far East, Prepared for the State Department by Ambassador John Van Antwerp MacMurray*. Stanford: Hoover Institution Press, 1992.

Wang, Y. C. *Chinese Intellectuals and the West, 1872-1940*. Chapel Hill: University of North Carolina Press, 1966.

Wilkins, Mira. *The Maturing of Multinational Enterprise: American Business Abroad from 1914 to 1970*. Cambridge, Mass.: Harvard University Press, 1974.

Wilson, John D. *The Chase: The Chase Manhattan Bank, N. A. 1945-1985*. Boston: Harvard Business School Press, 1986.

Who's Who in China. 2nd edition. Shanghai, 1920.

—— 3rd. edition. Shanghai, 1925.

Williams, William A. *The Roots of the Modern American Empire: A Study of the Growth and Shaping of Social Consciousness in a Marketplace Society*. New York: Random House, 1969.

—— *The Tragedy of American Diplomacy*. Second Revised and Enlarged edition. New York: Dell Publishing Co., 1972.

Wilson, Joan Hoff. *American Business and Foreign Policy 1920-1933*. Lexington: University of Kentucky Press, 1971.

Woetzel, Jonathan R. *China's Economic Opening to the Outside World: The Politics of Empowerment*. New York: Praeger, 1989.

Young, Arthur N. *China's Nation-Building Effort, 1927-1937: The Financial and Economic Record*. Stanford: Stanford University Press, 1971.

Young, Marilyn B. *The Rhetoric of Empire: American China Policy, 1895-1901*. Cambridge: Harvard University Press, 1968.

VI. 中文书籍和文章

1. 贾士毅:《民国财政史》第7卷,上海:商务印书局,1932—1934。
2. 徐沧水:《上海银行公会事业史》,上海:银行周报社,1925。
3. 郭孝先:《上海的中外合办银行》,《上海通志馆期刊》第二期(1935年3月),第1339—1354页。
4. 刘孝忱:《对〈一九二八年天津中美商人串通的大骗案〉的补正》,《文史资料选辑》第51辑,第269—270页。
5. 窦守镛、苏雨眉:《李纯一生的聚敛》,《北洋军阀史料选辑》(下),北京:中国社会科学出版社,1985。
6. 岑学吕:《三水梁燕孙先生年谱》(上、下卷),台北,1962。
7. 曾衡三:《一九二八年天津中美商人串通的大骗案》,《文史资料选辑》第15辑(1961年),第102—108页。
8. 王业键:《中国近代货币与银行制度的演进,1644—1937》,台北:经济研究所,1981。
9. 吴海林、李延沛:《中国历史人物辞典》,哈尔滨:黑龙江人民出版社,1993。
10. 杨寅普:《上海货币金融史》,上海,1930。

VII. 未出版中英文著作

陈曾年:《美国银行二十世纪初在上海的扩展和上海初步形成国际汇兑中心之一》,“1840—1949 年中国与外国的经济关系及其社会发展座谈会”论文,武汉,1988。

Collister, Janet A. “J. V. A. Macmurray, American Minister to China, 1925-1929.” Ph. D. dissertation, Indiana University, 1977.

Lee, Baen Elmer. “Modern Banking Reform in China.” Ph. D. dissertation, Columbia University, 1941.

Luo, Zhitian, “The Background of American Policy Toward the Chinese Nationalist Revolution, 1925-1927.” M. A. thesis, University of New Mexico, 1990.

Tan, Shao Hwa. “The Diplomacy of American Investment in China.” Ph. D. dissertation, University of Chicago, 1927.

Waldman, Phyliss. “Chiang Kia-ngau and the Bank of China: The Politics of Money.” Ph. D. dissertation, University of Virginia, 1984.